权威·前沿·原创

皮书系列为
"十二五""十三五""十四五"时期国家重点出版物出版专项规划项目

BLUE BOOK

智库成果出版与传播平台

体育产业蓝皮书
BLUE BOOK OF SPORTS INDUSTRY

山东省体育产业发展报告（2021~2022）

REPORT ON THE DEVELOPMENT OF SHANDONG SPORTS INDUSTRY (2021-2022)

主　编／栾风岩
副主编／孙晋海　徐金龙　翟培建

社会科学文献出版社
SOCIAL SCIENCES ACADEMIC PRESS（CHINA）

图书在版编目（CIP）数据

山东省体育产业发展报告.2021~2022/栾风岩主编；
孙晋海，徐金龙，翟培建副主编.--北京：社会科学文
献出版社，2022.9
（体育产业蓝皮书）
ISBN 978-7-5228-0559-7

Ⅰ.①山…　Ⅱ.①栾…②孙…③徐…④翟…　Ⅲ.
①体育产业-产业发展-研究报告-山东-2021-2022
Ⅳ.①G812.752

中国版本图书馆 CIP 数据核字（2022）第 147170 号

体育产业蓝皮书
山东省体育产业发展报告（2021~2022）

主　　编/栾风岩
副 主 编/孙晋海　徐金龙　翟培建

出 版 人/王利民
责任编辑/薛铭洁
责任印制/王京美

出　　版/社会科学文献出版社·皮书出版分社（010）59367127
　　　　　地址：北京市北三环中路甲 29 号院华龙大厦　邮编：100029
　　　　　网址：www.ssap.com.cn
发　　行/社会科学文献出版社（010）59367028
印　　装/天津千鹤文化传播有限公司

规　　格/开　本：787mm×1092mm　1/16
　　　　　印　张：20.75　字　数：309 千字
版　　次/2022 年 9 月第 1 版　2022 年 9 月第 1 次印刷
书　　号/ISBN 978-7-5228-0559-7
定　　价/168.00 元

读者服务电话：4008918866

山东省体育产业发展报告（2021~2022）
编委会名单

主　　编	栾风岩			
副 主 编	孙晋海	徐金龙	翟培建	
执行主编	王见彬	昝胜锋	李　鹏	陈爱辉
编写人员	石振国	曹　莉	成会君	丁庆建	李拓键
	陈德旭	朱青莹	崔丽丽	蔡　捷	梁　强
	姜同仁	刘远祥	张剑峰	许洪超	孙冰川
	高绪秀	高　岩	张洪振	王先亮	张宪亮
	赵修涵	徐　方	崔　博	司湘湘	徐龙波
	周朋飞	王丹丹	王　钰	赵学庆	钱　海
	谭　旭	张逸凡	崔甜雪	秦东海	李　琳
	宋永志	唐煜昕	杨　苓	杨　璇	姜晓涵
	时胜楠	宋时阳	郭恒喆	彭显明	王佳玉
	刘　畅	孔令峰	李　阳	邢　亮	孙肖娜

主要编撰者简介

栾风岩　山东省体育局副局长，分管体育产业。

孙晋海　山东大学体育学院院长，教授，博士生导师，主要研究方向为体育产业、智慧体育、体育治理等。

徐金龙　山东省体育局体育经济处处长。

翟培建　山东省体育产业发展服务中心主任。

王见彬　山东省体育产业发展服务中心副主任。

昝胜锋　山东大学体育学院副教授，硕士生导师，体育产业研究中心副主任，主要研究方向为体育产业、文体融合等。

李　鹏　山东省体育产业发展服务中心副主任。

陈爱辉　山东省体育产业发展服务中心政策研究室主任，博士。

摘　要

　　在体育产业政策驱动、人口红利及消费升级等多重利好因素的推动下，凭借着优越的地理优势和雄厚的经济基础，山东省体育产业在"十三五"时期呈现高速增长的发展态势。第一、二产业加快转型升级。山东省在构建省会、胶东和鲁南三大经济圈一体化发展的新格局中，着力培育特色体育产业集群，打造国家级体育产业示范基地、体育服务综合体等雁阵集群，创新发展数字体育产业，打造辐射全国、放眼世界的专业体育博览交易平台。依托黄河流域人文生态资源，创新体育产业协作联动机制，加快构建"黄河体育文化旅游带"和沿黄九市体育产业一体化格局，联动黄河国家级生态文化保护区、黄河体育公园等重大项目，发挥"黄河+体育+文化+旅游"的品牌示范效应。山东省坚持绿色环保的发展理念，积极推动体育产业生态文明建设，大力发展体育旅游、体育休闲和体育展演，控制体育制造业碳排量，减轻碳中和压力。

　　然而，随着疫情防控常态化，虽然我国经济发展和疫情防控整体状况良好，但是体育产业依旧在"十四五"规划开局之年受到一定的冲击，尤其是体育竞赛业和体育培训业。山东省牢牢守住体育领域和体育产业阵地，切实筑牢安全防线。通过举办体育惠民工程、体育消费季等一系列活动刺激体育消费，鼓励扶持创新型企业，推动产业数字化转型，减轻疫情对体育产业的影响，保障体育产业实现"十四五"良好开局。总体来看，山东省体育产业发展呈现上升趋势，但区域发展不均衡的状况依旧存在，体育服务业占比不足、"专精特新"企业较少、产业融合度不高、体育消费供需不匹配等

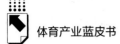

问题逐渐凸显。当前，山东省亟须落实体育强国、体育强省战略，坚持绿色体育发展理念，明确发展目标，紧抓国家政策红利，创新市场驱动，推动数字技术转型升级，加快体育产业高质量发展步伐，为全面开创新时代体育强省建设新局面稳固发展基础和产业支撑。

本报告从多领域、多角度总结山东省体育产业发展现状，多维度梳理山东省体育产业核心业态和重点工作，明晰当前发展中的不足之处，分析不同城市的产业发展路径，树立体育产业创新实践典型案例，创新数字产业发展新模式，深化体育供给侧改革，探索体育产业发展新思路，助力山东省体育产业高质量发展，加快落实体育强省战略目标，促进山东省体育产业专业化、智慧化、品牌化发展，努力实现体育发展新跨越、体育惠民新提升、体育竞赛新突破、体育产业新发展，奠定体育产业经济基础，满足人民群众高品质的健康需求和对美好生活的期待，为全面开创新时代现代化强省建设新局面做出积极贡献，为实现健康中国、体育强国战略担当体育责任和贡献齐鲁力量。

关键词： 山东省　体育产业　产业集群　体育消费

Abstract

Under the great background of the centenary of the founding of the Communist Party of China, the sports industry, as a "sunrise industry in the 21st century", has continuously deepened its new development concept, continuously optimized its industrial structure, continuously transformed new space and new scenes of sports consumption, gradually deepened the development of industrial integration, gradually improved its sports governance system, gradually emerged new forms of digital and intelligent sports industry, developed rapidly its sports service industry, and continuously improved and upgraded its competition and performance industry, Gradually build a new development pattern of domestic big cycle and domestic and international double cycle.

In recent years, driven by multiple favorable factors such as sports industry policy, demographic dividend and consumption upgrading, with superior geographical advantages and strong economic foundation, the sports industry in Shandong Province has shown a rapid growth trend during the 13th Five Year Plan period. The main body of the sports industry market has become increasingly active, the policy system has been gradually improved, the development momentum of key business forms is good, the demand for sports consumption has been increasing, and the transformation and upgrading of the primary and secondary industries have been accelerated. In building a new pattern of integrated development of the provincial capital, Jiaodong and Lunan economic circles, Shandong Province focuses on cultivating characteristic sports industry clusters, building wild goose clusters such as national sports industry demonstration base and sports service complex, innovatively developing digital sports industry, and building a professional sports Expo trading platform radiating the whole country and looking

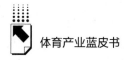

around the world. Relying on the cultural and ecological resources of the Yellow River Basin, innovate the cooperation and linkage mechanism of the sports industry, accelerate the construction of the "Yellow River sports and cultural tourism belt" and the integrated pattern of the sports industry in the nine cities along the Yellow River, link major projects such as the Yellow River National ecological and cultural reserve and the Yellow River Sports Park, and give play to the brand demonstration effect of "Yellow River + sports + culture + tourism". Shandong Province adheres to the development concept of green and environmental protection, actively promotes the construction of ecological civilization of sports industry, vigorously develops sports tourism, sports leisure and sports performance, controls the carbon emission of sports manufacturing industry and reduces the pressure of carbon neutralization.

However, with the normalization of epidemic prevention and control, although the overall situation of China's economic development and epidemic prevention and control is good, the sports industry is still impacted in the first year of the 14th five year plan, especially the sports competition industry and sports training industry. Shandong Province firmly holds the position of sports field and sports industry, and earnestly builds a strong security defense line. By holding a series of activities such as sports benefiting the people project and sports consumption season to stimulate sports consumption, encourage and support innovative enterprises, promote industrial digital transformation, reduce the impact of the epidemic on the sports industry, and ensure the sports industry to achieve a good start in the 14th five year plan. Overall, the development of sports industry in Shandong Province shows an upward trend, but the current situation of unbalanced regional development still exists. The problems such as insufficient proportion of sports service industry, "few specialized and special new" enterprises, low degree of industrial integration and mismatch between supply and demand of sports consumption are becoming increasingly prominent. At present, Shandong Province urgently needs to implement the strategy of building a strong sports country and a strong sports Province, adhere to the concept of green sports development, clarify development goals, pay close attention to national policy dividends, innovate market drive, promote the transformation and upgrading of digital technology, accelerate the pace of high-quality development of sports industry, and stabilize the development foundation and industrial support for the construction of a strong sports Province in an all-round innovation era.

This report summarizes the current situation of the development of sports industry in Shandong Province from multiple fields and angles, combs the core business forms and key work of sports industry in Shandong Province in multiple dimensions, clarifies the deficiencies in the current development, analyzes the industrial development paths of different cities, establishes typical cases of sports industry innovation practice, innovates the new development mode of digital industry, deepens the reform of sports supply side, and explores new ideas for the development of sports industry, We will help the high-quality development of the sports industry in Shandong Province, accelerate the implementation of the strategic goal of strengthening the province through sports, promote the professional, intelligent and brand development of the sports industry in Shandong Province, strive to achieve new leaps in sports development, new improvements in sports benefiting the people, new breakthroughs in sports competitions and new development of the sports industry, lay the economic foundation of the sports industry, and meet the people's high-quality health needs and expectations for a better life, Make positive contributions to the new situation of building a modern and strong province in an all-round and innovative era, assume sports responsibility and contribute to the strength of Qilu in realizing the strategy of healthy China and powerful sports country.

Keywords: Shandong Province; Sports Industry; Sports Manufacturing Industry; Sports Consumption

目 录 ↖↘

Ⅰ 总报告

Ⅱ 行业篇

Ⅲ　实践篇

皮书数据库阅读**使用指南**

CONTENTS ⎣⟩

I General Report

II Special Topics

Ⅲ　Case Reports

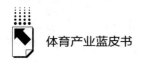
Ⅳ   Regional Reports

Ⅴ   Appendices

总 报 告

General Report

B.1

2021年山东省体育产业
发展报告

孙晋海　翟培建　昝胜锋　陈爱辉*

摘　要： 本报告系统分析 2021 年山东省体育产业发展现状、存在问题、重点工作、未来规划布局并提出对策建议。根据山东省发布的相关政策及调研获取的数据资料对体育产业规模、产业结构和产业政策进行梳理以明确不足。山东省体育局及各地市体育（教育和体育）局在 2022 年北京冬奥会、体育博览会、沿黄 9 市产业协作及体育消费季活动等多项重点工作中取得显著成效，体育产业融合发展不断深入，体育赛事领域发展迅猛，体育公共服务体系日趋完善，体育政策保障体系

---

* 孙晋海，山东大学体育学院院长，教授，博士生导师，主要研究方向为体育产业、智慧体育、体育治理等；翟培建，山东省体育产业发展服务中心主任，主要研究方向为体育产业；昝胜锋，山东大学体育学院副教授，硕士生导师，体育产业研究中心副主任，主要研究方向为体育产业、文体融合等；陈爱辉，山东省体育产业发展服务中心政策研究室主任，山东省体育产业研究院副院长，博士，主要研究方向为体育产业。

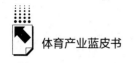

日益健全。结合山东省体育局下发的《山东省"十四五"体育产业发展规划》，打造"济青"双核产业引擎，构建"省会、胶东、鲁南"经济圈，打通"黄河、运河、滨海、山岳"产业带规划布局。从产业领域创新、产业经济环境、产业保障措施等环节优化路径设计，推动全省体育产业高质量发展，加快体育强省建设。

关键词： 山东省 体育产业 体育赛事 产业融合 体育消费

一 山东省体育产业发展现状分析

（一）总体状况

1.产业规模不断上升

山东省体育产业规模呈现不断上升的趋势，产业增加值较上年有较大幅度提升。2020年，山东省体育产业总规模（总产出）为2937.42亿元，比2019年名义增长6.0%，增加值为1122.79亿元，比2019年增长4.1%。从总产出情况来看，体育服务业总产出最高，为1491.63亿元，占体育产业总产出比重为50.8%；其次为体育用品及相关产品制造，总产出为1403.10亿元，占比为47.8%；体育场地设施建设规模相对较小，总产出为42.69亿元，占比为1.5%。从增加值情况来看，体育服务业增加值实现779.32亿元，占体育产业增加值的69.4%，比2019年下降1.4%。体育用品及相关产品制造增加值为334.92亿元，占体育产业增加值的29.8%，比2019年提高19.5%。体育场地设施建设增加值为8.55亿元，占体育产业增加值的0.8%，比2019年提高10.7%（见表1）。

表1　2020年山东省体育产业总产出和增加值

单位：亿元，%

行业类别	总产出			增加值		
	绝对值	占比	增速	绝对值	占比	增速
山东省体育产业	2937.42	100.0	6.0	1122.79	100.0	4.1
一、体育服务业	1491.63	50.8	-1.2	779.32	69.4	-1.4
体育管理活动	39.51	1.3	-2.4	17.86	1.6	-3.7
体育竞赛表演活动	10.07	0.3	-6.2	4.43	0.4	-9.5
体育健身休闲活动	132.21	4.5	-9.2	61.07	5.4	-11.4
体育场地和设施管理	43.12	1.5	-15.1	18.84	1.7	-13.6
体育经纪与代理、广告与会展、表演与设计服务	57.77	2.0	-25.9	21.72	1.9	-29.3
体育教育与培训	523.75	17.8	-3.4	268.46	23.9	-2.4
体育传媒与信息服务	38.37	1.3	21.6	17.04	1.5	19.3
体育用品及相关产品销售、出租与贸易代理	433.49	14.8	13.1	264.75	23.6	9.0
其他体育服务	213.34	7.3	-5.7	105.13	9.4	-7.1
二、体育用品及相关产品制造	1403.10	47.8	14.7	334.92	29.8	19.5
三、体育场地设施建设	42.69	1.5	10.1	8.55	0.8	10.7

注：若数据分项合计与总值不等，是数值修约误差所致。

2. 产业结构逐步合理

2020年，山东省体育产业三大行业结构与全国体育产业大致相似。从总产出结构来看，全国体育服务业、体育制造业、体育建筑业分别占51.6%、44.9%和3.5%，山东省相应占比为50.8%、47.8%和1.5%；从增加值结构来看，国家层面体育服务业、体育制造业、体育建筑业分别占68.7%、29.3%和2%，山东省相应占比为69.4%、29.8%和0.8%（见图1）。

从11个大类构成来看，全国体育产业总产出中，体育用品及相关产品制造（44.9%），体育用品及相关产品销售、出租与贸易代理（16.5%），体育场地和设施管理（7.9%）排在前3位，合计占比69.3%；山东省则是体育用品及相关产品制造（47.8%），体育教育与培训（17.8%），体育用

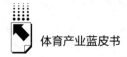
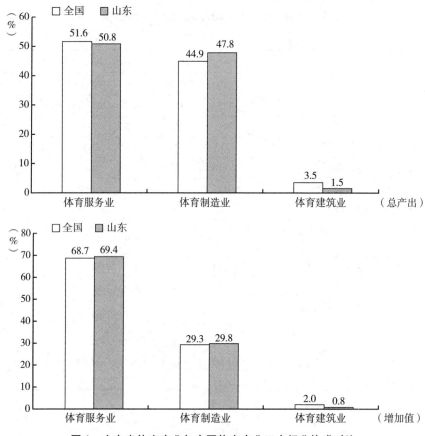

图1　山东省体育产业与全国体育产业三大行业构成对比

品及相关产品销售、出租与贸易代理（14.8%）排在前3位，合计占比80.4%。全国体育产业增加值中，体育用品及相关产品制造（29.3%），体育用品及相关产品销售、出租与贸易代理（24%），体育教育与培训（15%）排在前3位，合计占比68.3%；山东省则是体育用品及相关产品制造（29.8%），体育教育与培训（23.9%），体育用品及相关产品销售、出租与贸易代理（23.6%）排在前3位，合计占比77.3%。

从11个大类占全国的比重来看，体育教育与培训占比最高，为25.9%；体育经纪与代理、广告与会展、表演与设计服务紧随其后，占比18.3%；体育场地和设施管理相对较弱，占比只有2%。

3. 产业基础日益坚实

《山东省"十四五"体育发展规划》中将"全民健身设施补短板"工程作为"十四五"时期的重点工程，全面落实健身设施与住宅"四同步"，进一步完善农村公共体育设施种类，提升体育设施多元化供给。山东省为促进全民健身国家战略，积极改造和建设多项体育设施，尽量满足不同人群健身需求。根据 2020 年山东省体育场地统计调查数据分析（见表2），相比 2019年，山东省人均体育场地面积增加 0.23 平方米，体育场地数量增加 1.15 万个，增长数量最多的是全民健身路径，新建 3800 个，其次是田径场地、足球场地、篮球场地、乒乓球场地以及健身房都超过 1000 个。从数量上来看，山东省体育场地设施明显增加，基本满足大部分居民健身需求，同时亦满足少部分运动项目场地需求，在一定程度上改善了人们的生活质量。但是，在特殊项目场地上依旧数量较少，例如滑冰和滑雪，全省场地数量极少，完全不能覆盖全省，仅在省会和较发达城市中存在，对发展冰雪运动造成较大阻碍。

表2　2020 年山东省体育场地统计调查数据

类别	指标名称	数量
综合指标	人均体育场地面积(平方米)	2.58
	体育场地数量(万个)	21.90
基础运动场地	田径场地(万个)	1.90
	游泳场地(个)	824
球类运动场地	足球场地(个)	7172
	篮球场地(万个)	4.61
	排球场地(个)	7992
	乒乓球场地(万个)	2.12
	羽毛球场地(个)	7279
冰雪运动场地	滑冰场地(个)	23
	滑雪场地(个)	51
	全民健身路径(万个)	8.22
体育健身场地	健身房(个)	9042
	健身步道(个/万公里)	4695/1.30

资料来源：山东省体育局、山东省统计局。

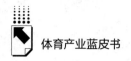

4. 产业政策不断完善

2021年10月，国家体育总局发布《"十四五"体育发展规划》，为贯彻落实规划中的意见，山东省人民政府和山东省体育局发布了一系列体育产业政策（见表3）。编制《体育产业发展报告》《体育竞赛表演产业报告》《体育产业基地发展报告》《城乡居民体育消费调查报告》《体育旅游发展现状及规划纲要》等规划文件，政策体系逐步完善。山东省体育产业中心起草《山东省"十四五"体育产业发展规划实施意见》，指导各市做好"十四五"体育产业发展规划制定工作，推进体育场馆、智能制造、体育产业发展报告等课题研制工作。加大体育市场监管政策攻坚力度，联合省商务厅、省市场监督管理局等部门共同出台体育产业政策，对体育产业发展起到重要推动作用，对体育产业经济转型升级、产业规范管理以及产业标准和统计工作等具有指导性意义。研究制定体育领域预付式消费市场管理办法，完善健身休闲、体育培训、场馆运营等领域的监管政策供给不足问题。出台推动数字体育发展的实施意见，加快推动体育与新一代信息技术深度融合，培育数字体育经济。梳理体育消费促进、体医融合发展、体育产业创新等试点地区和单位"先行先试"的有效举措，形成若干行之有效和可复制推广模式，研究提出一批纵深突破、成熟定型的政策措施。

表3　2021年山东省体育政策统计

时间	政策名称	发文单位
2021年7月27日	《山东省全民健身实施计划(2021—2025年)》	山东省人民政府
2021年9月10日	《山东省"十四五"体育产业发展规划》	山东省体育局
2021年11月1日	《山东省"十四五"体育发展规划》	山东省体育局
2021年12月9日	《山东省省级体育类民办非企业单位管理办法(试行)》	山东省体育局
2021年12月10日	《关于加快推进新时代社会主义现代化体育强省建设的实施意见》	山东省人民政府

资料来源：课题组整理获得。

（二）存在问题

1.产业结构有待全面优化

山东省体育产业各行业占比不均匀，体育制造业占较大比例，体育服务业占比虽不断提升但依旧占比不高，竞赛表演业、体育培训业、体育传媒等占比依旧较低，发展速度相对缓慢。体育制造业多为健身器材和服装加工等中低端产业，缺乏具有高端技术的装备制造企业，企业核心竞争力较弱。

2.产业配置资源要素短缺

山东省体育产业资源要素相对短缺，尤其是体育科技资源配置，网络化科技配置体系有待完善。体育领域专业技术研究缺乏创新突破能力，体育院校和科研单位创新平台建设不足，缺乏"政产学研金服用"创新创业共同体。体育产业资本要素效率较低，除济南、青岛外，体育资本市场服务平台建设以及投资、融资平台的创建完善度不足，造成体育资本平台发展不均衡。

3.体育市场主体协同性低

山东省体育产业各个领域市场主体不断扩张，体育产业带动新的市场发展，体教融合、体医融合、体旅融合不断深入，数字化产业、文化产业、"互联网+"不断成为体育产业发展的新趋势和新潮流。随着体育产业市场主体的增多，主体之间协同性难度不断增加，协调机制没有得到完善。体育产业正处在市场改革创新的发展期，政府、企业、学校、社会团体等主体之间缺乏交流和合作机制，各主体协作性较低，对人才培养、科技创新以及社会服务等方面产生一定负面影响。

4.人才培养机制相对落后

山东省体育人才培养机制尚未形成系统体系，山东省内培养体育人才的高校相对较少，缺乏体育学科一级博士点，职业院校体育专业设立较少，体育领域高端人才培育不足，导致山东省体育人才匮乏。除此之外，体育部门、企业、社会以及学校之间缺乏纽带和平台，尚未形成合理的人才协调机制，体育人才价值无法体现。青少年体育人才培养不足，各级地市体校办学

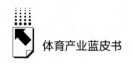

标准化建设不够完善，缺乏国家高水平后备人才机制，人才选拔计划有待进一步优化。基层体育产业管理队伍建设力度不够，人才引进、激励制度不够全面，基层社会体育指导员专业结构没有成型，制约体育产业发展。

二　山东省体育产业发展重点分析

（一）山东省体育产业重点领域发展迅速

1. 体育产业融合发展不断深入

为贯彻落实《"健康中国 2030"规划纲要》《体育强国建设纲要》《山东省医养健康产业发展规划》等重要政策文件，2021 年山东省大力推动体育产业与文化产业、旅游业以及数字产业等领域融合发展，取得较大突破。山东省体育中心和济南奥体中心等单位积极探索"体育+""+体育"发展模式，促进全民健身与文化、旅游、卫生等跨界融合发展，成为全民健身发展的主流模式。山东省主推"体医融合"试点项目，举办首届"山东省体医融合高峰论坛"，启动体医融合试点工作，推进体医融合发展工作，交流体医融合先进经验和学术成果，探索打造体医融合"山东样板"。迎合产业融合趋势，推进全民健身与全民健康深度融合，提高群众健身意识，助力打造"健康山东"，创新产业融合新模式。山东省体育科研中心启动"社区主动健康"试点，打造体卫融合试验田，积极倡导主动健康理念，传播健康生活方式，推动体卫融合相关政策落地实施。山东省体育局与山东省文化和旅游厅联合发布了《十一黄金周和春节黄金周山东体育旅游精品路线》，助力体育旅游消费，推动体旅融合发展。山东省体育局联合文化和旅游厅等多部门在黄河沿岸等自然风景区公开举办多项精品体育赛事，深入贯彻习近平总书记关于生态保护与国家高质量发展战略的论述，落实新时代现代化强省战略，推动赛事举办地的赛事经济、旅游经济升级改造，促进体育产业高质量发展。为挖掘自主知识产权创新创意产品，构建创新交流平台，山东省体育局联合工信厅共同举办山东体育服饰原创设计大赛，进一步激发全省体育产业融合发展的创新动能。随着产业融合不断深入,体育赛事与体育旅游、体育文化等融合范围不断延展,自主知识产权序列持续扩容,打造形成一系列产业融合强势品牌 IP,有效改善传统产业结构,培育产业新业态,为山东省体育产业发展不断赋值赋能。

2.体育赛事领域发展速度迅猛

为响应国家体育总局大力举办各类体育赛事的号召,打造精品体育高端赛事和自主知识产权体育赛事,山东省充分重视体育赛事活动对经济、文化、社会等领域的积极作用,不断提高各类竞技性、群众性体育赛事供给,引进国际国内大型体育赛事,支持举办群众性体育赛事,积极鼓励各地市举办特色体育赛事,传承民间传统体育特色赛事,努力打造精品体育赛事品牌。在竞技体育领域,山东省举办"中国体育彩票"山东省第十一届全民健身运动会、2020~2021"中国足球发展基金会杯"中国城市少儿足球联赛(济南赛区)等大型竞技体育赛事。山东省竞技体育成绩再上新台阶,山东省籍49名奥运健儿在东京奥运会上 17 个大项 50 个小项中获得 7 枚金牌,居全国第一;在第十四届全运会三人制女子篮球 U19 组中夺冠,创造山东篮球新历史;山东省在全运会赛场上获得 58 枚金牌、160 枚奖牌,勇夺金牌榜和奖牌榜双第一,蝉联"四连冠";山东泰山足球队时隔 11 年再夺中超联赛冠军;全国田径锦标赛暨十四运资格赛男子 4×200 米接力比赛中以 1分 21 秒 66 的成绩打破亚洲纪录,为山东省赢得巨大荣誉。在群众体育领域,山东省举办山东沿黄九市铁人三项公开赛、第九届中国济南冬季畅游泉水国际公开赛、济南超级越野挑战赛、第十一届全民健身运动会"洁神杯"社区运动会以及"中国体育彩票"山东省第十一届全民健身运动会等群众性体育赛事,线上、线下总参与人数达到数百万人,极大地带动了群众健身热情。2021 年山东省体育赛事办赛数量明显增加,赛事品牌影响力不断扩大,培育一批具有区域特色的体育赛事,带动辐射一大批产业、企业和群众,逐步完善体育赛事平台体系,优化赛事环境,提高赛事有效供给,加强赛事专业服务和监管机制。与此同时,山东省在群众性体育赛事期间开展国民体质监测和健身指导规划,帮助群众掌握科学有效的健身方法,推动全民

体育产业蓝皮书

健身国家战略的落实。

3. 体育公共服务体系日趋完善

山东省持续推进体育公共服务体系建设，提高体育公共服务有效供给。深化体育公共服务"放管服"制度改革，逐渐构建起覆盖全省、功能完善的公共体育服务系统，推动全省体育产业、全民健身、竞技体育、社区体育一体发展。山东省设立体育产业服务大厅，发挥"一站式"中台枢纽作用，为国内外体育企业搭建合作交流平台，建立集政策、市场、交易、科技、资本、人才于一体的公共服务体系，推动国内外体育产业资源要素进行有效对接与合作。通过运营山东省体育产业公共服务平台，发展"互联网+体育+媒体"新模式，为政府和市场搭建起全新的交流平台，极大地促进了全省体育产业经济增长，推动体育产业高质量发展，在体育强省建设中起到重要作用。利用公园、广场、闲置场地等场所建设公共体育设施，真正有效实现政策"最后一公里"以及建设"15分钟健身圈"，96%的行政村（社区）已建有全民健身设施，经常参加体育锻炼人数比例达到40.5%，人均体育场地面积2.35平方米，群众健身意识不断增强，国民身体素质持续提升。持续打造"1+2+N"（1个体育总会，2个体育协会即老年人体育协会、社会体育指导员协会和N个单项体育协会）模式，全省16市、150个县（市、区，含高新区、经济技术开发区等）、1847个乡镇（街道）、37897个行政村（社区）建立体育总会，构建市、县、乡、村（社区）四级体育健身组织网络，提高居民健身的规范化、专业化水平，满足不同人群的健身需求。体育公共服务体系的建设在全省体育产业工作中占有重要地位，坚持以人民为中心、为企业办实事的服务宗旨，满足人们的健身需求，保障全省城乡体育服务一体化建设，为体育消费奠定基础。构建全省体育公共服务网，积极引入政府、市场和社会资源，培育和扶持具有潜力的企业，推广优质资源，提供大数据信息服务为全省体育产业快速发展蓄势赋能。

4. 体育政策保障措施日益全面

2021年是"十四五"开局之年，山东省体育局积极进行"十三五"时期体育产业发展总结与反思，并根据"十三五"时期全省体育产业的发展现状，制定一系列体育产业政策，持续深化"1+1+N"的政策体系，为体育产业高质量发展提供保障。2021年7月，为贯彻落实全民健身国家战略，加快推进健康山东建设，依据国务院《全民健身条例》和《山东省全民健身条例》相关规定，山东省体育局发布《山东省体育局关于印发山东省全民健身实施计划（2021—2025年）的通知》，对全民健身公共服务体系、体育融合以及保障措施进行具体规划，明确全省全民健身发展思路和发展方向。山东省体育局先后发布《山东省"十四五"体育产业发展规划》和《山东省"十四五"体育发展规划》，针对"十三五"时期取得的重要成就和"十四五"时期全省体育事业面临形势、总体要求、空间布局、主要任务及重要工程进行具体阐述。山东省体育产业政策体系逐渐趋于完善，总体布局完整，为体育产业发展提供有效的制度供给和综合保障。全面推进体育标准化建设，重点完善竞技体育、全民健身、体育培训以及体育融合等多领域的行业规范和标准制定，加强体育赛事监管和保障服务，积极落实体育市场"黑名单"管理和失信惩戒制度体系，全面加强体育赛事评估以及产业数据统计等相关工作，政策保障体系不断实现全面化、具体化。

（二）山东省体育产业重点工程成效显著

1. 积极筹备2022年北京冬奥会

2021年，山东省体育局发布的《山东省"十四五"体育发展规划》中提出要紧密对接国家备战北京冬奥会实际，依托省内等现有资源，加强与冰雪项目先进省份交流合作，落实项目布局和队伍组建，实现精准化、集约化发展。山东省内多家企业联合开发的冬奥会雪蜡车由山东省政府和国家体育总局在北京完成交车仪式。"山东造"雪蜡车是国内第一辆具有完整知识产权的氢燃料和油电混用牵引车，其中申报21项国家发明专利，助力奥运的同时极大地促进了山东省体育科技制造业的发展。山东省体育彩票管理中心和山东广播电视台共同主办"爱冰雪同喝彩"嘉年华活动，助力北京冬奥会、向全民普及冰雪运动。全省各地以"圆梦冬奥，同享未来"为主题，组织举办冬季全民健身运动会、"冰雪嘉年华"等110多项群众性冰雪赛事

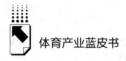

活动，进一步推动山东省冰雪运动普及开展，为喜迎北京冬奥会营造浓厚社会氛围。

2. 体育博览盛况热情高涨

2021年，山东省举办和参与多个领域博览会，落实体育产业"引进来，走出去"工作思路。2021中国体育文化博览会·中国体育旅游博览会由国家体育总局主办，山东省围绕"新使命新征程同圆梦"主题，多形式多角度呈现"体育+""+体育"融合创新、发展经验和产业成果，山东省体育局荣获"优秀组织奖"，山东体育展厅荣获"优秀展示奖"。2021年9月26日第二届山东体育用品博览会在临沂成功举行，吸引1.66万名采购商、392家企业、1200多种品牌参展参会，总订单达4亿元，签订合作意向投资38.04亿元和3000万美元。山东省体博会内容丰富多样，采用"体博会+"优势，推动"展览+论坛+赛事"形式，满足不同参展企业和采购商需求，展现山东省体育产业共享促进发展目标，有效推动山东省体育产业升级创新，为山东省体育产业注入新的活力。另外，山东省积极举办和承办专项博览会，例如山东体育服饰博览会、中国文旅博览会、国际户外休闲产业博览会、2021外贸优品展览会等。2021首届山东体育服饰博览会采用"线上+线下"的模式，"双十一"期间，仅线上销售额就达到3568万元。首届体育服饰博览会对发展全省体育服饰业、增强企业间凝聚力、实现全年乃至"十四五"体育产业任务目标具有十分重要的意义。除此之外，各地市也积极举办体育产业博览会，潍坊市第二届体育产业博览会在高密举行，吸引276家各地优质企业参展，近13万人观展，现场成交额400多万元，签订合作意向4200多万元。博览会上潍坊市超竞国际电竞学院、中骏世界城、山东泽普医疗科技有限公司、潍坊市少儿体育学校、安丘齐鲁酒地国际运动休闲小镇等5家单位进行了优质项目成果推介，现场签订3个合作协议。山东省通过举办各类博览会拉动全省体育消费，同时给更多企业带来合作和交流的平台，为"十四五"时期全省体育产业高质量发展奠定基础。

3. 沿黄九市体育产业协作联盟示范引领

黄河流域生态保护和高质量发展是党中央着眼全国发展大局做出的一项

重大战略部署。习近平总书记视察山东时，发表抓住国家推进黄河发展战略重大机遇，做好体育产业发展"黄河文章"的重要讲话。山东省体育局推动沿黄九市体育局成立沿黄九市体育产业协作联盟。2021年沿黄九市体育产业协作联盟组织沿黄九市品牌体育赛事、黄河体育文化旅游主题赛事、体育会展论坛、庆祝建党100周年主题活动、沿黄九市冰雪运动季等一系列活动，为沿黄九市体育产业发展构建坚实纽带，不断提升联盟凝聚力与全国影响力。促进体育产业联动发展，加强体育资源共享、信息互通和项目合作；强化体育产业平台建设，建设沿黄九市体育人才培训基地，定期发布沿黄九市体育产业发展报告；完善赛事活动协同机制，共同申办、承办重大国际性体育赛事。强化赛事质量和运作效益，放大区域示范引领效应，组织举办区域性大型体育赛事活动，组织体育会展、体育产业论坛等活动；促进体育文化繁荣发展，深入挖掘沿黄九市体育非物质文化遗产，加强优秀民族体育、民间体育、民俗体育保护、推广和创新，开展传统体育类非物质文化遗产展示展演活动；加强体育交流合作，推动与共建沿黄九市在体育旅游方面深度合作，打造"黄河入海"精品体育旅游赛事和线路，协力促进山东体育事业健康持续发展。

4. 体育消费季活动稳步前进

2019年，山东省根据国务院办公厅发布的《关于促进全民健身和体育消费推动体育产业高质量发展的意见》精神发布相应的实施意见和《进一步促进体育消费十项措施》，对体育消费起到积极作用。《山东省"十四五"体育发展规划》明确提出山东省要优化体育消费环境，积极创建国家体育消费试点城市，定期发放体育消费券，开展体育消费季等活动。2019年山东省首次开展全省城乡居民体育消费调查，城乡居民体育消费支出为2049.8元，占人均可支配收入的6.49%，全省体育消费总规模2064亿元，在全国名列前茅。其中，体育用品消费最多，人均893.92元，以运动服饰、鞋帽袜消费为主，占体育用品消费支出的49.92%。其次是体育旅游消费，人均349.35元，占人均体育消费支出的17.04%，体育旅游消费增速明显。从山东省城乡居民体育消费调查结果来看，山东省体育消费结构趋于合理，

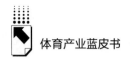

体育消费基础逐渐稳固,体育市场供给效率不断提升。但是,体育消费年龄结构集中在中青年,年龄分布不均匀,区域分布呈现东强西弱的发展态势。山东省为提升居民体育消费,结合体育消费季、体育博览会、全民健身主题活动,覆盖16地市,惠及全省居民,积极举办各类体育消费券发放活动。体育消费季以临沂体博会、体育夜经济为主的体育消费板块,"沿黄河、沿大运河、沿海"体育品牌赛事板块,以体育服饰、文创大赛为主的文化板块,纪念建党100周年板块,以及以体育微视频为主的体育IP板块五大板块为载体,进行体育消费券发放。2021年第二届体育消费惠民季发放体育消费券1000万元,直接拉动体育消费近7000万元,在拉动当地经济增长的同时也提升了群众体育消费理念,激励更多的居民参与体育锻炼,养成终生锻炼的习惯。

三 山东省体育产业未来规划布局

(一)打造"济青"双核产业引擎

1.构建济南体育产业"强省会"战略

将济南市打造成世界泉水运动之都、黄河中心体育城市、航空运动名城、运动康养名城。依托经十路齐鲁科创走廊,联动齐鲁软件园、浪潮科技园、汉峪金谷、国家超算济南中心,打造体育科创走廊产业带。结合"济莱智造走廊"建设,引领体育制造业迭代升级。支持浪潮集团联合山东大学构建山东体卫融合大数据环境,推进体卫融合产业高质量发展。依托山东大学龙山校区(创新港)、山东体育学院等,高规格建立体育产教融合平台,建设主动健康与数字体育产业研究中心,推动体育大数据互联互通、主动健康领域的关键技术研发。依托"新媒体之都"创建战略,支持海看科技等互联网传媒企业打造体育数字精品内容创作和新兴数字体育资源传播平台,引领直播、短视频、游戏等在线体育产品创作与生产。大力发展体育会展经济,拓展数字体育会展新业态。大力发展智慧体育场馆、智慧赛事、智慧体育旅游等新兴形态，推动济南奥体中心等转型升级。以长清大学科技园为依托，打造体育文创产业综合体，发展体育文化传媒、文创赛事产业。以济南国际医学科学中心、生命科学城为核心，建设体卫融合特色功能区。以打造"黄河中心体育城市"为引领，培育黄河体育精品赛事群，建设黄河特色体育风貌带。依托济南新旧动能转换起步区，高标准建设黄河体育中心，打造涵盖国际顶级赛事、体育游乐活动、现代体育服务、高端体育教育功能的体育综合体，发展成集"文、体、产、展、游、居、教、商"于一体的国家体育运动全域旅游示范区。依托雪野湖旅游资源，建设航空体育休闲特色小镇，持续打造中国国际航空体育节品牌。依托南部山区生态资源，科学布局自行车、汽车营地，大力发展摩托车运动，培育一批运动网红打卡地。整合济阳、商河温泉地热资源、特色农业资源，打造温泉康养特色产业区。持续推进国际足联俱乐部世界杯、泉城国际马拉松、国际冬泳世界杯、济南网球公开赛等重大赛事承办工作。

2.促进青岛体育产业国际时尚城建设

支持青岛市打造国际时尚体育城市、国家体育中心城市、区域体育资源配置中心城市，激活时尚体育新动能。结合国际时尚城建设，组织时尚体育产业大会、时尚体育精品赛事展演、时尚体育节、时尚体育消费节、时尚体育训练营等系列活动。打造时尚运动主题公园、时尚体育特色街区，发挥时尚体育城市联盟平台、体育资源及 IP 交易平台作用，普及推广帆船、电竞、马术、跑酷、冲浪、健美、国际象棋等时尚体育赛事。发展滨海体育总部经济，依托良好的创业创新生态和 RCEP、中日韩等经贸合作机制，吸引国内外体育赛事服务、智能体育、数字体育、高端体育装备等企业在青设立区域总部。建设国家体育总局体育科学研究所体育服务检验中心青岛分中心，拉长和完善人才链、产业链、服务链、价值链。以国际帆船赛事为核心，持续培育青岛国际帆船周·青岛国际海洋节、"远东杯"国际帆船拉力赛、青澳国际帆船拉力赛、山东半岛城市帆船赛等赛事品牌，争取承办世界帆联高峰论坛、航海文化展、海上巡游嘉年华等活动。高水平办好青岛马拉松、海上马拉松、青岛·崂山 100 公里国际山地越野挑战赛等自主品牌赛事。加强国

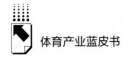

家"足球名城"品牌建设,加大职业足球扶持力度,持续办好"哥德杯"世界青少年足球赛,高水平举办 2023 亚洲杯足球赛事,主动对接亚足联、世界足联等国际组织,积极申办和创办高水平的国际足球赛事。推进国家体育消费试点工作,创新引领"互联网+体育服务"消费模式。

(二)构建"省会、胶东、鲁南"体育经济圈

1. 省会体育经济圈

依托济南、淄博、泰安、聊城、德州、滨州、东营七市建设体育智能制造集聚区、数字体育产业先导区、体育产业创新示范区。发挥省会科创平台优势,搭建体育产业双招双引、科技成果转化、投融资服务等一体化合作平台。支持国家体育用品技术创新中心、主动健康与数字体育产业研究中心等产教融合大平台建设,组建省高端体育装备技术创新中心、沪鲁体育产业协同创新中心。鼓励淄博市体育产业研究院等智库平台建设,探索双向飞地、异地孵化、共管园区等跨区域产业合作模式。支持竞技用品、健身器材及房车、全地形车、山地摩托车等体育设备制造企业通过延链、补链、强链联合上下游企业,强化产业供应链管理。支持宁津、乐陵、庆云体育产业协同联动发展,建设更具核心竞争力的体育器材制造基地。支持淄博培育"起源地杯"国际足球系列赛事品牌,打造足球活力城市。鼓励东营持续提升黄河口(东营)国际马拉松赛、自行车赛等品牌赛事影响力。支持滨州创建"全国体育公园城市",推广"企业家运动会"体企融合创新经验做法,建设好体育绳网产业园区。推动泰安"国际体育休闲名城"建设,扩大泰山国际登山节知名度,培育泰山国际马拉松、T60 环泰山徒步大赛等品牌赛事。整合济南国际赛马场、南山户外运动基地、雪野湖航空体育休闲小镇、九女峰山地户外运动主题公园、泰安冰雪文体中心等节点,协同开发温泉、森林等康养资源,打造生态体育"绿芯"。传承济南秧歌、淄博蹴鞠、泰安信鸽、聊城国际象棋及滨州、东营兵圣体育文化传统,联动打造传统体育文化展示、创意体验、体育文创项目群。

2. 胶东体育经济圈

依托青岛、烟台、威海、潍坊、日照五市打造海洋体育产业创新策源地和集聚功能区。结合"数字半岛"建设，以体育场馆设施、赛事活动数字化运营为突破口，加快可穿戴设备、虚拟现实、物联网、人工智能等先进技术在体育领域的创新应用。引导冰雪器材、钓具渔具、航空器材、数字自行车设备、电竞装备企业拓展咨询设计、系统集成、运维管理市场，激发产业集群内外部协作效应，引领全省数字体育产业创新发展。加快青岛"国际时尚体育城市"、威海"国际休闲运动之都"创建步伐。支持烟台培育建设现代化国际滨海时尚运动名城，打造具有重要影响力的"蓝色运动之都"。支持蓬莱体育之城、海阳沙滩体育名城、莱州武术运动名城、莱西北方休闲体育名城建设。支持日照围绕"现代化海滨体育名城"发展目标，构建全域体育旅游发展新格局，发挥好日照体育发展集团作用，高效运营日照国际足球中心、网球特色国际学校、日照市体育医院，升级"海滨山岳行"等体育旅游精品项目。推广潍坊体育职业教育与体教融合发展经验，升级风筝制造、比赛、体验等全产业链条。统筹国际帆船拉力赛、威海铁人三项赛、中国威海国际渔具博览会、中国海钓节等活动资源，促进滨海体育展、会、节、演、赛多业态联组联办。依托山东体育学院莱西产教融合实训基地、烟台山医院、长岛渔号小镇、威海水上休闲运动中心、日照奥林匹克水上运动小镇等载体，发展体育康养度假产业。充分发挥胶东经济圈体育协同发展联盟纽带作用，促进体育资本、技术、人才、数据要素的高效流通。依托胶东经济圈城市足球联盟、胶东五市冰雪运动产业促进会等合作组织，加强胶东五市足球、冰雪等多个项目赛事活动交流和专业人员培养。密切与日韩体育产业的交流合作，高标准打造威海中日韩棒垒球基地、中日韩体育文化（烟台）产业园，推动中日韩优质体育产业资源双向流动。

3. 鲁南转型隆起体育经济圈

依托临沂、枣庄、济宁、菏泽四市打造武术、球类制造、运动服饰、汽车摩托车、体育商贸等体育产业特色功能区。统筹菏泽、枣庄、济宁武术资

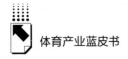

源，构建武术器材、服装、培训、赛事产业链，推动武术与演艺、影视、研学等结合，完善"武术+"发展新模式。鼓励临沂创新山东体育用品博览会组织模式，做大做强中国临沂体育用品城、中国（临沂）体育智能制造产业园、沂南制球产业基地，打造国际体育用品采购中心。扶持枣庄造雪产业、嘉祥滑雪手套产业发展，提高枣庄冰雪文体产业中心、菏泽"武术+冰雪"项目运营效益。支持菏泽建设好国家级竞技体育后备人才培养基地，打造以"三大球"、冰球为重点的竞技体育后备人才培养体系，运营好菏泽定陶汽车小镇。推动枣庄构建汽车运动产业链，打造"车祖故里"汽车运动文化名城。支持以沂蒙精神为核心，开发红色体育旅游和赛事活动。整合尼山圣境、三孔景区等载体，打造儒学主题体育赛事和研学精品项目群。发挥山东省乡村振兴体育研究院作用，引导临沂大学、济宁学院、菏泽学院、枣庄学院、宋江武校、曹州武校等联动打造鲁南体育职业教育联盟，共建体育职业技能培训基地。强化重大项目带动效应，持续升级台儿庄古城、蒙山国家登山健身步道、中国沂河体育节等体育旅游精品景区、项目、赛事。加大体育产业政策倾斜力度，支持四市争创国家体育创新试点，优先安排省级改革试点，推动改革创新先行先试。依托淮河流域经济隆起带招商资源和产业要素共享机制，打造体育产业区域性招商引资平台，主动加强与省会、胶东、徐州经济圈的体育产业交流合作，推动鲁南体育产业所需资源要素互联互通政策的先行先试。

（三）打通"黄河、运河、滨海、山岳"产业带

1. 黄河生态体育产业带

整合济南、淄博、东营、济宁、泰安、德州、聊城、滨州、菏泽九市黄河沿线资源，依托黄河沿线各类湿地公园、郊野公园、休闲公园建设，完善沿黄步道、绿道、景观廊道和滩区亲水运动设施网络，创建国家级体育旅游精品线路。利用好黄河入鲁、黄河入海的区位优势及东平湖等优质资源，串联济南新旧动能转换起步区等重大战略节点，科学布局房车营地、船艇码头、航空飞行营地，统筹组织黄河沿岸各类马拉松、自行车、徒步、越野挑

战、铁人三项等赛事活动。依托黄河国家文化公园建设，鼓励各地市将运动休闲、极限挑战、民俗体育、拓展训练项目融入功能区建设。加强沿黄九市体育产业协作联盟内部合作，发起成立沿黄九省（区）体育产业协作组织。

2. 运河人文体育产业带

整合枣庄、济宁、泰安、聊城、德州五市大运河沿线资源，重点开展自行车、龙舟、汽摩、马拉松、皮划艇、钓鱼、定向越野、铁人三项、航空航模赛事。以台儿庄古城、微山湖、南阳古镇、南旺枢纽、东平古州城、临清中洲古城、聊城江北水城、德州四女寺等为节点，开发户外营地教育、体育研学项目，丰富水上、路跑、徒步等全民健身活动。利用运河两岸环境良好的乡村、林地、湿地、湖泊，引入休闲绿道、自驾营地设施，发展运河生态养生休闲游。发挥大运河五市体育产业协作联盟作用，引领大运河体育产业协同发展。加强与京津冀、苏浙等大运河沿线省市的协同联动，常态化推进沿运产业协作和节会赛事联展联办。

3. 滨海休闲体育产业带

整合青岛、烟台、威海、日照、潍坊、东营、滨州等半岛城市滨海资源，大力培育邮轮、游艇、航空、海钓、潜水、海洋牧场、海水康疗等高端休闲体育产品，夯实邮轮游艇、帆船帆板、潜水装备、钓具渔具等体育制造业基础。依托"仙境海岸"旅游目的地建设，整合沿海各市滨海观光大道，构筑滨海绿道网络，打造"一岛一品"特色海岛运动项目群，扩大海上运动赛事、滨海体育节庆、体育民俗等竞赛表演业影响力。加强与环渤海、长三角地区及韩国、日本、俄罗斯等国家的赛事合作及体育产业交流。

4. 山岳体育产业带

整合鲁中南山地丘陵、鲁东低山丘陵资源，结合长城遗址、山地步道、绿道网络、交通网络、航空走廊，积极开展登山、徒步、骑行、露营、定向、攀岩、探洞、伞翼、漂流等运动，大力发展山地生态康养、体育拓展培训、娱乐嘉年华等项目。创建一批国家级山地户外运动示范区、精品线路、精品项目，申报一批国家级国民户外休闲运动中心（基地）、国家步道系统、山地户外运动服务综合体和山地户外运动营地。

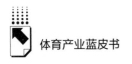

四 山东省体育产业发展对策与建议

（一）促进产业领域创新，推动产业高质量发展

1. 深化推动产业融合

重点聚焦体卫、体教、体旅融合三大领域，推进业态融合、产品融合、市场融合，大力发展"体育+"复合型业态。

（1）体卫融合。加快推进体卫融合试点项目工作，支持具备条件的市依托卫生健康机构、高校探索开设体育医院、运动健康中心、体育康复产业园区。推动体卫融合服务机构向基层覆盖延伸，打造标准化社区健康活力中心，支持在社区医疗卫生机构中设立科学健身门诊。拓展居家老年运动管理、体养健康咨询等体育养老服务模式，鼓励结合社区体育推广常见慢性病运动干预项目和方法。鼓励社会资本依法依规进入体卫融合领域，推出体质测定、运动康复等特色服务，开发运动食品、中医食疗项目。强化体卫融合标准引领，研究制定健康体适能、运动损伤与康复、慢病干预等领域的地方和行业标准，规范服务流程及服务标准。

（2）体教融合。支持社会体育资源进学校，研究制定社会体育俱乐部等体育类社会组织进校园的准入标准。完善青少年体育赛事体系，广泛开展青少年体育冬夏令营，将符合条件的体育基地、运动营地等纳入青少年研学基地。推动传统体育类非物质文化遗产进校园，传承弘扬武术、民俗等体育传统项目和特色项目。推进儿童青少年体适能训练和体质提升项目试点工作，总结试点经验并适时向全省推广。优化学生运动水平等级认证标准和评定办法。促进产教供需双向对接，鼓励高等院校、科研院所、职业学校聚焦专业设置、项目合作、科研训练、人才培养等环节，与体育企业深度合作，共建产教园区、研发基地、企业技术中心、产业技术实验室。

（3）体旅融合。依托山东省丰富的优秀传统文化和旅游资源，让体育拉动旅游、滋养文化。鼓励体育服务综合体、体育场馆、体育公园丰富研学、教育、游乐等功能，引导旅游景区、度假区开发健身休闲服务和赛事互动项目。依托部分市场化程度高的职业体育赛事和马拉松、自行车、帆船帆板、武术、风筝等市场基础好的群众性体育赛事活动，开发具有地域特色和产业特点的体育旅游产品与项目。支持曲阜重点打造六艺运动会，与孔子文化节、尼山世界文明论坛联动，培育大型综合性群众体育赛事活动品牌。实施体育旅游精品示范工程，优化体旅融合推进机制，协同制定全省体育旅游发展规划，引导省市两级体育、文化和旅游部门协同推进黄河、大运河、长城及滨海沿线体育旅游融合。鼓励成立单项体育旅游组织和团体，鼓励全省体育旅游装备制造企业向服务业延伸发展，培育一批具有较高知名度和市场竞争力的体育旅游企业与知名品牌。

2. 创新培育市场主体

（1）重点发展龙头企业。引导国有体育企业通过资本金注入、股权投资、资产重组、融资担保等方式做大做强。积极促进体育资源和生产要素向优质企业集中，引导企业、品牌和项目连锁发展，鼓励产业关联度高的体育企业联合重组，推动跨地区、跨行业、跨所有制并购重组。吸引国内外知名体育企业总部、研发中心、运营中心落户，争取国际体育组织总部落户或设立分支机构。鼓励各地建立"产业链链长制"，对扶持创新水平高、品牌影响大、具有"链主"地位的引领型企业实行"一对一"和组团式服务。

（2）培育支持中小微企业。健全重点企业"一对一"双向联系服务机制，建立重点体育企业跟踪服务平台。对新认定的符合中小微企业升级高新技术企业补助条件的企业、主板或创业科创板上市的体育企业，积极落实相关政策给予支持。优化对中小微企业的认定政策，积极升级技术企业创新，积极落地对中小微企业的政策支持。鼓励中小微企业进驻产业园区，推动中小微企业向"精、专、新"领域发展。

（3）鼓励打造职业俱乐部。鼓励社会资本组建职业俱乐部，健全完善现代企业制度，培育一批具有较高经济效益的职业俱乐部探索多元化融资，推动职业俱乐部混合所有制改革。加快优势体育竞技赛事市场开发，建立山东省职业体育荣誉体系，对注册参加全国顶级职业联赛的俱乐部落实奖励扶持政策。实施百强健身俱乐部促进计划，开展星级评定，支持引导健身俱乐部规范化、标准化、品质化发展。

3. 改造升级体育制造业

（1）提高企业转型升级动力。加快体育用品制造业向高端化、智能化方向发展，加强科技手段、理论创新和专利技术的成果转化，提高产学研结合效率，促进体育用品制造业的转型升级。支持企业与高校、科研单位合作，建立理论与实践相结合的战略合作，鼓励建设创业园和产业孵化基地，利用好各地区的资源优势，提升产品质量和效率，全面改革创新新技术、新思想，提升体育用品制造企业的核心竞争力，促进产业升级改造。

（2）强化关键领域创新能力。鼓励竞技器材、健身器材、运动康复、体育游乐等大型制造企业实施工业互联网计划，建设国家级、省级企业技术中心和工业设计中心，提高智慧体育器材装备、可穿戴式运动设备、智慧运动康复器材、虚拟现实运动装备研发水平。鼓励体育服饰、绳网、钓具等制造企业以产品可降解、可循环为目标，深入开展新材料研发和工艺创新，构建低碳、绿色体育制造体系。发展体育工业设计、服装设计等新业态，鼓励体育、设计企业联合开发具有市场开发价值、艺术审美价值的体育文创产品。加快推进现代企业制度建设，鼓励体育制造企业引进职业经理人和专业技术团队。发挥国家体育用品质量监督检测中心（山东）作用，强化体育装备、器材等产品的质量监督检测。

（3）完善体育用品营销链条。依托中国（山东）自由贸易试验区，加快国家级体育用品物流枢纽建设，拓展体育服务贸易。支持体育用品制造企业拓展电商业务，发展"线上营销+实体销售""视频引流+直播带货"等体育用品营销模式。加快数字化、网络化、智能化改造升级，着力研发新材料、钻研新设计、攻坚新工艺，推动体育用品制造业向高端化转型，稳步实现产业链核心环节本土化。

4. 优化壮大体育服务业

（1）打造高端品牌赛事集群，繁荣发展特色体育赛事。打造特色化、品牌化、系列化、常规化赛事体系，加强与国内外各类职业联合会、协会、知名体育公司、中介组织合作，持续引进一批国际国内顶级赛事和单项体育赛事的锦标赛、分站赛、巡回赛、积分赛，推进办赛标准化、科学化和市场化。加强体育赛事文化植入，优化办赛理念，加强品牌保护，提升体育赛事品牌和服务城市价值。依托体育策划、咨询、营销等市场化渠道，开发路跑、骑行、户外运动、航空运动、武术、搏击、网球、极限运动等商业化赛事，举办常态化、系列化赛事，构建特色赛事山东赛季。坚持"一城一品牌、一赛一特色"理念，优化提升山东省马拉松赛事活动，形成具有山东地域特色和齐鲁文化风韵的赛事品牌。创新开发蕴含齐鲁优秀传统文化的体育竞赛表演项目，推动体育竞赛与旅游相结合。探索利用农业农村资源，大力发展乡村体育赛事。打造以体育项目为内容的电竞赛事体系，加大顶级电竞赛事引进力度，大力发展社区体育和职工体育，支持有条件的地区举办全民赛、日常赛等赛事。

（2）分类引导健身休闲企业发展，拓展健身休闲线上参与空间。鼓励具有自主品牌、创新能力和竞争实力的健身休闲企业，规范开展管理输出、连锁经营，提升健身休闲服务附加值，延伸产业链和利润链。鼓励各类中小微健身休闲企业、运动俱乐部向"专精特新"方向发展，主动融合体育康养、运动康复、体育培训、营养餐饮等业态，开发专业化、个性化、时尚化的健身课程和产品。创新发展"健身休闲+互联网"模式，推广智慧健身、网络健身等新形式，拓展电商和本地生活平台合作，合理引导健身休闲参与的智能化、线上化。引导健身服务企业有效运用网络空间，开发专业化、个性化、时尚化健身课程和产品，推广智慧健身、网络健身等新形式。拓展电商和本地生活平台合作，促进健身休闲营销和服务创新。加快户外运动产品迭代升级，发展山地、水上、冰雪、汽摩、航空等户外运动，构建以徒步、登山、露营、拉力越野、定向穿越、营地教育、极限挑战等为核心的户外运动产品体系。支持有条件的景区景点拓展户外运动旅游项目，打造优质户外旅游目的地。逐步完善健身步道、户外营地、徒步骑行服务站等户外运动基础设施，健全户外救援服务体系。

（3）创新场馆建设运营模式，升级场馆智慧服务体系。结合公共体育场馆"改造功能、改革机制"两改工程，加快推动公共体育场馆管理体制改革和运营机制创新。以运营为中心，推行体育场馆策划咨询、规划设计、融资建设、运营一体化模式。盘活场馆设施资产，推动所有权、经营权、监管权分离，支持新建体育场馆委托第三方企业运营。引导社会资本参与公共体育场馆、体育公园开发建设，支持职业体育俱乐部主场场馆优先改革，提高场馆综合利用率，降低维护成本。完善政府购买体育场馆公益性服务的机制和标准，支持社会力量参与体育场馆设施服务。鼓励符合开放条件的企事业单位、学校体育场地设施向社会开放，着力解决安保、意外伤害、设施维护等堵点问题。支持体育场馆经营机构依托大数据采集技术，优化产品供给内容、配额比例与时段规划，提高场馆服务质量。适应时尚健身运动需求，加大对时尚化、智慧型、便捷式运动场馆设施的服务供给。加强体育场馆与相关业态融合，依托体育场馆打造体育服务综合体和产业集群。依托互联网、物联网、大数据、人工智能技术，推进体育场馆数字化提档升级，完善适于移动终端设备的场馆导航、订票、点餐、购物、直播等"一键式"服务，提升体育消费便捷化、智能化体验。依托山东省体育大数据中心采集全省体育场馆相关数据，搭建全省体育场馆运营管理平台。引导和鼓励体育场馆与互联网企业合作，为场馆经营管理提供大数据决策参考。

（4）大力发展体育培训市场，创新体育培训业务模式。引导和支持培训机构开发多样化的特色课程，推动培训与考级、考证、参赛等实际需求相结合，开发一体化、链条化培训产品。加强体育培训市场监管，完善培训人员资格认证和职业操守管理，规范开发游泳、武术、球类、棋类等大众参与型培训项目。助力青少年、老年等重点人群培养主动健康意识和体育运动爱好，提高水上运动、航空运动、汽摩运动、冰雪运动等新兴项目的普及率和消费能力。鼓励体育培训机构积极开展多元化、个性化体育培训业务，创新开发"线上培训包"，打造线上线下相结合的课程体系。支持体育培训服务企业开展品牌化、连锁化经营，拓展短视频、网红直播、知识社区等新媒体营销渠道，打造面向精准用户群的专业培训生态圈，大力开拓国内外体育培训市场。大力开展体能训练、运动康复、运动营养、运动保健、运动心理等体育职业技能培训，满足体育产业从业人员的职业技能需求。强化技能培训工匠精神与体育职业精神的培养，探索建立产学结合、校企合作的"双元制"教学模式，通过体育职业技能培训为退役运动员提供学习、就业平台。

（5）培育体育展会自主品牌，加强体育会展技术保障。高标准筹备首届国际体育产业高峰论坛（济南）等会议，持续提升山东体育用品博览会等展会的办会规模和质量，积极申报全球展览业协会（UFI）、国际大会及会议协会（ICCA）认证。争取引进和承办中国国际体育用品博览会、中国体育文化博览会、中国体育旅游博览会等国家级展会。逐步提高中国国际文化旅游博览会等相关展会的体育产品参展比例。进一步提高智能化、数字化产品设备参展规模。提高体育会展市场化水平，加大政府支持力度，引导市场主体举办各类体育会展，支持国内外知名企业来鲁参展。引导和支持举办线上体育会展，通过云展览、云对接、云洽谈、云签约的办展新模式，大力发展智慧体育展览，建立网络展会交易平台，实现实体展览与虚拟展览、线上与线下交易之间互补，推动展览信息共享。加强各类体育展馆软硬件建设，提高展馆运营服务能力和现代化水平。加强体育会展基础类、技术类、配套类、服务类等标准制定。

（6）打造体育影视传媒矩阵，拓展体育信息技术服务。结合国家体育文化创作精品工程、齐鲁体育精神传承创新工程，联动省（市）广播电视台、传媒集团、特色新媒体平台，加大体育影视、短视频、微电影等精品创作力度，打造体育影视传媒矩阵。联动山东电视台打造"对话体育产业"栏目品牌，提高山东体育产业年度巡礼专题片、《山东体育产业专刊》策划制作水平。鼓励传统广播电视体育频道适应全媒体生产传播的一体化组织架构，构建新型采编流程。依托山东海看体育服务云平台、山东体育频道，创新以山东IPTV为载体的新媒体传播模式，探索以体育直播等互联网平台为核心的创新发展路径。完善集约高效的体育内容生产体系和传播链条，以全媒体矩阵满足体育宣传工作需求。大力扶持体育信息采集、传输、存储、分析、处理与传播等业态发展，深度服务体育制造、运动健身、场馆服务、体医融合、体育培训市场。鼓励体育科技企业为传统体育用品和设备生产企业

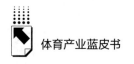

提供动漫游戏、电子竞技等体育应用软件业务,推动传统体育业态与信息技术的融合发展。

(二)加强产业经济发展,优化市场经营环境

1.数字体育产业发展培育

强化数字技术创新应用。依托大数据、云计算、5G、人工智能、虚拟现实、物联网、区块链等技术,加快研发设计、经营管理、生产加工、物流售后等核心业务环节的数字化转型。提升数字内容原创能力,鼓励网络直播、短视频、动漫游戏等数字体育产品创作与生产。支持互联网传媒企业、广播电视台、融媒体中心打造体育数字精品内容创作和数字体育资源传播平台。出台推动数字体育产业创新发展的指导意见,鼓励体育企业"上云用数赋智",支持龙头企业联合产业链上下游企业共同打造数字体育平台,扶持数字体育中小微企业研发创新,利用众创空间等新型平台孵化一批数字体育企业。以体育与新一代信息技术深度融合为基础,以打造数字化多元应用场景为牵引,推动传统体育产业服务商和生产商向信息化、大数据、物联网、人工智能等领域拓展。

丰富数字体育应用场景。发展体育"新基建",升级体育基础设施体系,建设覆盖场馆日常运行各个环节的高速有线、无线网络及各种智能信息终端系统,推动智能体育设备的互联互通。依托智能信息设备和数字化技术,拓展在线健身、网络赛事、线上培训、沉浸式观赛、智慧体育康养等数字体育生活新图景。倡导以参赛流程线上管理、参赛数据及时反馈、竞赛体验云上共享为特征的数字化办赛模式。支持发展多点远程云端赛事制作平台,鼓励运用融媒体在线视频平台直播、转播体育赛事活动。发展以足球、篮球、自行车、冰雪等运动项目为核心内容的电竞赛事,支持机器人、无人机等在体育运动和竞赛表演领域应用。开发基于大数据的智慧体育医疗康养平台,创新发展运动实时监测、运动康复诊疗、运动处方开具、科学健身咨询指导等同步并行的网络服务模式。

2.完善配置产业资源要素

优化科技资源配置新手段。支持体育企业与高等院校、科研院所合作创建体育技术创新中心、产业创新中心、制造业创新中心、重点实验室等创新平台。高标准建设山东省体育产业研究院,探索"事业单位+公司制"、理事会制、会员制等多种新型运行机制,打造"政产学研金服用"创新创业共同体。落实国家体育总局与省政府关于《共同推进体育技术创新和产业发展战略合作框架协议》,优化部省联动科技创新工作体系。依托省体育及体育用品标准化委员会,组织省内体育企业和高校院所,开展体育领域地方标准和团体标准立项编制工作。

推进人才资源配置新途径。将体育产业高层次人才选拔与培养专项计划列入引才培育工程,完善人才选拔、引进、培养、激励和保障制度。加强安置和创业指导工作,创新体育产业专业人员评价机制。鼓励政府、企业、高等院校协同建设体育产业人才培养孵化基地,培养各类体育策划、运营管理、技能操作等专业应用型人才。鼓励各地组建体育产业专家智库,健全完善体育产业人才常态培训机制。加强基层体育产业管理队伍建设,优化社会体育指导员专业结构。

3.优化搭建产业载体平台

完善体育产业基地。加大政策协调、信息服务、市场开拓、合作交流等基地建设运营工作的支持力度,强化体育产业基地配套服务能力。加强对全省体育服务综合体建设的统筹规划,分类建设与城市规模和功能作用相协调的体育服务综合体。强化规划引领,明确体育服务综合体功能定位、建设规模、项目设置、业态类型、配套功能、商业模式和管理体系,搭建体育产业服务平台。发挥山东体育产业服务大厅"一站式"中台枢纽作用,引入北京和上海产权交易所、华奥星空、中体产业、山东产权交易集团及金融、科研机构等资源,建立集政策、市场、交易、科技、资本、人才于一体的服务体系,推动省内外体育产业资源要素有效对接和互促共进。

4.提升推动体育消费动力

推进体育消费示范工程。推进青岛、日照国家体育消费试点城市建设,

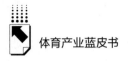

完善促进体育消费政策措施，充分发挥示范城市示范和辐射作用。开展"体育消费示范县"创建工作，推动县域体育消费政策、机制、模式与产品创新。试点发行体育主题银行卡、运动银行等体育消费支付产品，推出多样化体育保险产品。做好与文化惠民消费券及各市不同类型消费券的结合。优化体育消费服务政策，健全体育消费积分政策，拓展体育用品、体育培训、健身服务、体育保险等领域，开展体育消费补贴政策效用测评。

创新体育消费多元模式。鼓励通过赛场表演、影视综艺、跨界宣传、体育代言等方式，推动体育消费跨界破圈。支持体育用品制造、零售企业拓展电商直播、视频引流等营销新模式，鼓励体育组织和企业策划举办线上与线下融合、相互补充的各类体育赛事活动，推进传统运动空间向"功能+场景+体验"的沉浸式体育消费空间转变，推动线上线下体育消费有机融合。挖掘假日及夜间潜力，满足多元体育消费需求。结合体育场馆免费开放政策，支持体育场馆、门店等延长夜间营业时间，推广24小时自助智慧健身房，举办一批"体育夜市""夜间运动汇"等夜间体育专场活动。引导协会组织依托体育场馆、公园、广场、商业街区，开展特色突出、观赏性强的群众体育活动，打造一批夜间体育消费"打卡地"、夜间体育消费集聚区。

（三）落实产业保障措施，加强体育强省建设

1. 强化政策制度部署

山东省体育产业发展应落实政策保障，释放政策红利，加大财政扶持和金融支持，健全体育产业标准化建设，发挥产业示范引领作用。协调推动土地、税费、水电气价格等体育产业优惠政策落到实处，恢复并加大省级体育产业发展专项资金额度，引导各市配套设立市级体育产业发展专项资金。提升体育产业发展扶持资金使用效能，加大体彩公益金对体育产业投入扶持力度。鼓励企业、社会资本单独或合作设立体育产业发展基金。立足体育服务城市建设和设施更新需求，加强体育产业新增建设用地（陆域、空域、海域），综合运用中长期固定资产贷款、银团贷款、政府和社会资本合作等方式，支持体育基础设施建设。强化相关领域政策协同，加强体育数字经济、

体育金融、体卫融合、体育职业教育、县域体育产业、沿黄沿海沿大运河体育产业带等方面政策研制。总结体育消费、体医融合、体育旅游等试点地区和单位的有效举措，鼓励全省各体育产业创新试验区、体育创新试点县利用先行先试权限，创新一批纵深突破、成熟定型的政策措施。

2. 构建产业统计体系

建立体育产业统计团队，健全体育产业统计指标体系，构建常态化统计机制，联合山东省统计局建立体育产业统计工作联动机制，调整和优化体育产业统计制度，实现应统尽统。建立体育产业发展监测评价体系与考核机制，完善山东省体育产业高质量发展指标体系，推动将体育产业纳入各级经济社会发展综合考核范围。根据统计结果定期公布数据，建立各部门反馈机制，建设体育产业名录库，优化统计检测评价体系，全面推动全省产业统计工作。

3. 落实产业规划评估

2021年山东省发布《山东省"十四五"体育产业发展规划》，全省各产业部门应积极落实规划内容，推动体育产业纳入本地国民经济和社会发展规划、财政预算和考核评价体系。各级体育行政部门要结合实际，明确本地区"十四五"期间体育产业发展的基本任务、工作目标和保障措施。制定规划实施方案和年度实施计划，科学分解规划任务，明确责任部门和配合部门。健全规划督查考核机制，针对规划项目实施情况，出台规划动态调整及实施评估管理办法，开展年度检查、规划中期和终期评估。对于规划任务完成较好的地区，在安排省级体育发展专项资金、申报国家级产业基地和试点项目时给予适当倾斜与支持。

4. 加强人才培育力度

完善体育人才培养、引进、激励和保障制度，探索通过授权协会组织等方式，加强基层体育产业管理队伍建设。支持体育部门、企业与学校联合建立体育产业教学、科研和培训基地，培养各类体育策划、运营管理、技能操作等专业应用型人才。发挥好"体育人才推介会"平台作用，健全柔性人才引进机制，支持大学生、退役运动员、教练员投身体育产业，优化社会体

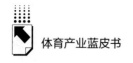
育指导员专业结构。鼓励各级主管部门、体育协会、体育企业与高校院所等智库机构开展多领域合作，围绕体育产业高质量发展目标，实施细分行业、产业集群、体育消费等领域的跟踪研究。加大人才培育，选拔体育产业高层次人才，完善人才培养、引进和保障制度，加强高校体育学科建设，鼓励建立人才孵化基地和交流中心，完善运动员退役安置和体育专业人才队伍建设，创新体育专业人才制度改革。保障后备人才输送，强化青少年体育专业人才的培养，多元化设置人才培养体系，建立各省、市、县多层级人才输送通道，探索体育人才创新培养和选拔的新方式和新途径，加强各级体育运动队交流和对接，为培养体育产业高质量人才奠定坚实的基础。

参考文献

王志光主编《体育产业蓝皮书：江苏省体育产业发展报告（2019—2020）》，社会科学文献出版社，2020。

李颖川主编《体育产业蓝皮书：中国体育产业发展报告（2020）》，社会科学文献出版社，2020。

张林、史康成主编《山东省体育产业发展报告（2015—2017）》，人民体育出版社，2019。

黄海燕主编《体育产业蓝皮书：长三角地区体育产业发展报告（2018—2019）》，社会科学文献出版社，2020。

李颖川主编《体育产业蓝皮书：国家体育产业基地发展报告（2017—2018）》，社会科学文献出版社，2019。

王延奎主编《体育产业蓝皮书：山东省体育产业发展报告（2018—2020）》，社会科学文献出版社，2021。

行 业 篇
Special Topics

B.2
山东省山地户外运动产业报告

梁 强　许洪超　彭显明*

摘　要： 近年来，山东省山地户外运动产业处于快速发展阶段，为推动山东省山地户外运动产业的高质量发展，本文针对山地户外运动的发展基础和面临形势，采用遵循产业的发展原则，构建产业空间布局，明确发展重点内容，确定重点任务，优化产业保障。

关键词： 山东省　山地户外运动　运动产业

---

* 梁强，天津财经大学商学院，博士，教授，硕士生导师，主要研究方向为户外运动与体育旅游产业；许洪超，山东财经大学体育学院，副教授，主要研究方向为体育产业理论；彭显明，北京体育大学管理学院，2022级博士研究生。

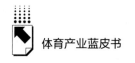

一　山东省山地户外运动产业发展基础和面临形势

（一）发展基础

1. 基础设施建设成效显著

截至 2020 年底，山东省冰雪运动场地 74 个，场地面积 335.81 万平方米，其中，滑冰场地 23 个，占 31.08%，滑雪场地 51 个，占 68.92%。截至 2020 年底，山东省健身步道 4695 个，长度 1.30 万公里，场地面积 5409.22 万平方米。现有户外运动基础设施中，威海市里口山国家登山健身步道、临沂市蒙山国家健身步道、日照水上运动基地、莱芜雪野航空运动基地等一大批户外基础设施为户外运动提供坚实基础，户外基础设施建设的进度还在不断推进。

2. 产品供给品类逐渐丰富

目前山东省已经初步形成了水陆空全覆盖的户外运动产业生态体系，一是以登山、徒步、骑行、露营为代表的山地户外运动；二是以帆船、皮划艇为代表的水上户外运动；三是以滑翔伞、热气球、动力伞为代表的航空户外运动；四是以越野、赛车为代表的汽摩户外运动；五是以滑冰、滑雪等为代表的冰雪户外运动蓬勃发展，为民众提供了丰富的户外运动参与项目。以泰山国际登山赛、泰山国际户外挑战赛、东营黄河口马拉松、潍坊国际风筝节、青岛国际帆船周和青岛国际海洋节、威海铁人三项系列赛等为代表的一批品牌赛事深受好评，户外运动赛事体系不断完善，初步形成了齐鲁品牌户外运动赛事群。

3. 市场主体不断壮大多元

体育制造业企业队伍壮大，2021 年上海体博会山东省共 165 家企业参展，占全部参展企业总数的约 13%，体育用品制造业以德州乐陵体育用品制造产业园、德州庆云体育用品制造产业园、德州宁津体育用品制造产业园、青岛即墨体育科技创新园、威海核心蓝区渔具制造产业园、济宁嘉祥运动手套产业园、滨州惠民体育绳网产业基地等具有规模优势的产业集群为代表，引领一大批体育制造业企业向前发展。山东省以体育产业示范基地为代表的户外运动市场主体不断壮大。

（二）面临形势

"十三五"期间，山东省户外运动产业随着全民健身与全民健康的深度融合，实现快速发展，但总体上仍处于发展初期，市场潜力有待进一步释放，还存在一些短板和薄弱环节。一是户外运动产业规模相对偏小，产业结构不尽合理，产业链还不够完善；二是户外运动制造业需要智能化转型升级；三是户外运动消费人口、消费潜力需进一步挖掘；四是品牌赛事资源没有得到充分开发，赛事综合效益有待提升；五是自然资源向户外运动开放不够，黄河流域生态保护同全省户外运动产业高质量发展的律动融合有待深化，户外运动设施需要进一步推进补短板行动。

"十四五"时期，我国经济社会全面进入新发展阶段，山东省开启新时代现代化强省建设新征程。党中央、国务院和山东省委、省政府对户外运动产业发展赋予新使命、提出新要求，山东省户外运动产业将迎来发展新机遇。

二　山东省山地户外运动产业空间布局

坚定贯彻新发展理念，围绕"山地、水上、冰雪、汽摩、航空"五大户外运动体系，山东省开拓构建"三圈、四带、五网、多极"的户外运动产业发展新格局。

（一）"三圈"

1. 省会户外运动经济圈

依托省会经济圈一体化发展战略，促进济南、淄博、泰安、聊城、德州、滨州、东营等七市户外运动一体化发展，合力打造省会户外运动经

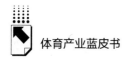

济圈。

2.胶东户外运动经济圈

依托胶东经济圈一体化发展机遇,促进青岛、烟台、威海、潍坊、日照等五市一体化发展。推动"胶东五市"户外运动产业协同融合发展,合力打造胶东户外运动经济圈。

3.鲁南户外运动经济圈

依托鲁南经济圈一体化发展机遇,促进临沂、枣庄、济宁、菏泽等四市一体化发展。推动"鲁南四市"户外运动产业协同融合发展,合力打造鲁南户外运动经济圈。

（二）"四带"

1."生态黄河"户外运动带

促进黄河流域生态价值转换,主动对接国家黄河文化户外运动带,律动串联黄河沿线菏泽、济宁、泰安、聊城、济南、德州、滨州、淄博、东营等9个城市,联动黄河生态廊道、黄河口生态旅游区,打造"生态黄河"户外运动带。依托沿黄九市体育产业协作联盟,以打造"生态黄河"户外运动带为抓手,将黄河流域生态保护与户外运动产业培育相结合,建设黄河沿线滨海生态景观带、旅游带,建设沿黄户外旅游特色小镇,构建黄河国家步道系统,推进黄河国家文化公园建设,打造沿黄运动休闲特色风貌带;依托丰富的温泉、湿地等自然生态和人文旅游资源,加快推进温泉疗养、温泉度假、湿地公园等户外主题旅游项目建设,探索建设集休闲度假、特色医疗、户外养生于一体的户外旅游模式。依托黄河生态旅游功能带,进一步加强沿岸景观设计,完善户外运动基础设施建设,高水平策划举办黄河文化主题的铁人三项、马拉松、徒步、骑行、自驾露营等户外运动,进一步打响"好客山东、律动黄河""走近黄河、韵动滨州""黄河入海、活力东营"等沿黄城市户外运动品牌。

2."山岳长城"户外运动带

以鲁中南山地丘陵为依托,以泰山、鲁山、蒙山、尼山、沂山和徂徕山等名山大川为支撑，以齐长城遗址为轴线，打造"山岳长城"户外运动带。加快发展徒步、登山、骑行、露营、攀岩、定向等普及性广、市场空间大的山地户外运动项目。积极创建特色户外品牌赛事，进一步提升泰山国际登山节、蒙山养生长寿登山节、沂山国际山地户外运动挑战赛等户外运动赛事的品质和影响力。充分挖掘齐长城遗址沿线水、陆、空资源，研究打造"山岳长城"步道系统和自行车路网，在不破坏生态环境和文物古迹的前提下，合理开发建设一批山地户外营地、徒步骑行服务站、自驾车房车营地、运动船艇码头、航空飞行营地等健身休闲设施。

3."鲁风运河"户外运动带

以运河为廊道，以城市为节点，重点打造"鲁风运河"户外运动带。依托运河沿线水工设施遗存，以文化脉络串联各市运河水利工程，发展户外营地教育和户外研学项目。沿运河规划建设省域绿道"运河风情感知段"，增强绿道服务、娱乐等功能。强化枣庄、济宁、泰安、聊城、德州五市"鲁风运河"户外协作联盟建设，构建"鲁风运河"整体户外运动品牌形象和赛事联动体系。

4."仙境海岸"户外运动带

以胶东经济圈青岛、烟台、威海、潍坊、日照等五市一体化发展为依托，建立胶东户外运动合作联盟，打造"仙境海岸"户外运动带。依托青岛国际邮轮母港优势，加大五市"邮轮+"旅游产品开发力度，推出邮轮游客畅游"仙境海岸"系列水上运动产品，逐步带动青烟潍威日全线滨海户外运动发展。依托威海"千公里山海自驾游"品牌，串联五市优质户外运动资源，打造"仙境海岸"全线户外自驾游经典线路。

（三）"五网"

1.步道网

依托蒙山、五莲山国家登山健身步道，布局串联打造"齐鲁步道"工程，主动融入国家步道系统。完善休闲绿道、登山步道等体育休闲公共设施网络，围绕步道提供体育研学、营地教育和户外拓展服务，为山东省"步

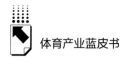

道经济"发展赋能。

2.水上网

以日照奥林匹克水上运动公园、威海水上休闲运动中心等为载体,打造联动东平湖、微山湖、黄河、大运河、潍河、沂河、泗河、马颊河、徒骇河、小清河、大汶河等骨干水系资源及海洋资源水上运动项目群链系统,形成山东省水上运动网络,为山东省水上运动产业赋能。

3.骑行网

依托现有路网资源,完善自行车道、摩托车道公共基础设施建设,鼓励在知名景区和重点体育项目间打造精品骑行线路,建设打造一批骑行友好型城市,最终形成贯通山东省的骑行运动网络,为山东省骑行运动产业赋能。

4.自驾网

大力支持发展"后备箱经济",重点建设黄河自驾旅游廊道工程,鼓励各市推进自驾营地设施建设,积极建设鲁中汽车自驾营地产品群、胶东半岛汽车自驾营地产品群、鲁西北汽车自驾营地产品群、鲁西南汽车自驾营地产品群和鲁南汽车自驾营地产品群,围绕山地、海滨、湖畔、森林、交通构建山东省汽车自驾运动网络,为山东省汽车自驾运动产业赋能。

5.航空网

依托已建和在建的通航机场建设航空运动体验基地,围绕"仙境海岸"低空旅游区、黄河三角洲低空旅游区、潍坊低空旅游区、济南省会城市群低空旅游区、临沂低空旅游区、泰安低空旅游区和鲁南低空旅游区,打造全省航空运动网络,为山东省航空运动产业赋能。

(四)"多极"

1.黄河口户外运动产业极

结合各县区实际和地域特色,深入打造"黄河口"等赛事活动品牌,持续扩大黄河口(东营)国际马拉松赛、中国东营·黄河口铁人三项精英赛、黄河口(东营)国际公路自行车赛、黄河口(东营)汽车场地越野赛、东营(龙居)黄河口龙舟赛等赛事影响力,推动黄河口国家公园、东营黄河口蓝天国际汽车自驾运动营地、东营黄河口体育旅游基地等户外基础设施建设。依托东营黄河口生态旅游区，开展生态旅游、运动休闲等户外项目，借助优美的自然风光实现户外康养、户外休闲、户外运动相结合的模式。

2. 泰山户外运动产业极

依托泰山"五岳之首"以及封禅文化等基础，利用泰山得天独厚的自然地理条件，继续打响"泰山国际登山节"和"泰山国际马拉松"知名赛事品牌，培育"泰山 60 公里徒步走""泰山国际徒步大会""国际户外彩色跑""泰山九女峰自行车和徒步体验赛"等各类赛事，举办丰富多样的户外赛事。继续完善泰山国际风光旅游健身绿道和环泰山健身步道的基础设施建设与自行车营地建设。依托泰山优势推出"森林氧吧"等健康户外旅游精品服务和"平安泰山"户外旅游目的地品牌建设，打造高端户外服务，建设一批生态保护与旅游发展一体化的精品生态旅游示范基地和生态友好型旅游项目。

3. 沂蒙山户外运动产业极

以沂蒙山区山地林业资源为基础，利用沂蒙山区的高森林覆盖率和多处国家森林公园打造以绿色食品、山地养生为重点的医养健康产业，开展森林、山地康养的养老、养生、疗养、体育等项目，形成以户外运动为吸引物的综合性特色产业集群。以沂蒙山区已有户外赛事活动及蒙山国家健身步道等基础设施为基础，继续发挥蒙山体育节、红色之旅沂蒙骑行自行车分站赛、蒙山国家级健身步道联赛、M60 环蒙山徒步大赛、蒙山养生长寿登山节等赛事活动的品牌作用，吸引户外运动爱好者，在蒙山西部地区倾力打造航空飞行、山地户外等项目，提供特色户外服务。

4. 昆嵛山户外运动产业极

发挥昆嵛山独特的地理位置优势，开发山海联动的户外运动，充分利用昆嵛山自然风光、名胜古迹和胶东革命圣地的优势条件，建设户外休闲度假区。不断完善昆嵛山自驾车营地、房车营地等户外休闲基础设施，积极开展滨海沿线自行车、马拉松、健步走等户外运动项目。

5. 南四湖户外运动产业极

以环南四湖大生态带为主体，发挥南四湖中国北方最大的淡水湖资源优势，在南四湖生态治理和保护的前提下，因地制宜，合理开发垂钓、龙舟、皮划艇等户外休闲水上运动项目，审慎发展露营、摩托艇等时尚户外运动项目。

6. 东平湖户外运动产业极

围绕东平湖沿岸，以打造黄河流域生态发展新高地为目标，建设环湖自行车骑行（徒步）道，培育壮大环东平湖水浒半程马拉松赛、东平湖畔"行走大运河"全民健身健步走、环东平湖自行车骑行等户外赛事活动。依托东平湖水面资源，建设壮大水上休闲运动基地、东平湖国家垂钓基地，开发垂钓、露营、摩托艇、皮划艇等项目。以东平湖和水浒文化为切入点，在东平湖沿岸开发一批亲水类、民俗类的户外娱乐体验项目，联动东平体育会展中心，发展东平湖"赛+展"户外运动产业。

7. 莱州湾户外运动产业极

依托莱州湾南畔优越的自然条件，发挥中国风筝板国家队永久性训练基地、山东省帆船帆板队训练基地的平台作用，开展风筝冲浪、帆船等户外运动，持续扩大国际风筝冲浪赛、全国帆船锦标赛等赛事活动影响力。

8. 胶州湾户外运动产业极

依托胶州湾良好的海域环境与空间，开展冲浪、滑板、摩托艇等多元水上运动项目，兼顾发展骑行、徒步、垂钓、露营等户外运动。以青岛市游艇制造企业、游艇俱乐部等产业资源为载体，大力开展游艇、海上冲浪、邮轮旅游等活动。

三　山东省山地户外运动产业发展重点任务

（一）优化空间布局，加强户外运动基础设施

加强户外运动场地设施的科学规划与布局，将相关户外用地适当纳入国

民经济与社会发展规划、城乡规划与土地利用规划，推动交通、环保、教育、旅游、医疗等部门的协同合作，建立"点、线、面"立体、多元的户外运动场地设施体系。依托山东省山水与沿海资源禀赋优势，适当增加户外运动和水上户外运动场地设施建设比例，引导社会力量参与建设户外运动场地，提升配套基础设施建设质量，实现标准体系建设。积极改造利用城市空置场地、边角地、低效地等，结合低碳生活、智慧生活，建设一批便民利民的户外运动设施。充分利用各地市山地丘陵、江河湖海、旅游景区、产业园区等资源优势，以登山道、徒步道、骑行道、水上运动中心、冰雪场地、露营地、自驾营地、飞行营地等户外运动场地为重点，推动户外运动综合体建设。

（二）打造齐鲁品牌，丰富户外赛事活动供给

结合各地市户外资源特色，支持各地举办各类户外赛事，打造登山、山地越野、徒步、定向运动、自行车、帆船、皮划艇等本土精品户外运动赛事。整合江河、湖海、山地、森林等休闲旅游资源优势，打造一批品牌影响力强、项目内容广、群众参与度高的户外运动品牌赛事。

（三）优化营商环境，壮大户外多元市场主体

推动省、市、县（区）建立与完善各类户外运动协会、俱乐部等社会组织，加快推进户外运动社会组织社会化、实体化改革，鼓励各类社会组织依法独立运作。大力推进户外产业制度改革，为户外运动产业营造良好的营商环境，扶持各类中小微户外相关企业向"专、精、特、新"方向发展，成立户外运动产业创业服务平台，孵化培育一批创新型户外运动企业。

（四）营造消费空间，培育户外运动消费人口

持续开展户外运动消费季活动，在出台户外运动消费创新政策的基础上，推行电子惠民消费券，创建户外消费试点城市，营造高品质的消费环境，形成市场产品供给与公共服务供给的"双渠道"模式。打造户外运动

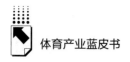

主题消费示范项目，推进户外运动经营形式创新，形成与社区、村镇相融通，具有较强带动辐射功能的户外运动消费圈，争创各项户外运动产业示范基地、示范项目、示范单位，推动户外消费场所多元化发展，促进户外运动人口提质升级。丰富户外休闲健身活动，构建"政府主导、市场协同、社会参与"的工作格局，完善覆盖省市县各级、各类人群的群众性户外运动休闲赛事活动体系，努力做到"项项有赛事、月月有活动"，形成户外赛事引领、群众广泛参与的良好氛围，为群众户外运动的推广普及、户外展示、技能交流搭建平台。

（五）赋能乡村振兴，推进户外运动融合发展

紧密结合乡村振兴战略，探索发展乡村户外运动产业。推进"户外运动+乡村振兴"建设，大力发展乡村户外旅游。依托乡村的自然资源优势，打造一批具有乡村特色的示范性户外运动基地、户外运动特色小镇。依托乡村风土人情和自然风光，开展乡村马拉松、乡村定向越野、乡村跑酷、乡村骑行、乡村皮划艇等系列乡村特色品牌户外运动赛事。结合当地历史底蕴、红色文化等人文资源开展品牌户外运动节，扩容户外人口、增加体育消费。引进和培育一批具有乡村特色的户外运动企业，致力于乡村户外运动产业发展，带动当地就业，提升农民收入，助力乡村振兴。加快普及推广山地户外运动、水上运动、冰雪运动、航空运动和汽摩运动，建设完善相关设施，拓展户外旅游产品和服务供给。加强"生态黄河""山岳长城""鲁风运河""仙境海岸"等品牌户外赛事与旅游的有机结合，规划建设一批户外精品路线和旅游目的地。依托"好客山东·乡村好时节"品牌，开展内涵丰富、参与性强的乡村户外休闲健身活动。

（六）筑牢安全防线，健全户外安全救援体系

健全户外运动安全救援体系，推进学校教育与户外运动教育培训机构齐发力，提高户外运动参与人群的风险意识和自救能力。完善户外运动场地安全防护设施建设，确保户外运动场地警示标示、预警装置、紧急呼救装置、

救援服务站等安全防护设施一应俱全。建立由户外运动产业相关部门主导，协同民间救援、医疗、消防等各方力量的水陆空全方位救援服务网络。

（七）创新户外场景，提升户外运动产业能级

大力支持山东省户外用品制造业智能化、服务化转型升级，提高自主创新能力，打造一批国际知名户外运动产品品牌。大力扶持户外运动服务业发展，鼓励现有户外运动服务业企业提质增效，应用数字技术提升服务水平、管理效率以及风险防范能力。利用创新创业孵化平台，培育一批专业性强的户外运动俱乐部、户外运动教育机构、户外运动赛事运营企业等服务业企业。充分发挥青岛、日照体育消费试点城市作用，创新户外消费政策、机制、模式、产品，加大优质户外产品和服务供给。积极营造齐鲁户外运动新场景，创新齐鲁户外运动新品类，壮大齐鲁户外运动新业态。

四　山东省山地户外运动产业保障措施

（一）加强组织领导

建立发展改革、体育、财政、工商等多部门联动工作机制，加强沟通协同，密切协作配合，形成工作合力，推进户外运动产业发展，完善细化具体措施。各市、县（市、区）要建立相关工作协调机制，强化领导，确保各项措施落到实处、取得实效。

（二）强化风险管理

建立健全风险识别机制，针对不同户外运动项目及赛事划分不同风险等级，依据不同风险等级设立不同的风险管理办法。强化安全第一的底线思维，明确户外运动产业各部门管理职责，落实事前、事中、事后风险管理，确保户外运动赛事及活动安全有序开展。增强户外运动项目及赛事举办方、场地方的风险管理意识，落实监管部门、举办方、场地方责任范围及责任义

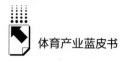

务。针对具体的户外运动赛事及活动制定完备的应急处置预案，建立健全应急保障机制。

（三）加快人才培育

支持高校设立户外运动相关专业，加强户外运动竞赛管理、产业运营等专门人才培养，鼓励高等院校、科研院所、职业培训机构和体育企业建立户外运动产业教学、科研和培训基地。鼓励大学生、退役运动员、教练员等从事户外运动产业相关工作。加强户外运动方向的社会体育指导员队伍建设。

（四）完善监督评估

各级、各有关部门要结合本地区实际，进一步明确"十四五"期间本地区户外运动产业发展的总体目标、主要任务和保障措施，明确职责分工，做好各项工作的组织实施。各级体育部门要统筹发展好户外运动产业，健全规划实施监管机制，采取切实有效的措施，保障和推进规划顺利实施。加强对规划实施的监督和管理，建立健全中期、末期专项评估制度，强化重点工作、重点项目的督促检查，确保规划各项工作保质、保量、按时完成。

B.3
山东省体育教育与培训业
调查研究报告

刘远祥　孙冰川*

摘　要： 近5年来，山东省体育教育与培训产业总产出和增加值，已分别由2015年的52.90亿元、33.74亿元，增长至2019年的547.06亿元、275.17亿元，5年间分别增长了9.34倍和7.16倍。在国家战略叠加的背景下，如何抢抓战略机遇，因势而谋、应势而动、顺势而为，进一步发挥体育教育与培训产业对于促进经济发展的作用，满足人们对美好生活的需要，已成为当前亟待解决的问题。

关键词： 体育教育与培训　体育产业　市场主体

一　山东省体育教育与培训产业发展现状

（一）产业规模不断扩大

"体教融合""普职融通""体育产业"等国家战略的出台以及《深化新时代教育评价改革总体方案》的深入实施，使得体育教育与培训市场需求空前旺盛，大量社会资本纷纷涌入体育培训蓝海，为体育教育培训市场

---

* 刘远祥，山东体育学院，教授，博士生导师，主要研究方向为体育经济学；孙冰川，山东财经大学副教授，硕士生导师，主要研究方向为体育产业政策。

发展奠定了基础，现已逐渐形成政府、社会和市场多元参与的发展格局。体育教育与培训产业也成为体育产业中发展增速最快的业态。"十三五"期间，山东省体育产业迎来了快速发展，发展增速明显高于宏观经济的发展速度，而体育教育与培训产业作为体育产业的核心产业，其发展增速又明显高于体育产业的发展速度。根据山东省各年度《体育产业总产出及增加值数据公告》数据，山东省体育教育与培训产业总产出和增加值，已分别由2015年的52.90亿元、33.74亿元，增长至2019年的547.06亿元、275.17亿元，5年间分别增长了9.34倍和7.16倍。体育教育与培训产业对于体育产业发展的贡献也是逐年增长，总产出和增加值对体育产业发展的贡献，已分别由2015年的2.67%、5.56%，增长至2019年的21.20%和25.52%（见表1）。

表1 2015～2019年山东省体育教育与培训产业发展统计

单位：亿元，%

年份	体育产业		体育教育与培训产业			
	总产出	增加值	总产出	体育产业占比	增加值	体育产业占比
2015	1980.79	606.74	52.90	2.67	33.74	5.56
2016	2292.18	704.08	66.04	2.88	42.14	5.99
2017	2348.01	770.41	71.94	3.06	45.88	5.96
2018	2466.55	968.58	116.28	4.71	86.84	8.97
2019	2580.91	1078.45	547.06	21.20	275.17	25.52

资料来源：各年度《山东省体育产业总产出及增加值数据公告》。

近5年来，山东省体育产业总产出年平均增幅为6.06%，而体育教育与培训产业总产出年平均增幅为187%；体育产业增加值年平均增幅为15.55%，而体育教育与培训产业增加值年平均增幅为143%。可以看出，不管是总产出还是增加值，体育教育与培训产业近5年来的发展增速远远超过体育产业。

（二）消费支出日益增长

受突发新冠肺炎疫情影响，2020 年全国体育产业总产业和增加值均出现不同程度的下滑。国家统计局公布数据显示，全国体育产业总产出、增加值，较 2019 年分别下降 7.2% 和 4.6%。2020 年山东省城乡居民体育消费支出较 2019 年也出现了微小幅度的下滑。在此背景下，2020 年体育教育与培训产业逆势发展，全国体育教育与培训产业增加值增长 5.7%。山东省城乡居民体育消费支出中体育教育与培训消费支出由 2019 年的人均 181.6 元，增长到 2020 年的人均 186.43 元，增长了 2.66%。

（三）市场主体活力迸发

体育教育与培训市场的发展，必须依托高质量产品与服务供给主体。当前，山东省体育教育与培训市场主体活力不断增强，为经济繁荣发展增添了新的动力。课题组通过天眼查、企查查等 App 对山东省体育与教育培训业的经营主体进行检索，结合山东省体育产业单位名录库，统计山东省体育教育与培训产业市场主体共有 11348 家，约占全省体育产业法人单位数 25578 家的 50%。

1. 区域分布情况

山东省体育教育与培训公司的总体发展较好，随着政策、人口、市场等红利，体育教育与培训供不应求，开展培训公司的数量会短时间大幅度增加，以维持市场的供需平衡。对检索到的山东省 11348 家体育教育与培训行业的市场主体，按照地域分布情况进行描述统计分析，发现 16 地市中青岛市、济南市、潍坊市的体育教育与培训市场主体数量最多，其中青岛市1924 家、济南市 1149 家、潍坊市 1018 家，东营市、日照市、枣庄市市场主体数量最少，均未超过 400 家。分析发现，不同地市间体育教育与培训产业发展差异显著（见图 1）。

2. 单位类型分布情况

对检索到的 11348 家单位，按照单位类型进行统计分析发现，山东省体

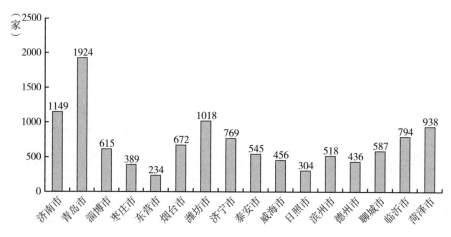

图 1　山东省 16 地市体育教育与培训产业市场主体分布情况

育教育与培训市场主体中，事业单位 133 家、个体工商户 3453 家、有限责任公司 2783 家、个人独资企业 174 家、民办非企业单位 3340 家、社会团体 1437 家、台港澳分公司 2 家、股份有限公司 9 家、有限合伙企业 3 家、外商投资企业 7 家（见图 2）。体育教育与培训公司中，个体工商户数量最多，

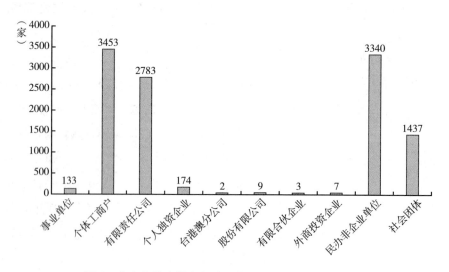

图 2　山东省体育教育与培训产业市场主体的单位类型

其次是民办非企业单位以及有限责任公司，其他公司类型数量很少。可以发现，体育培训市场大多数由小微型体育市场主体为主，一方面说明主体的市场规模不大，另一方面说明体育教育与培训行业的进入门槛不高。

3. 单位注册资金情况

注册资金是国家授予企业法人经营管理的财产或者企业法人自有资产的数额体现，可以反映一个单位的发展规模。根据注册资金的规模大小，将山东省体育教育与培训产业的市场主体分为3万元及以下、3万~10万元、10万~100万元、100万~500万元、500万~2000万元、2000万元以上以及注册资金不详等7个类别。统计发现，山东省注册资金为3万~10万元的市场主体数量最多，为5452家，占全部市场主体的48.04%；注册资金在3万元及以下的有1256家，占全部市场主体的11.07%（见图3）。统计结果发现，山东省体育教育与培训公司的规模小，注册资金主要集中在100万元以下，市场主体主要以中小微企业为主。与近段时间，国家陆续出台的一系列纾困中小微企业的政策举措，放宽市场准入、优化营商环境有很大关系。这也反映了体育教育与培训行业集中度低，缺乏区域性领军品牌，市场分层较为简单，市场上下游缺乏有效的整合。

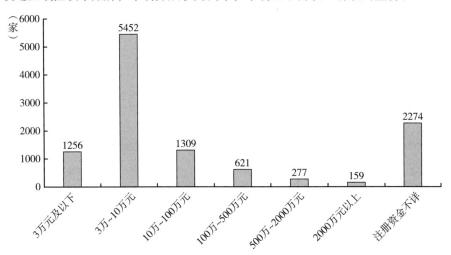

图3 山东省体育教育与培训产业市场主体的规模统计

资料来源：天眼查等统计。

（四）培训项目日益丰富

当前山东省体育教育与培训业主要包括体育技能培训、体适能训练培训、健身俱乐部训练培训、国家体育类职业资格证培训、政府有关部门组织的相关培训等。其中，体育技能培训中不乏马术运动、冰雪运动、高尔夫运动等普及率较低的"贵族运动项目"。

11348家培训单位共涉及46个体育运动技能培训项目，基本涵盖了市场化程度高和群众喜闻乐见的运动项目（见表2）。排在前8位的运动项目依次为跆拳道、游泳、武术、足球、乒乓球、篮球、围棋、羽毛球，分别为3403家、2051家、1497家、621家、544家、482家、311家、270家，占到所有项目的80.89%。作为"帆船之都"的青岛市和"水上运动之都"的日照市以及其他沿海城市利用自己独特的地理位置优势，吸引了广大水上运动爱好者，开展了帆船、皮划艇、赛艇等水上运动培训，促进了水上运动培训市场的发展。伴随着健康生活方式的改变，为满足大众健身的需求，培训市场不断变化发展。人们更加重视自己以及家人的健康问题，推动了家庭体育的发展，延伸出许多家庭运动技能培训项目，例如亲子游泳、少儿体适能、少儿马术、少儿网球等体育运动项目的培训，从而促进体育培训市场培训项目的多元化发展。

表2　山东省体育教育与培训市场主体主营项目统计

序号	主营项目	单位数量	序号	主营项目	单位数量
1	击剑	53	9	足球	621
2	篮球	482	10	棒球	27
3	排球	48	11	蹦床	13
4	乒乓球	544	12	帆船	72
5	跆拳道	3403	13	橄榄球	28
6	网球	158	14	高尔夫	71
7	武术	1497	15	滑冰	8
8	羽毛球	270	16	举重	16

续表

序号	主营项目	单位数量	序号	主营项目	单位数量
17	空手道	43	32	跳水	3
18	垒球	18	33	铁人三项	24
19	轮滑	165	34	游泳	2051
20	马术	95	35	田径	172
21	攀岩	81	36	运动飞机	11
22	皮划艇	37	37	围棋	311
23	曲棍球	2	38	跳伞	4
24	拳击	147	39	体育舞蹈	222
25	柔道	76	40	热气球	14
26	赛艇	24	41	潜水	14
27	射击	61	42	健美操	82
28	射箭	93	43	滑雪	26
29	手球	15	44	滑翔	9
30	摔跤	104	45	电子竞技	64
31	体操	65	46	保龄球	4

（五）校企合作模式不断深入

校企合作是中国高等职业教育改革发展的方向，也是当下体育职业教育最具有前景和活力的培养模式。开展校企合作，是促进高校体育专业学生就业创业以及人才培养的有效手段，不仅加强了学校和体育培训企业的相互了解，同时也为行业的快速发展提供了所需求的专业人才，加强了学校与体育培训企业的密切合作，从而最大限度地实现学生、学校、体育培训企业的三方合作共赢。校企合作为山东体育教育与培训产业的人才供给建立了多元化发展的模式。除此之外，在体教融合的大背景下，山东省各地方积极响应国家政策，纷纷出台相应的措施来最大限度地保证体教融合的开展。涌现出一批成功的案例，如德州盛邦游泳进校园、日照安泰网球进校园、泰安幼儿篮球进校园；东营进行"市队校办"的训练模式；滨州市在全市范围内开展棋类进校园活动；潍坊市开办体育特色学校等。

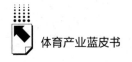

（六）"智慧+服务"场景不断涌现

数字经济时代下，互联网、5G、VR 等技术的成熟运用，为体育教育与培训产业迎来了新的商业发展模式，推动了体育教育与培训产业的数字化转型。受新冠肺炎疫情的影响，智慧化服务对体育教育与培训的作用也越来越突出，不仅能够合理规避线下培训带来的运营管理不畅，通过线上与线下教学培训相结合的方式更好地满足消费者的体验，还能帮助培训机构提升教学质量，降低公司运营成本，开拓了线上与线下相结合的体育教育与培训发展的新模式。

山东省体育中心以游泳馆为试点开展了智慧化建设工作，游泳馆实现了线上预约、线上购票、信息查询、自行选橱、刷脸或手环出入等功能，便捷的健身体验广受消费者的一致好评。在 2020 年初的新冠肺炎疫情的冲击下，为解决健身场地可能出现的扎堆聚集问题，抓好人员管控，在推进复工复产工作中，省体育中心把智慧化建设同场馆开放、青少年体育培训、场馆活动等工作有机融合，为推动青少年体育培训工作开展，省体育中心在 2020 年暑期首次推出了大规模青少年培训服务，各类培训项目达 14 项，而这些培训项目的预约、缴费等服务均是在线上完成的。

体育教育与培训产业的智慧化服务不断完善，是实现数字经济与行业深度融合发展的重要途径。近年来，山东在大众消费以及政策的引领下，体育教育与培训产业智慧化服务的发展有利于催生新服务、新业态，满足山东体育消费的需求，发挥行业的社会经济效益，为行业发展开创了新的商业模式，促进体育产业的高质量发展。

（七）"赛事+培训"体系不断完善

体育赛事从竞技体育中的运动竞赛演变而来，结合了商业和体育竞技比赛，随着时代的变迁，社会的变化发展，体育赛事体系也在不断完善。体育赛事的本质是娱乐和游戏，人们既能在运动中获得身心健康，也能在激烈的运动比赛中酣畅淋漓地享受运动带来的欢乐。因此，体育赛事依靠独有的魅力潜移默化地对人们产生着很大的影响和吸引力，逐渐成为人们在日常生活中不可代替的一种精神产品。

体育赛事体系的完善对山东体育教育与培训产业的持续发展有着不可代替的作用，同时也有利于山东竞技体育后备人才的培养。例如，2014年9月，泰安市体育局、市体育中心和泰安市卓易青少年网球俱乐部联合创立了泰安竞技体育史上第一支网球队伍——泰安市青少年网球队，同时还开设了不同水平的培训课程以满足人们的需求。

体育赛事协同体育教育与培训的融合发展，不仅为行业拓宽了巨大的发展空间，而且为体育培训+赛事发展提供了动力，更好地促进了体育产业的高质量发展。体育赛事的商业化运作，保障了体育培训行业的持续输出，人们能够在学习体育运动技能的同时还能更好地在比赛中运用发挥所学运动技能，并且能够达到学以致用、以赛代练的效果，从而推动体育教育与培训赛事体系的不断完善，促进体育教育与培训行业的健康发展。

二 山东省体育教育与培训产业发展前景

（一）政策红利的释放，驱动体育教育与培训产业蓄势待发

随着政策红利的释放和市场需求的逐渐旺盛，体育教育培训市场逐渐形成政府、社会和市场多元参与的发展格局。种种因素叠加，为体育教育培训市场发展奠定了基础，也诱导了大量从业主体进入该领域，呈现主体多元、项目丰富、全区域渗透、高—中—低端立体供给的局面。体育教育与培训产业作为体育产业的其中一个业态，也是我国体育产业重点支持领域，更是被作为推动体育消费升级的基础路径，呈现良好的发展趋势。根据清华大学体育产业发展研究中心王雪莉预测，体育技能培训市场已形成达3000亿元市场规模的产值。体育教育与培训产业迅速发展，总产出已由2016年的296.2亿元增加到2020年的2023亿元，增长了5.83倍，增加值由2016年

的 230.6 亿元，增加到 2020 年的 1612 亿元（见图 4）。体育教育与培训产业增加值在体育产业中的占比也由 2016 年的 3.6% 增长到 2020 年的 15%。体育教育与培训产业作为体育产业的核心产业之一，已成为体育产业 11 大业态中发展增速最快的产业。

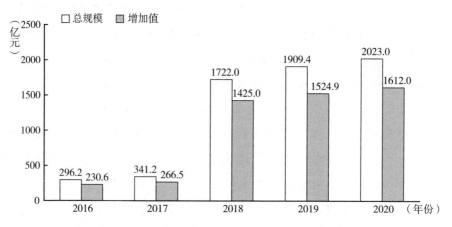

图4　2016~2020 年全国体育教育与培训产业发展规模统计

（二）适龄人口的激增，昭示体育教育与培训市场前景广阔

我国体育产业发展的预期红利和未来青少年适龄人口的稳步增长，昭示着体育教育与培训市场的巨大发展空间。少儿和青少年是体育教育与培训消费的主力军。当前，随着二孩以及三孩政策的逐渐开放，未来几年内山东省 0~18 岁青少年数量必然会出现大量的增长。庞大的人口基数决定了体育教育与培训行业的巨大需求。第七次全国人口普查数据显示，山东省总人口已超 1 亿，占全国人口比重为 7.19%，是全国第二大人口大省。目前全省人口中，0~14 岁人口为 19062638 人，占全部人口的 18.78%（见表 3）。青少年是体育消费的主要人群之一，青少年人口基数决定了山东省潜在的体育培训需求，为今后山东体育教育与培训产业的发展提供了体育消费支撑。

表3　山东省不同年龄段人口数量统计

分类	0~14 岁	15~59 岁	60~64 岁	65 岁及以上	总计
数量(人)	19062638	61244009	5856728	15364078	101527453
占比(%)	18.78	60.32	5.77	15.13	100

资料来源：山东省第七次人口普查数据公告。

另外，收入水平的提升催生了体育教育与培训业的市场需求。山东省经济居于全国前列，城乡居民的可支配收入也呈现逐年上升的趋势。家长有了足够的资金支持，对孩子的教育必然就成了家长们最为看重的一点。80 后、90 后这些年轻家长不同于上一代家长，他们受教育水平更高，所以在对孩子教育方面能够看得更长远，年轻家长对孩子的教育，不再仅局限于文化理论课程的学习，他们同样倾向于希望孩子能够掌握一项运动技能，提高孩子的身体素质。目前，山东的体育教育与培训产业正处于发展阶段，必然是体育产业中最优质、最具投资价值的产业项目之一，运营资金投入相对较低，市场发展空间大，利润回报高。所以，在今后几年山东体育教育与培训产业所占的比重仍然会不断提高，并且对体育产业的影响力度会与日俱增。

（三）生活水平的提高，催生体育技能培训产业的蓬勃景象

随着社会经济水平的快速发展，人们对生活质量的要求不断提升，也越来越关注自身的健康和生活品质，体育逐渐成为一种习惯，成为日常生活中必不可少的一部分。《"健康中国 2030" 规划纲要》《体育强国建设纲要》《全民健身计划（2021—2025 年）》等文件的出台，也标志着国家更加重视国民身体素质的培养。富起来的日子伴随着人们对健康、对生活品质的更高需求，对家庭幸福和孩子成长的愈发重视，体育就像一把"金钥匙"，开启了通向美好生活的一扇门。随着政策红利的释放和市场需求的逐渐旺盛，体育教育与培训产业迅速发展，已经成为体育产业的核心产业之一。体育教育与培训行业在国家政策和市场需求的双重驱动下快速发展。

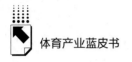

三 山东省体育教育与培训产业发展的路径建议

（一）优先发展体育技能培训

体育教育与培训产业发展，应以进一步扩大体育人口规模和消费需求为前提，促进体育消费的扩容提质升级。青少年的体育教育基本都是从学校获得，而目前学校内的体育教育以基础体能训练为主，要根据青少年的发育阶段，根据不同年龄段、不同特点的孩子细分培训领域，在适合的年龄段引入不同种类的体育技能学习，提高孩子在体育运动中的积极性。创办或引入各类型赛事，拓宽青少年培训的种类和视野。积极推广普及性广、关注度高、市场空间大的运动项目，引导和支持社会力量开发适合不同人群的体育技能培训课程，充分借助互联网、大数据等手段，提供形式多样、更有针对性的运动处方和健身指导。推动体育部门、体育社会组织、专业体育培训机构等体育组织，通过组织体育冬夏令营等活动，培养青少年体育爱好，促进青少年掌握体育技能，养成终生体育消费习惯，推广运动水平等级标准和业余赛事等级标准，满足群众不断提高体育技能的需求，形成"教—练—赛"的闭环结构。

（二）优化学历教育专业布局

针对供需错配问题，要健全体育专业动态调整机制，加强对社会的适应性与灵敏性，自主、自律地根据现有规模以及自身教学条件、科研条件、学科特色与优势等，及时、有效地调整专业设置及招生规模，善于创新生源遴选，扩大招生与录取自主权，同时在调控过程中善于放权，优化专业结构。专业设置围绕市场需求为发展方向，适应企业对人才的需求。应着力促进专业设置与体育事业和体育产业需求的衔接，适时地优化专业设置。在具体专业设置上，应积极开设需求量不断增加且适应体育强国、健康中国、体教融合、体医融合、体育产业等国家战略需求的非通用专业，使其更好地为当地经济社会发展服务。除此之外，山东省高校应紧紧围绕"新旧动能转换工程"以及区域优势产业、新兴产业，建成一批特色专业点和特色专业群，重点在体育用品制造、运动康养、体育旅游、体育金融、体育文化等领域培育一批新的专业增长点。

（三）大力发展体育职业教育

顺应社会需求，以服务区域经济发展为导向，提高体育职业教育供给的灵活性，为体育强国建设和体育产业发展输送更多合格和更具创新能力的人才，为实现体育强国做出贡献。丰富体育职业教育培养形式，宽口径培养体育职业人才，增强体育职业教育与行业之间的对应度，实现专业与区域的产业、行业对应，能力与用人标准、岗位要求、资格证书对应。

（四）提升产业人才整体素养

吸引体育产业从业人员，提高从业人员的素养。人力资源是实现体育产业高质量发展的第一资源，也是生产力中最活跃的因素，是经济发展的根本源泉。任何经济实体的发展最终都要归结到"人"这个要素，没有劳动力资源的持续供给，无论是消费还是投资，在长期看来都是无源之水、无本之木。完善以市场为导向的薪酬体系，提高体育从业者的劳动报酬，使劳动报酬能够真实反映劳动价值，解除对体育劳动力的供给抑制，吸引更多就业人口从事体育产业。要注重提高劳动力市场的灵活性，全面强化就业优先政策，突出支持做好高校毕业生、退役运动员等人群就业工作。

（五）健全体育资本市场体系

健全体育资本市场体系，解决融资难、融资贵问题。恢复山东省体育产业发展专项资金，参考江苏、浙江等地做法，将年度资金规模扩大至1亿元，设立体育教育与培训产业发展奖补专项资金及体育职业教育发展专项扶持资金，培育建设一批优质标杆企业，激发体育教育与培训市场主体活力。

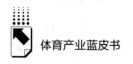
参考文献

李瑛、郇昌店、刘远祥：《我国青少年体育技能培训市场现存问题、致因与治理对策》，《山东体育学院学报》2020 年第 1 期。

邹序桂：《拓展体育经济视界实现教育资源共享——评〈当代高校体育经济新视界〉》，《山西财经大学学报》2021 年第 4 期。

柳鸣毅、胡雅静、孔年欣、龚海培、孙术旗：《新时代中国青少年体育培训产业政策机遇与治理策略》，《天津体育学院学报》2021 年第 1 期。

张瑞林、李凌、翁银：《消费升级视域下推进我国体育服务业发展研究》，《体育学研究》2020 年第 6 期。

范小君：《经营环境对体育培训经济规模的影响机制研究》，《体育与科学》2020 年第 4 期。

胡博然、雷文秀：《"有闲"还是"有钱"——对青少年课外体育锻炼影响因素的实证分析》，《中国青年研究》2020 年第 7 期。

蔡朋龙、王家宏、方汪凡：《基于复杂网络视角下中国体育产业结构特征研究》，《中国体育科技》2021 年第 3 期。

付群、王雪莉、郑成雯、王萍萍、陈文成：《传统工业园区向体育综合体转型发展研究》，《中国体育科技》2020 年第 8 期。

黄海燕、刘蔚宇：《论体育市场监管工具创新——基于深度访谈的质性研究》，《体育文化导刊》2020 年第 5 期。

王裕雄、Catherine Lou、王超：《北京居民体育消费的两阶段决策差异及政策涵义——基于 Double-hurdle 模型的研究》，《北京体育大学学报》2020 年第 1 期。

高鹏飞：《"体育影子教育"的失范与现代重构》，《西安体育学院学报》2019 年第 6 期。

黄海燕、朱启莹：《中国体育消费发展：现状特征与未来展望》，《体育科学》2019 年第 10 期。

B.4
山东省体育服务认证
与体育市场监管报告

邢 亮　孙肖娜*

摘　要： 体育市场监管是体育行政部门的一项重要职责。改革市场监管体制，构建统一的市场监管体系，是推进国家治理体系和治理能力现代化、推动我国经济高质量发展的迫切需要。在市场监管格局重塑和现代市场体系构建过程中，发挥服务认证的作用，有助于规范市场秩序，激发市场主体活力，提高市场供给质量和运行效率，优化市场准入环境、竞争环境和消费环境，推动经济高质量发展和高水平对外开放。体育服务认证是我国体育市场监管方式的重大制度创新，体育服务认证同时满足市场监管和公共服务两大政府职能，"以服务认证促进市场监管"逐渐成为各级体育部门为体育产业市场主体进一步提供公共服务的起点和推进体育治理体系和治理能力现代化的重要基础，为推动体育产业由高速增长转向高质量发展提供坚实的保障。

关键词： 山东省　体育市场监管　体育服务认证

---

* 邢亮，山东省体育及体育用品标准化技术委员会副秘书长，主要研究方向为体育标准化、体育产业；孙肖娜，智体评估总经理，主要研究方向为体育评估、体育产业。

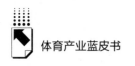

一 体育市场监管面临的问题及关键节点

（一）体育市场监管面临的突出问题

1.监管机构设置与市场发展不匹配

市场经济下的现代监管机构，应具有独立性、专业性、高效率、权责一致等基本特征，是构建监管机构的主要思路。若脱离这个思路，容易造成监管机构不作为、监管程序僵化、滥用监管权力等风险和问题。目前山东省大部分地方体育部门的内部机构设置比较传统，与体育产业的发展匹配程度不高。体育市场监管部门受制于传统行政管理部门的设置，难以实现高效的行业管理，"分级分类管理"等先进管理思路落实难度较大。

2.体育市场监管法律依据不足

体育部门政策法规更新、修订速度较慢，部分行政法规、部门规章等制定时间比较久远，难以为地方体育市场监管部门行政执法提供充分依据（见表1）。政策法规更新、修订进程缓慢、相关条款模糊等问题导致地方体育市场监管部门无充分法律依据，为体育行政执法带来困难。自2014年《国务院关于加快发展体育产业促进体育消费的若干意见》出台后，国家层面出台了一系列促进体育产业发展的政策文件，但市场监管相关文件与之匹配性较弱，也是目前体育部门政策法规制定方面面临的比较大的问题。

表1 国家体育总局现行政策法规发布、修订时间一览（部分）

序号	类型	名称	发布(修订)时间
1	行政法规	《外国人来华登山管理办法》	1991
2	部门规章	《航空体育运动管理办法》	1991
3	部门规章	《国内登山管理办法》	2003
4	部门规章	《健身气功管理办法》	2006
5	部门规章	《射击竞技体育运动枪支管理办法》	2010
6	其他	《动力伞运动管理办法》	1996

序号	类型	名称	发布(修订)时间
7	其他	《滑翔伞运动管理办法》	2000
8	其他	《热气球运动管理办法》	2000
9	其他	《动力悬挂滑翔运动管理办法》	2003

3.法律责任界定不够清晰

各类体育市场主体的法律责任清晰界定是体育市场监管水平提升的必由之路，明确的法律关系可以将民法商法充分运用到体育市场领域，也能够有效提升部门的行政执法效率。目前，市场主体种类较多以及主体间关系复杂，严重制约体育市场主体法律责任的清晰界定。

4.监管空白亟待填补

体育市场监管需涵盖的范围越来越广泛。从业态上看，除体育用品制造业、体育用品销售业、健身休闲业等行业监管热点外，体育培训、竞赛表演、体育传媒、体育旅游、体育票务、体育场馆等领域的监管问题也逐渐显现。从运动项目上看，除篮球、足球、游泳等参与人数较多的运动项目外，在马术、射击等比较冷门的运动项目中也出现了消费纠纷。随着消费者体育消费水平的提升、体育产业各细分业态的快速发展，体育市场中的交易主体日益繁杂，交易类型逐渐丰富，体育市场监管空白亟待填补的问题凸显。

（二）提升体育市场监管水平的关键节点

1.建立体育市场主体分级分类监管

分级分类监管是市场主体监管的关键环节和核心内容，体育市场主体分级分类管理制度的主要思路是对体育市场经营场所进行评分定级，针对不同级别类别体育俱乐部、体育技能培训机构、体育赛事活动运营机构等实施相应频次的日常检查。具体做法如下。一是建立行业评价标准，实行赋分考核，体育主管部门和市场监管部门根据自身掌握和共享获取的市场主体信息，结合体育行业领域特点，根据市场主体违规经营行为的严重程度扣减相应分值,对市场主体做出等级评价。二是分类式监管,不同类别、不同项目的市场主体对应不同的检查频次。对诚信守法类市场主体,在日常监管中,行业主管和市场监管部门可合理降低抽查比例和检查频次。在行政管理和公共服务中,实行绿色通道、容缺受理、简化程序等支持激励措施。三是动态升降级,市场主体3个月的考验期内没有再出现违法经营行为的,自动恢复为原有级别;若又出现违法经营行为的,按照相应标准扣减分值后重新评级。四是社会双向监督,定期将场所级别信息向社会公示,鼓励群众参与到对市场主体的监督当中,方便消费者选择优质诚信、管理规范的体育服务,也有助于在体育行业形成守法光荣、遵法获益的良好氛围。

2. 促进监管与服务深度融合

促进监管与服务深度融合是提升体育市场监管效率、深化"放管服"改革、促进体育市场有序发展的科学路径。第一,借助项目管理思维,建立健全生命周期管理服务流程。从政府管理部门视角向体育市场主体视角转变,构建全生命周期管理服务流程,可将针对同一市场主体的所有政府服务行为和管理行为进行关联,不仅可增强监管部门对同一体育市场主体的跟踪性了解,同时也方便为市场主体提供更加精准化、便利化的服务,进一步优化营商环境。在此基础上,将同一类政府行为的相关数据再进行整合、分析、挖掘,可有效发现当前体育市场面临的主要问题,即同时解决了对个体、重点市场主体的管理服务问题,以及中、宏观市场监管决策问题。第二,促进体育市场管理与服务相关数据的互通共享。在机制构建之初确立数据互通共享的原则,一方面帮助监管部门在服务过程中即可发现监管问题,有效降低监管压力和风险;另一方面减少了向市场主体采集数据信息的频次,为其提高经营效率提供了保障。第三,提升体育市场管理与服务标准化水平。标准化管理服务流程模块使建立全生命周期管理服务流程的难度大大降低,同时标准化的流程也将产出标准化的数据,为体育市场相关信息、数据的互通共享、深度挖掘提供了保障,大大提升了所采集数据的价值,因此管理与服务的标准化也是管理与服务深度融合中必不可少的要素之一。

3. 提升数字化工具应用能力

从体育市场经营特征来看，数字化工具与体育市场事中事后监管高度契合。举办体育赛事本身关联公安、应急管理、交通、卫生健康、文化旅游、住房城乡建设、经济信息化、市场监管、城管执法等多个部门。据调研，大量办赛主体在举办赛事期间需同时联系多级多类政府部门，在很大程度上影响了举办效率、提升了举办成本。使用数字化工具可大大提升数据流转效率，降低部门与部门、部门与办赛主体间的沟通成本。而在健身休闲、体育培训行业市场主体经营过程中，也会大量与市场监管、应急管理等部门进行联系，随着体育产业与其他产业的深度融合，将有更多部门加入监管机制中，也需要运用数字化工具以控制监管成本。从监管效率提升来看，数字化工具的应用对监管目标的实现具有较好的促进作用。同时，从政府改革发展趋势来看，将数字化工具应用于体育市场监管是其必然趋势，进一步提升事中事后监管中数字化工具的应用能力，将对分级分类监管、监管服务融合产生较强的放大效应，进一步提升监管效能。

二　山东省"体育服务认证促体育市场监管体系"构建

（一）总体思路

1. 以保障消费者合法权益为监管底线

消费者的人身安全和财产安全是市场监管工作的中心，体育产业的核心产业与消费者的人身安全和财产安全息息相关，如大型体育赛事涉及公共安全问题，健身指导不科学可能直接危害消费者身体健康。涉及公共安全和人民群众生命健康的领域一直以来都是市场监管的重点，国家体育总局近年来重点加强对高危险性体育项目的监管正是这一思路的直接体现。因此，"体育服务认证促体育市场监管体系"应以保障消费者合法权益为监管底线，构建更加完备的监管体系。

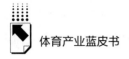

2. 以优化体育产业营商环境为根本导向

坚持以市场化、法治化、国际化原则优化营商环境，是市场监管部门“有所为有所不为”思想的诠释，是避免传统市场监管工作中“一放就乱、一管就死”问题的有效策略。国务院 2019 年 10 月发布的《优化营商环境条例》（中华人民共和国国务院令第 722 号）中，从保护市场主体权益、净化市场环境、优化政务服务、规范监管执法、加强法治保障多方面提出新要求。因此，“体育服务认证促体育市场监管体系”应以优化体育产业营商环境为根本导向，平衡好规范和发展的关系，在推进体育产业高质量发展的同时，营造稳定公开透明、可预期的体育产业营商环境。

3. 市场监管与“互联网+”思维充分融合

在“互联网+”时代，体育市场信息爆发性增长和市场信息来源复杂化为体育市场监管带来了挑战，但体育市场监管部门、体育社会组织、体育产业市场主体间的关联度随互联网技术的应用而提高也为体育市场监管带来了机遇。“互联网+政务服务”工作的深度推进使体育市场监管与互联网思维的融合成为可能，自 2016 年 9 月《国务院关于加快推进“互联网+政务服务”工作的指导意见》（国发〔2016〕55 号）出台后，政务平台掌握市场主体相关信息、了解公众诉求的功能得到放大。因此，要构建体育服务认证与体育市场监管体系，增加体育市场信息的搜集渠道，提升对体育市场的掌握程度。

4. 综合监管与行业专业监管协同发展

在不同产业相互渗透、交叉融合的发展趋势下，应充分认识到综合监管与行业专业监管间的关系。一方面，综合监管是行业专业监管的制度基础，“双随机、一公开”等制度为体育市场监管提供了基本指引。另一方面，行业专业监管是综合监管相关制度实施的主要依据，只有遵循体育行业自身规律，才能合理发挥综合监管的作用。但同时应意识到，任何行业的市场监管都不是仅靠行业主管部门一家完成的，健身行业预付式消费卡风险问题与文化教育行业的预付款风险问题非常类似。因此，“体育服务认证促体育市场监管体系"应注重综合监管与行业专业监管的协同发展,力争通过提升行业专业监管水平促进综合监管效用最大化。

(二)组织体系

1.省级层面:建立联合推动机制

山东省体育局着重加强顶层设计,以经济处、产业中心为核心,联合市场监管等相关职能部门,协调体育产业联合会、体育标准化技术委员会等组织,通过增强制度设计、推动设立第三方评价机构等,推动"体育服务认证促体育市场监管体系"的构建。

2.市区级层面:完善现有机制,挖掘地方特色

市级体育主管部门应在当前基础上,结合地方体育市场发展现状,按照"分级分类、属地管理"的具体原则,细化评估认证体系,提升本地体育市场的契合程度。例如,2020年9月,滨州印发《滨州市星级体育健身俱乐部培育创建评定规范》的通知,根据2020年滨州市星级体育健身俱乐部评定工作方案,经市体育产业联合会现场评审,2020年评定五星级体育健身俱乐部4家,四星级体育健身俱乐部8家,三星级体育健身俱乐部1家。2021年2月,淄博市体育局联合市教育局制定了《淄博市星级青少年体育俱乐部评定办法》和《淄博市星级青少年体育俱乐部评定标准》,自2021年始,在全市范围内开展星级青少年体育俱乐部评定,目前全市共有青少年体育俱乐部72家,符合注册1年以上参评条件的59家,有28家申报、参评。经综合评定,全市21家青少年体育俱乐部达到星级标准。其中,五星级10家,四星级4家,三星级1家,二星级2家,一星级4家。

3.加强人才队伍建设

以专业化为导向加强体育市场监管人才队伍的建设是提升体育市场监管水平的关键,一方面应更加注重培训内容、形式的多样性,加强对认证评估规范、体育法律法规、典型案例剖析等板块的结合。另一方面应推动企业、高校等多方参与到人才队伍建设工作中来,构建政企校合作新平台,加强市场监管队伍建设。

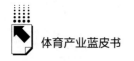

4. 拓宽公众、社会团体的参与渠道

通过对发达国家市场监管体系的研究可发现，现代市场监管体系大多呈现多元化发展的趋势，即公众、社会团体等各类主体的共同参与。因此，建立分工合理的组织体系，应充分认识到除政府外其他主体优势，拓宽参与渠道，形成以政府为主导，公众、社会团体共同参与的多元服务认证促市场监管组织体系（见图1）。

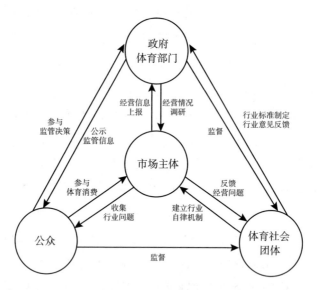

图1　多元体育市场监管组织体系构建

体育社会团体应继续深化改革，强化其行业自律和标准制定两方面市场监管职能。一方面，各级单项体育协会应承担起运动项目相关标准制定的责任，推动体育市场法治体系的完善，在某些小众运动项目发展比较快的地区，地方单项体育协会应率先尝试制定相关标准，为全国标准的制定提供帮助，如青岛、日照等地相关部门可率先探索水上运动项目相关标准。另一方面，应充分认识行业自律与政府监管优势互补，具有减轻政府负担、降低规制成本的作用。因此，各体育社会团体应加快发展企业成为会员，通过制定声誉激励、自律担保、一票否决、失信信息披露等机制，提升行业自律的水平，同时有效收集汇总市场主体经营问题，为体育市场监管部门相关决策提

供参考。

5. 健全制约监督机制

一方面，开展"体育服务认证促体育市场监管体系"的影响评估，作为监督考核第三方认证评价的重要依据，同时为政策制定提供参考。另一方面，对违法开展体育市场监管权的国家公职人员应依法予以惩处；建立完善体育市场安全责任追究制，对体育赛事、健身休闲等领域出现重大安全问题且造成严重后果的，及利用职权干预或阻碍市场监管的，依法依规进行问责追责。

（三）内容体系

对行业市场进行分类监管是市场监管体系走向精细化、成熟化的主要路径。但目前尚未对"体育市场"进行更进一步的划分，也间接导致了体育市场出现大量监管空白。结合体育产业自身特征，"体育服务认证促体育市场监管体系"可同时从产业分类和运动项目两个角度入手构建市场监管内容体系（见图2）。在综合监管与行业专业监管之间有所侧重，达到体育产业市场监管精细化、具体化的目标，进而促进体育市场整体效能的提升。

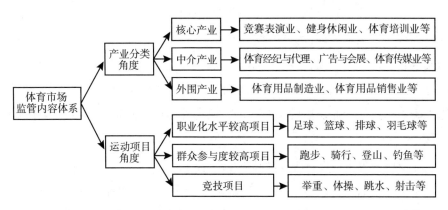

图 2　体育服务认证促体育市场监管体系

1. 产业分类角度的监管内容体系

从产业分类角度来看，可将体育市场分为核心产业市场、中介产业市场

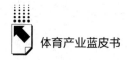

和外围产业市场。其中，核心产业市场与体育行业专业监管的关联性最强，应采用行业监管为主、综合监管为辅的市场监管逻辑。中介产业市场和外围产业市场更需要将综合监管与行业专业监管进行结合对其实施监管。因此，体育服务认证和体育市场监管仍应从健身休闲业、竞赛表演业、体育培训业3个核心产业入手，逐步加强对更多细分业态的监管。

2. 运动项目角度的监管内容体系

从运动项目角度来看，可将运动项目分为职业化水平较高的运动项目、群众参与度较高的运动项目、市场化难度较大的重竞技项目。一方面，应进一步加强对高危险性体育项目经营的认证和监管；另一方面，应加强对新兴运动项目的认证和监管。

（四）标准体系

1. 结合行业发展宏观趋势构建标准体系

体育标准体系是"体育服务认证促体育市场监管体系"的核心依据，其总体方向应与体育产业、体育市场的发展宏观趋势相符，才能更加有效地规范市场主体，避免各类政策法规的"硬着陆"。与体育市场相关的两类标准，应成为支撑体育市场监管法治体系的重要力量：涉及消费者人身安全的问题，可通过国家强制性标准对市场主体进行规范，确保公民参与体育消费的安全底线；以运动项目维度，制定更加细化的相关标准，成为部门规章、规范性文件和国家强制性标准的良好补充。体育主管部门应对体育市场进行深入研判，抓住产业发展的核心环节，以完善的标准体系规范促进体育市场监管。

2. 以微观视角推进各类标准制定

与市场监管部门相比，体育社会团体在运动项目方面具有专业优势，而随着"放管服"改革的持续深入，体育社会团体的职责逐渐丰富，这种专业优势会更加明显。因此，体育社会团体尤其是单项体育协会，应着力解决目前各类运动项目标准与产业发展不相匹配的问题，推动运动项目标准的更新与完善。可采用专业标准与业余标准分开的方式，针对一些运动项目出台两套标准，分别用于专业训练和项目市场化发展，有条件的协会也可根据运动项目的发展现状，探索更多的标准制定方法。以马拉松运动为例，查询中国田径协会《中国马拉松管理文件汇编》，可以看到已出台管理文件17个，其中不仅包括《中国马拉松及相关运动办赛指南》《中国马拉松及相关运动参赛指南》等基础性文件，同时还涵盖赛事分级、赛风赛纪、反兴奋剂、经纪人、赛事认证等多方面、详细具体的文件，已经初步形成了赛事标准体系。针对水上运动、登山、拓展等与旅游关联性较强的运动项目，也可专门出台运动项目标准，破解在产业融合背景下新兴业态的监管难题，为体育市场监管提供依据。

（五）方法和工具体系

如何在政府部门逐步退出市场行政干预的背景下，寻求市场监管方法和工具的创新，不仅仅是体育市场监管部门的难题，更是整个市场监管领域的发展重点。随着体育市场业态逐渐细分，市场主体的构成逐渐复杂，传统的市场监管手段显然难以与当前体育市场相匹配。如何利用有限的市场监管资源，合理控制监管成本，获取最大的监管效益，即以平衡市场监管成本与效益为主要目标，寻找边际成本为零的市场监管方式，是体育市场监管部门进一步发展必须考虑的问题。目前，"行政指导""信息监管""互联网+""信用监管""非现场执法"等监管方法已在全国各地市场监管领域中有所实践，应将这些监管工具充分应用到"体育服务认证促体育市场监管体系"中，在可行性、效率、成本等多方面达到平衡。

1.加强行政指导

行政指导通过深入了解市场主体的具体市场行为，在市场活动开展初期对市场主体进行干预和指导，可有效拉近市场主体与监管部门之间的距离，为市场主体提供更加具体、有针对性的服务，从源头上降低市场主体违规经营的可能性，同时也减少了行政监督和行政处罚的负担，充分体现了"体育服务认证促体育市场监管"的核心思路。

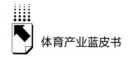

2. 加快体育信用体系建设进程

信用体系建设和信用监督是调整规范政府与企业、企业与企业、企业与消费者之间关系的重要手段，体育产业的高质量发展对构建以体育服务业为核心的体育信用体系具有迫切需求。应以体育市场主体的经营行为作为抓手，尽快建立体育市场主体信用信息收集的内容体系。建议从竞赛表演业、健身休闲业、体育培训业等重点业态入手，充分考虑不同业态特征，在为企业增加最少负担的条件下，以可行性、便捷性为出发点，设计不同细分业态的企业信息公开规范和标准，形成具有体育特色的信用信息收集内容体系。同时，加强体育社会组织在信用监管中的作用。政府逐步退出对市场具体行为和行业协会的直接管理后，提供体育市场主体的内部治理和行业声誉等具体信息的职责应由各类体育社会组织承担，建议各类体育社会组织以精确化和专业化为导向，积极收集、整理、发布各类市场信用信息，深度参与到体育信用体系建设中来，成为政府主导建设的体育信用体系的良好补充。

3. 以从严慎用为原则合理使用"黑名单"制度

"黑名单"制度和信用惩戒机制是提升政府部门行政执法威慑力，规范市场主体行为的有效手段，近年来"国家企业信用信息公示系统"的完善为其应用提供了基础。但目前"黑名单"制度法律依据不充分、"黑名单"制度、"以曝代管"的风险已在很多行业引起讨论，在体育行业，"黑名单"制度是否过于严苛以致抑制体育产业发展也引起了部分省市体育市场监管部门的思考。信用社会是市场经济进一步发展的基础，因此针对在体育行业使用"黑名单"制度和信用惩戒机制的问题，应充分尊重市场主体权益，坚持从严慎用原则，加强不同细分市场"黑名单"的设置条件。

4. 确立信息监管的核心方法

不论是新兴运动项目的监管问题、产业融合催生新兴业态的监管问题还是传统业态监管模式的空白，运用法治体系只能解决当前已暴露的问题，无法与体育市场的快速发展完全匹配。实践经验表明，各级政府部门之间、政府部门与市场主体之间、政府部门与社会组织之间、社会组织与市场主体之间的信息流转不畅通是阻碍政府部门提供服务的主要原因。因此，在方法和工具体系构建中，应确立信息监管为核心方法。通过市场主体信息公开制度和行政机关市场信息监管相结合的方法，构建与体育市场匹配的信息监管机制（见图3）。

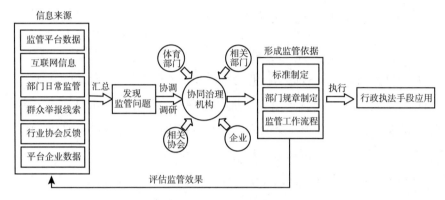

图3　体育市场信息监管机制构建

5. 充分运用"互联网+"手段

体育产业具有融合性强、相关部门多的特征，建议建立赛事活动、体育健身俱乐部、体育培训机构、赛事运营等机构等级评定信息系统，征集和收录信息并进行适时维护和及时更新，在进行项目立项、赛事评审、成果鉴定、效益评估等相关活动时，在系统库里遴选到相关信息。对申评单位的相关情况，采用实地调研考核、社会信用信誉认证情况核查、服务参与人群意见调查、网评情况统计调查等一种或几种方式进行综合核查论证。一方面，推动体育市场主体信息在政府部门间的流转更加快速，为各部门实现信息共享、部门联动提供有效路径，避免了"信息孤岛"的产生，同时也为加强体育市场监管提供了有力保障。另一方面，为公众了解体育市场情况创造了平台，形成针对市场主体、监管部门、体育消费者多维度的"互联网+监管"体系。本研究过程中，依照有关山东体育地方标准，尝试搭建了赛事活动、体育健身俱乐部、体育培训机构、赛事运营机构等体育服务业领域等级评定的互联网平台。

三 山东省"体育服务认证促体育市场监管体系"路径

（一）提高体育服务认证供给能力

1.支持行业协会参与体育服务认证

协会熟悉行业，具有调动行业内企业积极性的能力，同时也具有规范行业市场的职责。在推行体育服务认证的过程中，要充分发挥体育产业联合会、体育场馆协会、单项协会的作用，在体育服务业细分业态，开展体育服务业市场主体"认证认可助力质量提升""体育服务业认证升级"等认证服务地方行业行动，充分发挥认证认可保底线、拉高线、加强全面质量管理的特有作用，促进产品、服务和行业、区域质量水平全面提升。

2.鼓励第三方机构开展体育服务认证服务

支持第三方机构对体育赛事活动规范组织、健身休闲业和体育培训业精细化管理等进行评估评价，促进多元主体参与体育市场监管。扩大从事体育服务认证机构的数量，以竞争手段促进体育服务认证机构认证质量的提高，从而提高体育服务认证的公信力。

3.引导各地开展体育服务质量认证示范区试点

协调各方加快建立统一的体育服务标准、认证、标识体系，支持市、区、县等运用认证认可手段打造体育服务业区域公共质量品牌，助推地方体育服务业提质升级。加强与国内外认证机构合作，推进服务认证的区域合作，促进山东体育服务认证与国内外体育服务认证机构的互认。

（二）强化体育服务认证服务的保障能力

1.提升体育标准化水平

推动体育标准化从供给导向向需求导向全面转型。政府做好市场的补位，更好地发挥体育标准资源配置的决定性作用。精简部门主导制订的地方标准，大量标准交由社会团体去做，支持市场自主制定的团体标准和企业标准，在体育领域深入实施标准"领跑者"制度。加强对国内国外先进标准的跟踪、分析研究工作，加大采标率，加快山东体育标准与国际标准接轨的速度。此外，针对部分体育标准缺失或标准间不统一、不协调的情况，加快标准制修订进度。

2. 搭建检验检测认证公共服务平台

检验检测认证公共服务平台是满足产业和区域发展需求的专业公共服务平台，是检验检测认证资源集聚化、平台化服务的新形态，向各类市场主体提供低成本、高效率的质量技术服务，促进认证认可、检验检测与产业经济深度融合。建议联合市场监管部门以及多元市场主体，共同搭建全省统一的体育服务检验检测认证公共服务平台。

3. 充分发挥技术机构的作用

发挥好山东省质检院、山东省体育及体育用品标准化技术委员会等技术机构的作用，对认证认可检验检测全过程进行监管。随着政府职能转变，监管方式对数据的依赖性、对技术的专业性、对各方的协同性要求更高更多。仅依靠政府部门实现全过程监管不够全面，建议构建完善开放的、共治的、社会各方深度参与的行为监管体系，充分发挥技术机构应有的补充和助力监管的作用，尤其是强化认可约束的作用，用好分级管理、专项监督、确认审核等多重手段，确保对获认可合格评定机构实行有效监督。

（三）提升"体育服务认证促体育市场监管"应用能力

1. 制定体育服务认证认可制度办法和技术规则

依据体育服务认证认可的法律法规，制定山东省体育服务认证认可的试行办法，重点是对认证活动相关主体的权利、义务和法律责任进行详细规定，对认证证书的法律效力进行规定，便于政府部门采信认证认可结果。着手编制部门监管、群众监督、行业遵守的体育标准化技术规则，研究建立合规性评估制度，综合运用检验、检测、认证、认可等手段，形成统一的评价程序、平台和监管，建立标准实施监督激励机制。

2. 推动认证认可在高危体育项目审批和体育赛事风险监管中的运用

加强与检验检测认证机构对高危体项目的联动监管，在高危体育项目中全面推广检验检测和认证认可办法。按照国家、省颁布的有关体育赛事活动的政策法规、标准规范、指南指引、方案预案等，依据科学的方法和程序，结合特定时间、空间特点，全面深入识别和分析体育赛事及执行单位在安全组织管理工作方面存在的问题，科学分析危险、有害因素的种类、程度，产生的原因及可能出现的危险、危害的条件及其后果，做出客观、公正的评估结论，制定并实施有效的风险控制措施，为体育赛事安全监督管理提供科学依据。

3. 建立失信联合惩戒机制

加快修订《山东省体育领域黑名单制度管理办法》，对严重失信主体实施永久退出和终身禁入等失信惩戒措施。会同相关部门建立联合惩戒机制，制定从业机构及其人员守信联合激励、失信联合惩戒方案，引导行业自律管理、自我完善。

参考文献

周汉华：《行业监管机构的行政程序研究：以电力行业为例》，《经济社会体制比较》2004 年第 2 期。

吴楠：《建设专业化监管执法人才队伍》，《中国工商报》2015 年 8 月 19 日。

武晓颖：《中德市场监管比较研究》，首都经济贸易大学硕士学位论文，2011。

常健、郭薇：《行业自律的定位、动因、模式和局限》，《南开学报》（哲学社会科学版）2011 年第 1 期。

郭薇：《政府监管与行业自律》，中国社会科学出版社，2011。

施建军：《简政放权背景下的市场监管模式创新——基于"互联网+信用+大数据"模式的工商监管》，《中国工商管理研究》2015 年第 6 期。

曹兴权：《企业信用监管中行业自律的嵌入》，《法学论坛》2014 年第 2 期。

B.5
苏浙沪粤与山东省体育产业
竞争力比较研究

姜同仁　王佳玉　刘畅*

摘　要： 近年来，山东省体育产业工作发生了根本性、格局性的可喜变化，各项主要指标都实现了长足发展。对比苏浙沪粤与山东省体育产业的基本情况和产业数据，分析山东省体育产业发展优势和瓶颈，提出相应发展对策，为山东省体育产业发展寻找新的契机。"十四五"是全省实现新发展的关键时期，体育产业工作要从进入新发展阶段大局出发，坚定不移贯彻新发展理念，主动融入新发展格局，聚焦高质量发展要求，力求实现新突破。

关键词： 苏浙沪粤　山东省　体育产业竞争力

一　五省（市）体育产业发展基本概况

（一）江苏省体育产业发展情况

江苏省地处长江三角洲和"一带一路"交汇点，经济发达，创新聚集，

---

* 姜同仁，安徽财经大学体育产业管理与发展研究院，教授，主要研究方向为体育产业理论与政策、体育产业发展战略；王佳玉，安徽财经大学体育产业管理与发展研究院，硕士研究生，主要研究方向为体育产业；刘畅，安徽财经大学体育产业管理与发展研究院，硕士研究生，主要研究方向为体育产业。

体育产业资源优势明显。近年来，江苏省以建设"强富美高"新江苏为突破口，积极贯彻"创新驱动战略、开放互动战略、梯次带动战略、协同推动战略"等发展战略，加强规划引领、细化政策体系、释放政策效能，创新体制机制、加强平台建设、强化公共服务，用多元载体形成产业动力引擎，用协同发展推动产业统筹进步，努力构建多领域协同发展的新格局，体育产业发展成效显著。经过多年的培育和发展，江苏省体育产业整体呈现产业总量持续提升、体育消费提质扩容、品牌影响显著提升、载体作用强劲释放、产业基础不断夯实的良好局面。

江苏省体育产业规模位居国家前列，产业规模总量不断扩大，呈现逐年攀升的良好态势。江苏省体育产业总规模从 2016 年的 3154.09 亿元增至 2019 年的 4620.42 亿元，2019 年总规模同比增长了 13.6%；江苏省体育产业增加值从 2016 年的 1049.54 亿元增至 2019 年的 1570.94 亿元，增加值同比增长了 13.2%（见图 1）。凭借良好的区域资源优势，江苏体育产品及服务供给更加丰富和多元，配套体育基础设施建设更加完善，体育与健康、养老、旅游、文化等融合发展的新消费模式和新兴体育产业业态不断涌现，有力助推体育产业规模总量不断提升。

图 1 2016~2019 年江苏省体育产业总量

（二）浙江省体育产业发展情况

近年来，浙江省聚焦体育产业高质量、高竞争力和现代化发展，通过不断完善产业政策体系、壮大市场主体、丰富产品服务供给、促进体育消费，推动体育产业工作继续走在前列。依靠资源优势，做好户外运动，做强优势产业；做好赛事引领，满足市场需求；深化长三角一体化发展战略，密切产业协作。经过多年发展，浙江省体育产业成效逐渐提升，产业结构优化升级，产业环境不断优化，产业融合持续深化，产业集聚逐步形成，体育产业高质量形态逐渐形成，总体态势良好。

浙江省体育产业近年来发展速度较快，借助区位优势，整合体育资源，对体育服务业加大引导力度，促进体育制造业转型升级，全民健身需求增长加快，群众体育蓬勃发展。2015 年，浙江省体育产业总产出为 1682.73 亿元，2019 年增长至 2614.76 亿元，涨幅达到 73.41%；体育产业增加值从 2016 年的525.56 亿元增长到 2019 年的 845.45 亿元，涨幅达到 60.87%（见图 2）。全省共有体育产业机构 2.7 万家，约占全国总数的 1/10，2019 年体育企业数量达 3.6 万家，是全国唯一一个国家级运动休闲示范区和社会力量办体育的

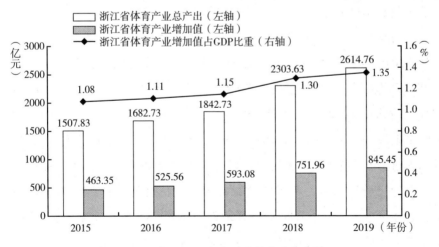

图 2　2015~2019 年浙江省体育产业总量

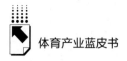
试点城市，民营体育经济发达，社会力量积极涌入，市场主体数量激增，形成了高度市场化的社会力量办体育氛围。省体育产业联合会拥有 232 个会员单位，是全国第 1 家省级体育产业协会，也是全省首个 5A 级体育社团，行之有效地开展各项体育工作，为广大体育会员企业提供全方位的服务，促进体育产业各领域融合发展。2016~2019 年，体育产业增加值占 GDP 的比重逐年升高，从 1.08% 提高到 1.35%，对经济发展起到重要拉动作用。

（三）上海市体育产业发展情况

作为一座海纳百川、融合多元文化的城市，上海市具备现代体育产业发展所需要的核心要素。在政策引导与市场驱动下，上海市从推动体育产业重点领域加快发展、构建现代体育市场体系、完善和落实体育产业政策等方面发力，加速推进全球著名体育城市建设，产业质量逐步提升，产业活力进一步释放，平台集聚效应凸显，赛事活动多元发展，经济效益稳步增长。

上海市作为我国经济、金融、贸易、航运、科技创新的中心，市场经济发达，活跃程度高，形成深厚的体育产业发展基础，经过多年的培育，上海市体育产业稳步向好，产业质量逐步提升。统计数据显示，2016~2019 年，上海市体育产业总体呈现较快增速，2016 年总产出为 1045.87 亿元，2019 年达到 1780.88 亿元；2016 年体育产业增加值为 421.27 亿元，2019 年达到 558.96 亿元（见图 3）。体育产业已经成为全市经济发展的重要力量，2016~2019 年全市体育产业增加值占 GDP 的比重均超过 1%，经济贡献程度高。整体来看，上海市传统体育产品营销服务保持稳定增长趋势，新兴体育竞赛表演、体育健身休闲、体育传媒与信息、体育中介等体育服务业逐渐成熟。创新服务业态，增加服务供给，依靠庞大的国内外消费市场，不断提质增效，成为引领上海体育产业高质量发展的重要动力。

图3　2016~2019年上海市体育产业总量情况

（四）广东省体育产业发展情况

广东作为体育大省，对全国体育产业发展具有先进性和示范性，作为改革开放的窗口，广东省紧抓国家战略机遇，以"粤港澳大湾区"为主要抓手，大力开拓体育健身休闲服务，打造一批强大的体育服务综合体，推进运动休闲特色小镇建设，培育了一批国家体育消费试点城市。优化体育产业结构，着力提升体育服务业比重，大力培育健身休闲、竞赛表演、场馆服务、中介经纪、体育培训等服务业态。近年来，产业规模不断扩大、产业布局日渐优化、创新战略逐步实施、产业特色日益凸显、产业动力后劲十足，持续提升体育产业发展的质量和效益，不断满足人民对美好生活的需要，为全省经济社会发展做出重大贡献。

随着经济实力的日益增强，广东省体育产业规模不断扩大，2016年广东省体育产业总产出3570亿元，占全国体育产业总产出的18.76%；体育产业增加值1180亿元，占全国体育产业增加值的18.19%，体育产业增加值占当年GDP比重达1.37%。2019年广东省体育产业总产出已经达到5403亿元，同比增长10%；2019年体育产业增加值为1884亿元，同比增长14%（见图4），占当年全省GDP比重为1.75%。在多年的发展中，广东省抓住国家利好政策，加快产业结构调

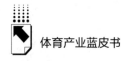
整，提升服务业质量和水平，体育产业总体规模不断扩大，产业质量更具效益和竞争力，随着产业结构调整加快，体育产业更是迎来市场化、产业化、规模化的高速增长期，体育强省的地位更加巩固，示范性和先进性建设成效显著。

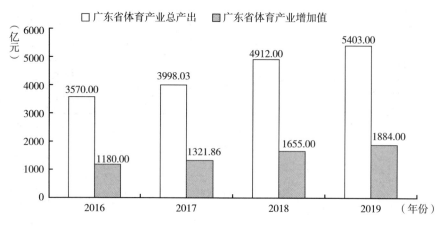

图4　2016~2019年广东省体育产业总量情况

（五）山东省体育产业发展情况

近年来，山东省大力统筹体育产业发展，多项支持政策持续出台，竭力打造"双核引领、四带串联、五群集聚"的产业空间格局，支持产业发展创新，加快推动产业融合，持续强化区域协同发展，通过聚合行业资源，打造龙头企业引领、产业链衔接配套、各环节协作高效的产业生态体系。全省体育产业总量持续扩大、产业体系更加健全、产业基础更加夯实、产业载体不断壮大、产业布局持续优化，体育产业各项工作统筹推进，为体育产业持续发展奠定了基础。

1. 体育产业总量持续扩大

山东省依靠强有力的政策支持，体育产业规模持续扩大。统计数据显示，"十三五"期间，全省体育产业总规模从2016年的2292.18亿元增至2019年的2580.91亿元，体育产业增加值从2016年的704.08亿元增至2019年的1078.45亿元（见图5），增加值占全省GDP的比重从2016年的

1.04%增至2018年的1.52%。整体来看，山东省体育产业持续推进，体育服务业蓬勃发展，产业结构不断优化，呈现良好的发展势头。

图5　2016～2019年山东省体育产业总量情况

2. 体育产业体系更加完善

近年来，山东省将体育产业作为重点扶持行业列入经济社会发展整体规划，并制定相应配套政策，助推体育产业发展，体育产业融合日趋深化，产业集聚逐渐形成。全省积极促进体育旅游、竞赛、培训等服务业发展，引导水上运动、山地户外运动、冰雪运动等新兴产业发展，丰富体育产品供给，提高专业化和市场化程度，产业门类更加丰富，产业体系更加健全。

3. 体育产业基础不断夯实

体育产业的快速发展依靠坚实的基础支持，近年来山东省加快体育产业基础建设，聚合产业能效，增强发展动力，激发产业潜力。一是夯实体育产业服务平台。山东省为提高体育服务能力、拓宽服务渠道，与山东海看网络科技有限公司共同建设海看体育—山东体育产业公共服务平台，整合政府资源和市场资源，通过电子地图、场馆预约、资源交易、赛事服务、媒体转播等多种方式打通供给侧和消费侧链接。联合省知识产权保护中心共同搭建了山东省体育知识产权大数据平台，推进体育行业知识产权保护工作的全面发展。筹建山东体育产业协同创新中心，通过政府、高校、企业、社会组织等协

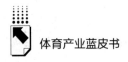
同合作，促进人才培养、科技创新、成果转化和社会公共服务。二是科学谋划体育产业统计。完善体育产业基本名录库，将产业单位纳入数据库中，掌握全省体育企业市场动向，真实反映体育产业的市场认可，对企业精准把握市场动向，实现体育产品供求均衡起到重要作用。三是打造引领性强优势企业。培育一批竞争力强的优质企业作为山东省体育产业重要支撑，推动组建山东省体育产业集团，集合全省高端资源为体育产业集团注入发展活力，力求产业集团能够发挥龙头作用，创新产品，引领体育市场发展，实现集中竞争力。

4. 体育产业载体不断壮大

山东省体育产业载体丰富，体育产业基地、运动休闲特色小镇、体育服务综合体、体育装备制造园区等多种类型产业载体快速发展，起到引领示范和集聚辐射作用，成为山东省落实国家体育产业政策、推动体育产业发展的重要抓手。目前，山东省已创建 108 个省级体育产业基地，建设德州乐陵、宁津、庆云，以及青岛即墨、威海核心蓝区、日照经开区等一批具有规模优势的体育装备制造园区，打造日照奥林匹克水上运动小镇、滨州惠民体育绳网小镇等多个特色鲜明的体育小镇，体育产业载体的示范引领作用持续释放。

5. 体育产业布局持续优化

随着绿色健康消费理念逐步深入人心，体育消费得到大众的广泛认可，维护良好的市场环境成为政府施力的重点。山东省通过一系列保障措施，致力于打造规划科学、覆盖全省的良好体育产业布局，推动体育产业健康持续发展。积极落实各项保障政策，着手编制山东省体育产业"十四五"发展规划，开展户外运动产业、航空运动、传媒与信息化、体医融合等多个配套子规划研究。出台政府采购服务目录，进一步拓宽社会资本参与渠道。自 2013 年起设立省体育产业发展资金，重点扶持企业发展，并在产业创新，持续融合等方面发挥重要作用，目前已累计投入产业资金 1.77 亿元，在全省扶持了 400 多个优质体育产业项目。近年来，山东省坚持以体育产业和其他产业融合发展为主线，以大力发展体育现代服务业为重点，深化体制机制改革，激发市场主体活力，推进跨界融合。积极筹备体育产业集团，着力打造全省领航型企业，整合各领域资源要素，推进跨界融合，实现产业创新，促动体育产业实现更快发展。

二 五省（市）体育产业发展比较分析

（一）体育产业规模比较

1. 总体规模情况

山东省体育产业发展较快，但同江苏省和广东省相比，总体规模仍有待提高。统计数据显示，"十三五"期间，苏浙沪粤鲁的体育产业规模总量均呈现不断增长态势，广东省的总产出和增加值均居于首位。从总产出看，2016 年广东省总产出为 3570.00 亿元，比江苏省高出 415.91 亿元，比山东省高出 1277.82 亿元；2018 年广东省体育产业总产出为 4912.00 亿元，比江苏省高出 845.82 亿元，比山东省高出 2445.45 亿元；到 2019 年，广东省体育产业总产出突破 5000 亿元，达到 5403 亿元，高出江苏省 782.58 亿元。广东省体育产业增加值在 2016 年突破了千亿元大关，达到 1180 亿元，比江苏省高出 130.46 亿元，比山东省高出 475.92 亿元；2018 年，广东省体育产业增加值达到 1655 亿元，高出江苏省 267.8 亿元，高出山东省 686.42 亿元；2019 年，广东省体育产业增加值达到 1884 亿元，比江苏省高出 313.06 亿元。2016~2018 年山东省体育产业总产出和增加值在五省（市）中位列第 3，2019 年总产出位列第 4，总体发展较为稳定，但同广东省和江苏省相比仍存在较大差距（见表 1、图 6、图 7）。

表 1 2016~2019 年苏浙沪粤鲁体育产业规模总量情况

单位：亿元

省市	2016 年		2017 年		2018 年		2019 年	
	总产出	增加值	总产出	增加值	总产出	增加值	总产出	增加值
山东省	2292.18	704.08	2348.01	770.41	2466.55	968.58	2580.91	1078.45
江苏省	3154.09	1049.54	3585.64	1219.58	4066.18	1387.20	4620.42	1570.94
浙江省	1682.73	525.56	1842.73	593.08	2303.63	751.96	2614.76	845.45
上海市	1045.87	421.27	1266.93	470.26	1496.11	556.90	1780.88	558.96
广东省	3570.00	1180.00	3998.03	1321.86	4912.00	1655.00	5403.00	1884.00

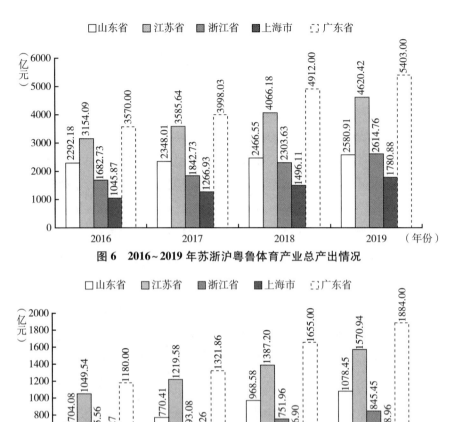

图 6　2016～2019 年苏浙沪粤鲁体育产业总产出情况

图 7　2016～2019 年苏浙沪粤鲁体育产业增加值情况

2. 规模增速情况

体育产业规模增速反映年度内体育产业发展情况，从总产出和增加值的增速来看，山东省体育产业发展呈现一定的不稳定性，2016 年，山东省体育产业总产出同比增长 15.72%，位列五省（市）第 1，高出上海市 0.81 个百分点；2017 年，山东省体育产业总产出同比增长 2.44%，在五省（市）中排名靠后；2018 年，这一数据为 5.05%，远落后于苏浙沪粤；2019 年，总产出增速 4.64%，依旧排名靠后。从体育产业增加值增速比较看，2016

年山东省为 16.04%，位列第 4；2017 年降至 9.42%，排在五省市的末位；2018 年快速上升到 25.72%，高于江苏和上海，与广东省基本持平，表现较好；2019 年，增速 11.34%，仅高于上海；总体来看，山东省体育产业规模总量增速波动较大，体育产业规模降速明显，发展稳定性相对较弱（见表 2）。

表 2　2016~2019 年苏浙沪粤与山东省体育产业总产出和增加值增长速度

单位：%

省市	2016 年		2017 年		2018 年		2019 年		年均增长	
	总产出	增加值	总产出	增加值	总产出	增加值	总产出	增加值	总产出	增加值
山东省	15.72	16.04	2.44	9.42	5.05	25.72	4.64	11.34	6.96	15.63
江苏省	12.42	19.29	13.68	16.20	13.40	13.74	13.63	13.25	13.28	15.62
浙江省	11.60	13.43	9.51	12.85	25.01	26.79	13.51	12.43	14.91	16.37
上海市	14.91	19.94	21.14	11.63	18.09	18.42	19.03	0.37	18.29	12.59
广东省	11.27	18.04	11.99	12.02	22.86	25.20	10.00	13.84	13.94	17.27

3. "十三五" 规模目标达成情况

"十三五" 期间，随着 "健康中国" 和 "全民健身" 国家战略持续推进，产业结构和消费结构发生变化，良好的经济环境为体育产业发展提供丰厚沃土，体育产业规模不断扩大，产业基础愈加夯实，市场主体持续扩大，整体呈现蓬勃发展态势。表 3 显示，面对 "十三五" 体育产业增加值占全省 GDP 比重预设目标，江苏省、浙江省、广东省、山东省均超前完成目标，体育产业在政策红利中释放发展活力；上海市体育产业总规模提前完成预设目标，表现出良好发展态势。

表 3　"十三五" 苏浙沪粤与山东省体育产业规模目标达成情况

单位：%，亿元

		江苏省	浙江省	上海市	广东省	山东省
体育产业增加值占 GDP 比重	"十三五" 目标	1.50	1.20	—	1.40	1.20
	2019 年	1.58	1.35	1.5	1.75	1.52
体育产业总规模	"十三五" 目标	5000.00	3000.00	1500.00	—	3500.00
	2019 年	4620.42	2614.76	1780.88		2580.91

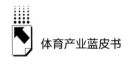

（二）体育产业贡献比较

1. 体育产业增加值占 GDP 比重

体育产业增加值占 GDP 比重是重要的体育产业贡献率指标。统计数据显示，"十三五"期间，苏浙沪粤鲁的体育产业增加值占 GDP 比重均超过 1%，其中广东省一枝独秀，从 2016 年的 1.46% 增至 2019 年的 1.75%，表现极为突出；上海市和江苏省在 2019 年均维持在 1.50% 及以上的高位；山东省从 2016 年的 1.04% 快速增至 2019 年的 1.52%，表现抢眼。从年份跨度来看，山东省体育产业增加值占 GDP 的比重稳定增长，对经济贡献逐年提升，表明山东省体育产业整体呈现持续发展态势；但与苏沪粤比较而言，仍有较大的上升空间（见表4）。

表 4　2016~2019 年苏浙沪粤鲁体育产业增加值占 GDP 比重

单位：%

省市	2016 年	2017 年	2018 年	2019 年
山东省	1.04	1.06	1.45	1.52
江苏省	1.36	1.42	1.50	1.58
浙江省	1.11	1.15	1.30	1.35
上海市	1.50	1.60	1.70	1.50
广东省	1.46	1.47	1.70	1.75

2. 体育产业经济增长贡献

近年来，体育产业在实现经济增长、新旧动能转换和产业结构调整中发挥重要作用，对经济增长的贡献率逐步增加。统计数据显示，苏浙沪粤鲁五省（市）的体育产业经济增长贡献率均达到 10% 以上。2016年，广东省体育产业经济增长贡献率达 17.28%，比江苏省高出 2.85 个百分点，比山东省高出 3.26 个百分点；2018 年，五省（市）的体育产业经济增长贡献率平均超过 20%，其中上海市达到 27.21%，高出广东省

5.35 个百分点，高出山东省 1.95 个百分点；2019 年，山东省体育产业经济增长贡献率位列五省（市）之首，达到 24.41%（见表5）。从整体数据来看，大部分省份体育产业经济增长贡献率较大，表明体育产业潜力较大，能够成为推动经济发展的重要因素。山东省体育产业经济增长贡献率持续增长，在 2019 年位列第 1，表明山东省体育产业内在张力表现不错，具有较强的经济增长贡献潜力。

表5 2016~2019 年苏浙沪粤鲁体育产业经济增长贡献

单位：%

省市	2016 年	2017 年	2018 年	2019 年
山东省	14.02	16.71	25.26	24.41
江苏省	14.43	14.38	20.62	22.32
浙江省	12.05	13.13	16.98	13.74
上海市	13.79	19.16	27.21	10.21
广东省	17.28	14.65	21.86	18.13

注：体育产业经济增长贡献率=体育产业增加值增量/GDP 增量。

3. 体育产业经济拉动贡献

体育产业经济拉动贡献率指标能够直观观测体育产业在经济发展中的拉动作用。统计数据显示，"十三五"期间，苏浙沪粤鲁五省（市）体育产业经济拉动贡献率均超过 1%；其中，上海市 2016~2018 年表现较为突出，2016 年体育产业经济拉动贡献率为 1.68%，高出山东省 0.56 个百分点；2018 年，上海市体育产业经济拉动贡献率为 1.82%，比山东省高 0.49 个百分点；2019 年，广东省体育产业经济拉动贡献率快速上升至 1.94%，位列苏浙沪粤的首位。整体来看，上海和广东的体育产业经济拉动贡献率较高，表明体育产业质量较高，能够发挥较大的经济功能；山东省排名靠后，上升幅度也较小，表明山东省体育产业虽具备一定经济增长贡献，但同苏浙沪粤相比，经济拉动能力明显不足，体育产业辐射效应仍有较大发展空间（见表6）。

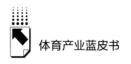

表6 2016~2019年苏浙沪粤与山东省体育产业经济拉动贡献

单位：%

省市	2016年	2017年	2018年	2019年
山东省	1.12	1.13	1.33	1.34
江苏省	1.50	1.58	1.61	1.70
浙江省	1.23	1.26	1.45	1.50
上海市	1.68	1.67	1.82	1.71
广东省	1.59	1.91	1.80	1.94

注：体育产业经济拉动贡献率=体育产业经济增长贡献率×GDP增长率。

（三）体育产业结构比较

1.产业结构

按照国民经济三次产业分类角度来说，体育产业可分布到第二产业和第三产业。统计数据显示（见表7），"十三五"期间，苏浙沪粤鲁五省（市）呈现体育第二产业向第三产业转移的趋势，表明苏浙沪粤鲁体育产业结构均呈现不同程度的优化。其中，上海市体育第三产业增加值占比最高，2016年达到81.68%，高出山东省18.06个百分点，高出广东省22.27个百分点；2018年，上海市体育第三产业增加值占比进一步上升到87.26%，高出山东省13.54个百分点，高出浙江省32.84个百分点；2019年，上海市体育第三产业占比为86.86%，虽然略有降低，但仍为五省（市）最高水平。从总体来看，苏浙沪粤鲁五省（市）体育产业均呈现第三产业占比不断提升、第二产业占比不断下降的态势，朝着高度化和合理化方向发展。其中，上海市体育产业服务化程度高，各项服务产品供给充足，体育国际竞赛发达，引导大众进行体育服务消费，结构优化程度几乎能够达到发达国家水平；广东省体育产业规模较大，但体育第三产业占比低于上海市和山东省，制造业仍占据较大比重；山东省体育产业结构优化程度略低于上海市，但从发展历程来看，呈现不断优化的良好态势，这与政府大力推进相关业态发展，加速体育产业结构优化是分不开的。总体来看，五省（市）大力布局第三产业发展，通过加快创新、延伸产业链、培育新兴产业等方式提高产业优化程度。

表 7   2016~2019 年苏浙沪粤与山东省体育第三产业增加值占比

单位：%

省市	2016 年	2017 年	2018 年	2019 年
山东省	63.62	71.07	73.72	73.30
江苏省	56.62	58.39	66.4	68.42
浙江省	51.65	54.98	54.42	56.74
上海市	81.68	81.71	87.26	86.86
广东省	59.41	57.08	63.56	66.45

注：体育第二产业包括体育用品制造业、体育建筑业 2 个产业门类；体育第三产业包括除体育用品制造业和体育建筑业之外的 9 个产业门类。

2. 层次结构

统计数据显示，苏浙沪粤鲁五省（市）体育产业核心层增加值占比存在一定差距。2016 年，浙江省体育产业核心层占当年体育产业增加值为 16.20%，高于上海市 0.41 个百分点，高于山东省 7.81 个百分点；2017 年，浙江省体育产业核心层增加值占比位列五省（市）首位，达到 18.5%，比上海市高出 1.96 个百分点，高出山东省 3.76 个百分点；2019 年，浙江省再次以 17.2% 的占比位列五省（市）第 1。整体来看，五省（市）体育产业核心层发展较为滞后，最高仅有 18.5%。山东省体育产业核心层具有较大波动性，2018 年下降明显，较 2017 年相比下降 6.97 个百分点，2019 年再次上升到 8.87%，但总体排名依旧靠后。核心层占比不高表明五省（市）在赛事、健身、场馆方面的经济效益挖掘力度不足，赛事活力难以最大化激发，健身休闲运动产品仍有待精准投放，场馆利用度较低，在延伸产业链、深挖产业潜力、激发产业活力等方面仍需要进一步工作部署和政策落地。

表 8   2016~2019 年苏浙沪粤鲁体育产业核心层增加值占比

单位：%

省市	2016 年	2017 年	2018 年	2019 年
山东省	8.39	14.74	7.77	8.87
江苏省	10.76	11.22	13.46	13.59
浙江省	16.20	18.50	14.51	17.20

续表

省市	2016 年	2017 年	2018 年	2019 年
上海市	15. 79	16. 54	15. 58	16. 87
广东省	10. 76	11. 71	6. 95	7. 06

注：体育产业核心层主要包括体育竞赛表演活动、体育健身休闲活动、体育场馆服务等业态。

3. 行业结构

统计数据显示，苏浙沪粤鲁五省（市）中，山东省体育服务行业最为发达，位列第 1。2016 年，山东省体育服务行业占当年体育产业增加值比重为 49.53%，高出上海市 14.81 个百分点；2017 年，这一数值增加至 59.56%，是五省（市）中唯一突破 50% 的省份，高出上海市 22.55 个百分点，高出广东省 43.99 个百分点，优势继续扩大；2018 年，山东省体育服务行业占比下降至 49.00%，下降幅度为 10.56 个百分点；2019 年，山东省体育服务行业增加值占比再次提升到 50.78%（见表 9）。整体来看，"十三五"期间，苏浙沪粤四省（市）的体育服务行业呈现一定的上升趋势；山东省 2017 年得到快速发展，2018 年趋于稳定，始终居于五省（市）首位，这与山东重视服务行业发展密切相关。近年来，山东省积极拓展体育服务领域，大力开发体育新兴产业，扶持相关服务企业发展，体育服务行业得到飞速发展。

表 9　2016~2019 年苏浙沪粤鲁体育服务行业增加值占比

单位：%

省市	2016 年	2017 年	2018 年	2019 年
山东省	49. 53	59. 56	49. 00	50. 78
江苏省	23. 01	24. 15	41. 40	42. 86
浙江省	31. 67	35. 86	38. 20	40. 62
上海市	34. 72	37. 01	37. 03	36. 91
广东省	15. 17	15. 57	24. 11	24. 85

注：体育服务行业包括除体育用品制造业、体育用品销售业、体育建筑业之外的 8 个产业门类。

（四）体育产业重点业态比较

经过多年的发展，各省（市）体育产业体系较为健全，并形成了独具特色、各具优势的产业业态。

1.体育用品业稳居重点业态前列

从苏浙沪粤鲁五省重点业态总产出占比分布来看（见图8），体育用品及相关产品制造业、体育用品销售业占比稳居前两位。其中，上海的体育用品销售业占主要地位，山东、浙江、广东、江苏体育用品及相关产品制造业占据首位。从2016~2019年的变化来看，五省（市）体育用品及相关产品制造业总规模的占比呈逐渐下降趋势，而体育用品销售业占比逐年递增。山东省这种变化较为明显，体育用品及相关产品制造业总产出占比分别从2016年的57.2%降至2019年的43.41%，总体呈现下降趋势；2016~2019年，体育用品销售业占比年份变化为6.7%、6%、39.1%、13.16%，2018年达到顶峰。当然，山东省体育用品及相关产品制造业、体育销售业占比的变化波动较明显，从产业发展角度来说，不稳定性较强，不利于产业健康发展。上海市体育用品销售业占首要地位，2016~2019年，其总规模占比为38%、36.4%、39.4%、38.1%；体育用品及相关产品制造业占比逐年下降，分别为33.5%、32.6%、23.5%、18.9%。上海市作为服务业发达的城市，明确体育产业发展以服务业为主，因此，完善的产品销售体系能够发挥作用，体育用品销售业能够成为上海市体育产业的主导业态。广东省体育用品及相关产品制造业较为发达，2016年，其总规模占比达69.69%，2017年，下降至68.45%；但2018年下降幅度较大，总规模占比为49.3%，2019年体育用品及相关产品制造业占比为47.55%；体育用品销售业虽占比较小，近年来，上升趋势逐渐明显，2016~2019年，总规模占比分别为21.34%、22.11%、29.9%、31.22%。从数据变化可以看出，广东省在体育产业发展中，开始加速体育产业转型升级，加快体育产业结构优化，降低体育制造的比重，加快销售等服务业态的发展。浙江省体育产品及相关产品制造业的年变化趋势为63.3%、58.3%、59.2%、57.1%；体育用品销售业的年变化趋势为12.8%、12.7%、10.5%、10.4%。

江苏省体育产品及相关产品制造业的年变化趋势为59.2%、57.2%、46%、44.6%;体育用品销售业的年变化趋势为23.9%、24.7%、20.7%、21.1%。苏浙两地体育用品及相关产品制造业则明显较为发达。

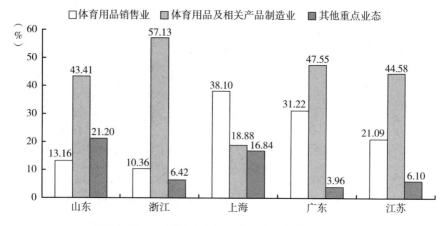

图8 2019年苏浙沪粤鲁重点业态总产出占比分布

2. 居第3位重点业态呈现一定变化

从五省(市)排名第3位的重点业态年份变化情况来看(见表10),主要分布在体育经纪与代理、广告与会展、表演与设计服务,体育教育与培训,体育传媒与信息服务,体育健身休闲活动,以及其他体育服务等业态。五省(市)排名第3的体育重点业态普遍占比较低,最高为21.2%,最低仅为3.7%。2016~2019年均突破10%的省份只有山东省;广东省排名第3的重点业态4年均未突破5%,2019年体育传媒与信息服务总规模占比为4%,是排名第3的重点业态历史最高峰;上海市排名第3的重点业态总规模占比整体呈现增长趋势且增幅较大,2017年体育传媒与信息服务总规模占比6.8%,2018年其他体育服务总规模占比12.1%,2019年其他体育服务总规模占比进一步上升到16.8%;浙江省排名第3的重点业态数据变化幅度较大,2017年体育传媒与信息服务总规模占比为9.7%,但2019年下降至6.4%,下降幅度3.3个百分点。总体来看,苏浙沪粤鲁体育产业重点业态基本停留在体育用品业(包括制造、销售两大业态）上，与全国体育产业发展的基本态势趋同。从发展的视角，进一步加快体育产业结构优化，逐步实现体育核心服务业态的稳步发展，将是实现体育产业高质量发展的必由之路。

表 10 2016~2019 年苏浙沪粤鲁体育产业总规模占比排名第 3 位业态情况

单位：%

省市	2016 年		2017 年		2018 年		2019 年	
	行业	占比	行业	占比	行业	占比	行业	占比
山东省	体育经纪与代理、广告与会展、表演与设计服务	16.0	其他体育服务	10.3	其他体育服务	19.1	体育教育与培训	21.2
江苏省	其他体育服务	3.9	其他体育服务	4.4	体育培训与教育	8.0	体育培训与教育	11.7
浙江省	体育传媒与信息服务	6.4	体育传媒与信息服务	9.7	体育健身休闲活动	5.2	体育传媒与信息服务	6.4
上海市	体育传媒与信息服务	5.8	体育传媒与信息服务	6.8	其他体育服务	12.1	其他体育服务	16.8
广东省	体育健身休闲活动	3.8	体育健身休闲活动	3.7	体育培训与教育	3.7	体育传媒与信息服务	4.0

三 山东省体育产业发展优势

（一）重视顶层设计，政策体系较为健全

为落实国务院体育产业相关政策文件，先后印发体育产业相关实施意见，全省统领性顶层设计，为山东体育产业统筹发展、协调发展、科学发展指明了方向。山东省高度重视体育产业的发展，相继出台《关于贯彻国发〔2014〕46 号文件加快发展体育产业促进体育消费的实施意见》《山东省人民政府办公厅关于促进全民健身和体育消费推动体育产业高质量发展的实施

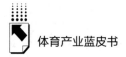

意见》等多项产业政策，引领山东省体育产业发展。为进一步强化体育产业政策落地效果，山东省体育局、发改委、文化和旅游局陆续下发户外运动产业、水上运动产业等行动方案，确立发展目标、主要任务和保障措施，有力推动建设自我维持、综合治理和功能最大化的体育产业实施政策。进一步净化山东省体育产业营商环境，鼓励突破全省体育本体产业实施"双百计划"，保持体育用品制造业强力优势，发挥知名企业龙头引领作用，推动体育用品制造业转型升级。加强体育产业的组织引导和协调管理，高度重视山东省体育产业生态体系建设。山东省各地政府也主动出击，对接相关部门、开展实地调研，因地制宜地进一步细化体育产业政策。出台具有新时代特征、历史特点以及地域特色的山东省体育产业配套措施，如海上运动消费政策、社会力量办体育政策、大运河系列品牌体育赛事实施方案等，彼此协调、相互配合，促进体育产业协调有序发展。

（二）优化产业结构，激发产业发展活力

注重体育产业科学布局，加快体育服务业发展，不断推动产业结构优化，深层释放产业活力。实践中，全省以大众需求为导向提供消费供给，完善智慧体育服务体系，打造优质服务产品，高标准完成体育服务发展目标。按照体育产业质量发展诉求，出台《山东体育服务业品牌培育创建管理办法》，组织开展全省体育服务业品牌评选与品牌认定工作。制定体育健身俱乐部、体育赛事活动、体育服务综合体等 5 项体育服务业品牌地方性标准。围绕组织开展山东省体育惠民消费季活动、策划举办品牌体育赛事活动、打造体育消费新场景、发展夜间体育经济等方面，进一步促进山东省体育消费回补和潜力释放，打出上下联动、左右协同、务实管用"三大组合拳"，有效地振兴和激活体育消费市场。尝试性启动首次城乡居民体育消费调查，弥补消费统计短板。牢固树立以人民为中心的思想，紧紧围绕山东省老百姓多样化的体育需求，加快推进体育服务消费发展，不断创新体育产品供给机制。受大众多元体育需求和政策利好的引导激励，支持智能制造、大数据、人工智能等新兴技术在体育用品和体育服务业领域

应用。积极引导体育服务业向专业化和价值链延伸，发展"智慧体育+"新兴公共体育服务业态，尝试打造布局合理、功能完备、优质高效的智慧体育服务业体系。

（三）产业基础雄厚，资源转化能力较强

山东省地域辽阔、海滨山峦资源丰富，加之人口大省、经济大省和文化大省的巨大优势，为山东发展体育产业、开拓体育市场提供优良的资源条件。围绕山东的传统文化和红色文化优势、海洋资源丰度优势、自然人文景观优势等多维发力，更有利于打造独具一格的山东体育特色产业。山东省是全国由南向北扩大开放、由东向西梯度发展的战略节点，是"一带一路"建设的重要交通枢纽，独特的地理区位优势为体育产业发展提供了广阔的市场空间。传承发展舜禹善治文化、孙子智慧文化、墨子创新文化、鲁班工匠文化，多元发展黄河文化、运河文化、泉水文化、海洋文化，创新发展工业文化、乡村文化，丰富发展书画文化、戏曲文化、牡丹文化等，实施"沿海""沿黄河""沿大运河"等品牌板块，更可以因地制宜形成多元化、多层次、有影响的体育产业发展新格局。山东省积极引导和规范社会力量助力体育产业发展，尝试联合多方力量，加强体育产业的组织引导、协调管理，全省社会体育指导员总量达到23万人，体育社会组织4.7万个。同时，全省积极寻求"体育+""+体育"融合发展的新突破，鼓励体育机构开展健身App等技术融合，实施"体医融合"试点工程，搭建"智慧健身管理服务平台"，加强"互联网+体育"创新实践，加快推进体育资源共享、线上线下协同新模式，满足群众多元需求，激发市场活力。近年来，山东省各类体育产业载体得到较快发展。2020年，全省获评国家级体育产业基地7个，获评国家级体育旅游精品项目9个、体育文化精品项目3个、体育旅游十佳项目4个，入选首批国家体育服务综合体典型案例2个，青岛、日照两市入选国家体育消费试点城市；全省新命名31个省级体育产业示范基地、33个省级体育服务综合体，发布17条精品体育旅游线路，认定首批13个省级体育旅游示范基地。截至目前，

全省共创建 22 个国家体育产业基地，入选国家运动休闲小镇 5 个，命名 108 家省级体育产业示范基地，省级产业基地数量居于全国首位；联合省文旅厅评选认定 33 个省级体育旅游示范基地。

（四）构建多元支撑，不断夯实工作基础

近年来，山东省积极搭建多元化体育产业支角，通过持续推进体育产业资源优化整合，不断提供体育企业展示机会，突出区域示范引领效应，逐步建立体育产业统计制度，形成良好的工作基础。成立山东省体育产业联合会，首批会员单位达到 478 家，搭建行业、政府、社会和市场的沟通桥梁和多行业领域共融发展的生态平台。成立沿黄九市体育产业协作联盟、胶东经济圈体育协同发展联盟等区域联盟，共同促进体育产业联动发展，协力促进山东体育事业健康持续发展。主动融进淮河生态经济带体育产业协作组织，放大区域示范引领效应，提升区域凝聚力。鼓励成立政府和企业协同创新研究中心，首办体医融合高峰论坛，推动体医融合发展研究院建设，搭建综合性、开放式、智库型的工作平台，为体育产业资源优化整合提供山东样板。通过交流展示平台，增进业界深度交流，加强各领域密切合作。举办首届山东（临沂）体育用品博览会，378 家企业参展，4 万余人参会，签订合同额近 12 亿元。成功举办中国（青岛）时尚体育产业大会、中国（德州）体育产业交流大会、中国体育智能制造创新大赛。启动山东省体育消费季，融合多部门资源，以山东（临沂）体育用品博览会、体育消费券发放活动、体育夜经济为主的体育消费板块为重点；以"沿大运河（山东段）""沿黄河""沿海"等品牌赛事为主的体育赛事板块为抓手；以体育服饰大赛、体育文创大赛、体育人才交流等为主的体育文化板块为引领；以"重走长征路"等党建活动为主的纪念建党 100 周年板块为核心；以山东省第二届体育影像大赛、山东省"十大体育赛事"评选等活动为主的体育 IP 板块为动力，进一步深化体育产业与相关领域融合，促进互惠共赢。产业统计工作作为反映体育产业发展水平的"晴雨表"和"风向标"，受到高度重视。近年来，山东省积极组织开展体育产

业专项调查，覆盖全省 16 市 137 个县区、涉及体育产业 11 个大类。逐步建立体育产业联合统计体系，省体育局和统计局共同开展统计报表联合发布制度，各市推进省市统计无缝对接，实现上下联动的统计协同，从而建立体育产业统计工作长效机制，准确把握全省体育产业发展情况，为政策制定提供有力支撑。

四　山东省体育产业存在瓶颈

（一）经济拉动贡献力仍然不高，产业潜力有待挖掘

山东省体育产业呈现稳步增长、稳步向好的发展态势，但核心业态尚未形成强大的发展动力，经济拉动贡献能力稍显不足，实践中仍需进一步挖掘产业潜力，扩大体育产业影响力，提升体育产业对经济社会发展的贡献能力。总体来看，山东省核心业态产业链的系统培育较弱，体育竞赛表演业发展速度相对缓慢，赛事综合效益不突出，贡献能力较低。山东省需要进一步树立"大体育"理念，积极寻找体育与各行业的契合点，充分挖掘内在潜能，释放市场活力，提升经济规模和拉动贡献水平。

（二）创新驱动力严重不足，产业质量有待提升

近年来，山东省积极探索体育产业创新发展路径，尝试推进科技创新和推行创新试点，取得一定的成效，但创新驱动能力、创新方法和手段、人才支撑等方面仍存在一定薄弱环节，影响了体育产业发展质量。多年来，全省谋划体育产业创新方面做了多点探索，但多点难以形成面，支撑力和持久力较弱，达成效果不明显，创新战略谋划不充分，研发投入难以满足发展需求。全省缺乏系统的共建科研平台体系，难以形成合力推动技术转移和成果转化科研成果，就地转化的成效较低。企业联合高等学校、科研机构的产学研协同创新机制还未畅通，未形成有力的政策与企业战略支撑，科技成果难以产业化。

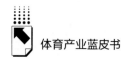

（三）经济带动相对乏力，制度改革红利有待释放

近年来，为满足全省消费升级换代而引致的高需求，山东省出台《进一步促进体育消费十项措施》，启动首届体育消费季，成功举办全国范围内首次体育消费夜经济盛典晚会活动，取得一定成效。山东人均经济水平相对较弱，在一定程度上将抑制居民对竞赛表演、健身休闲等服务性消费的巨大需求，影响体育消费市场。进一步梳理发现，体育产业领域仍存在市场准入、审批许可等方面的不合理限制，风投退出机制不畅，赛事安保、转播、宣传等关键领域存在一定堵点，社会资本发展体育产业的活力不足。结合体育产业全局工作和细分领域，开展精准化治理，推进精细化服务，还需进一步规范和强化。

（四）政策凝聚力难以发挥，产业效能有待释放

目前全省体育产业政策的推进效果不够充分，表现在政策推进的针对性和创新力不强，政策运营管理、督导评估、优惠帮扶等支撑性配套措施不到位，完备的配套政策体系和绩效考核评价体系没有及时跟上。产业政策尚没有形成有效的推进引擎，一定程度上影响了政策红利的实施效果。体育产业监管机制有待优化，各部门监管衔接性有待加强，协同监管、联合惩戒工作通道仍然不畅；市场主体的诚信自律程度较差，如赛事产权、不正当竞争、体育消费卡预售等监管风险日益突出，体育市场监管相对滞后亟须提升。

五　推动山东省体育产业高质量发展的对策建议

（一）把握时代战略，确立发展方向

面对"十四五"时期体育产业前景广阔，山东省要紧抓国家战略，迎合新一轮体育产业革命和技术革命带来的重要机遇期，坚持市场导向化，实现统筹推进，完善现代产业体系，为体育产业高质发展营造良好空间。

依托自然资源建立体育场地、基础设施，减少对植被、河流、山体等原生态环境的过度改造，坚守"绿水青山"的美丽原貌。优先发展基础扎实、产业链完善、市场认可度高的体育产业，重点发展创新性强、集聚效应明显、市场潜力大的体育产业。开创新发展格局的关键在于经济循环的畅通无阻。山东体育产业发展必须坚持深化供给侧结构性改革这条主线，全面优化升级产业结构，提升创新能力、竞争力和综合实力，增强供给体系的韧性，形成更高效率和更高质量的投入产出关系，实现体育产业在高水平上的动态平衡。

（二）培育创新动能，确立主攻重点

充分利用独特资源优势打造专属"名片"，以培育创新动能为方向，在品牌战略、优势行业、区域联动、创新驱动等方面确立发展重点，逐步实现竞争能力逐步提升、产品影响力逐渐扩大的良好局面。全面做大做强体育市场主体，精心培育"鲁"字号品牌，是提升体育产业竞争力的重要方向。"十四五"期间乃至更长一段时间，实施品牌战略打造工程，将有力推广山东特色、更好扩大市场影响力。结合全省资源禀赋，夯实产业基础，加快推进产业融合，精心培育优势行业，延长体育产业链，促进体育产业更具活力。区域协作联动发展是推动体育产业突破空间界限、突破地缘藩篱的重要方式，结合国家发展战略和山东省情实际，围绕热点区域，建立协同有效的联动机制，将有力助推全省体育产业实现资源共享、信息互通、部门互助的良好局面。创新驱动是体育产业实现高质量发展的重要引擎。当前，山东省体育产业正处于转型升级的关键期，实施创新驱动战略将加快助力体育产业实现高质量发展步伐。

（三）优化发展环境，提升治理水平

体育治理现代化是实现体育强省建设目标的必然要求，也是营造公平有序的竞争环境、推动体育产业可持续发展的重要基础。"十四五"期间，借鉴发达省份经验，结合山东省情，可以通过优化服务与市场监管、推进

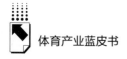

产业标准建设、发挥行业组织作用，不断完善产业治理体系，防范和抵御产业发展风险挑战，从而获得体育产业发展主动权。按照"放管服"统一部署，加强重点领域和关键环节的科学监管，提高服务效率，增强服务品质。产业标准化建设是规范行业发展、增强产业话语权的重要抓手。加快推进体育产业领域的标准化建设，将有利于推动山东体育产业新技术运用、新产品催生、新成果转化、新模式施行。近年来，广大人民群众日益增长的体育需求和社会体育资源相对不足之间的矛盾，仍然是全省乃至全国体育产业发展中的主要矛盾。应借鉴发达国家经验，大力培育和支持体育社会组织发展，将适合由体育社会组织提供的公共服务和解决的事项，交由体育社会组织承担；积极推动体育协会试点改革，充分发挥协会的作用，鼓励体育社会组织进行市场化运作，自主筹资，使之成为发展体育产业的重要力量。

（四）强化保障措施，实现高质量发展

新时代把握体育产业发展的特点和规律，整合优化政府部门职能，做足政策、资金、人员等方面保障措施，优化产业政策体系，完善产业统计体系，打造产业平台体系，形成部门协同体系，突破工作推进的藩篱，为实现全省体育产业高质量发展提供强大动力。产业政策是推动体育产业实现高质量发展的重要保障，在调整和改善产业活动方面发挥重要作用。高效的产业政策体系是促进产业协调发展的政策科学系统，完善的体系能够最大化实现产业结构、组织政策和国家地方产业政策高效联动。经过多年的积累，山东省已经形成了涉及多个层面、多个领域的产业指导性政策，但随着新时期体育产业迎来新的变化和机遇，需要针对全局和细化领域完善政策体系，加强政策引导，实现多元联动，形成更有效的政策合力。随着体育产业的快速发展，产业统计需求日趋精准化和精细化，指导价值不断提升，更加需要持续完善产业统计体系、加大产业监测力度，满足体育产业服务于国民经济的实际需求。"十四五"期间，结合山东省情，可以大力发展各类体育产业平台，为体育产业资源要素交易、政策咨询服务、

项目推介宣传、企业信息归集等服务工作提供强有力的支撑。山东体育产业发展需要进一步加强产业部门间的协调配合，增强沟通交流，打破部门障碍，形成整体合力。

参考文献

李颖川：《中国体育产业发展报告（2020）》，社会科学文献出版社，2021。

李颖川：《国家体育产业基地发展报告（2015—2016）》，社会科学文献出版社，2017。

李颖川：《国家体育产业基地发展报告（2017—2018）》，社会科学文献出版社，2019。

王志光：《江苏省体育产业发展报告（2019—2020）》，社会科学文献出版社，2020。

江小涓：《从供需两端推动体育产业高质量发展》，《经济日报》2019年10月10日，第9版。

鲍明晓：《"十四五"时期我国体育发展内外部环境分析与应对》，《体育科学》2020年第6期。

易剑东：《论体育产业的发展逻辑》，《体育学研究》2019年第4期。

姜同仁、张林、王松、刘波：《中国体育产业演进的内在逻辑、政策趋向和高质量发展路径》，《天津体育学院学报》2020年第6期。

王雪莉、付群、郑成雯：《中国体育产业高质量发展的现实挑战与路径探索》，《北京体育大学学报》2020年第1期。

黄海燕：《推动体育产业成为国民经济支柱性产业的战略思考》，《体育科学》2020年第12期。

王兆红、罗乐：《促进京张体育文化旅游带体育产业高质量发展的战略思考》，《北京体育大学学报》2021年第4期。

鲍明晓：《以新时代改革开放，统领体育强国建设》，《体育科学》2019年第3期。

朱洪军、张林、鲍明晓：《体育特色小镇的国际案例分析与主要启示》，《山东体育学院学报》2018年第6期。

王晨曦、满江虹：《中国体育产业高质量发展评价指标体系的构建：基于动力变革、效率变革、质量变革》，《首都体育学院学报》2020年第3期。

魏敏、李书昊：《新时代中国经济高质量发展水平的测度研究》，《数量经济技术经济研究》2018年第11期。

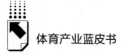

尤传豹、高亮:《"双循环"新发展格局下体育产业高质量发展》,《体育学研究》2021 年第 2 期。

沈克印:《"双循环"新发展格局下体育产业高质量发展的宏观形态与方略举措》,《体育学研究》2021 年第 2 期。

B.6
黄河流域体育产业协作联动发展研究

张剑峰　高绪秀　梁　强　孔令峰*

摘　要： 2021年10月22日，习近平总书记在济南主持召开深入推动黄河流域生态保护和高质量发展座谈会，从新的战略高度阐述了推动黄河流域生态保护和高质量发展的一系列重大问题，发出了为黄河永远造福中华民族而不懈奋斗的号召。本文对黄河流域体育产业协作联动基础、困境、发展机制和发展领域进行深入分析。

关键词： 黄河流域　体育产业　山东

一　黄河流域体育产业协作联动发展的基础

（一）地理亲缘

黄河流域西起巴颜喀拉山，东临渤海，南至秦岭，北抵阴山，从西到东横跨青藏高原、内蒙古高原、黄土高原和黄淮海平原4个地貌单元。干流全长5464公里，落差4480米。黄河流域位于东经96°~119°、北纬32°~42°，东西长约1900公里，南北宽约1100公里。黄河流域面积79.5万平方公里（包括内流区面积4.2万平方公里）。

---

* 张剑峰，天津职业技术师范大学，副教授，主要研究方向为体育产业运营与发展；高绪秀，河北工业大学，硕士，副教授，主要研究方向为体育教学与训练；梁强，天津财经大学商学院，博士，教授，硕士生导师，主要研究方向为户外运动与体育旅游产业；孔令峰，天津财经大学商学院，2019级硕士研究生。

1. 黄河上游及其地理特征

从水利部国家黄河委网站可知，黄河上游段是指从青海省巴颜喀拉山北麓的发源地到内蒙古自治区托克托县河口镇之间的河段，河道长3472公里，流域面积42.8万平方公里。黄河上游地处青藏高原、内蒙古高原和云贵高原交接地带，地貌类型丰富，区域内多属山地环境，地势起伏较大。上游区域内西南地区坐落有巴颜喀拉山等山脉，海拔较高，河谷地区海拔也达4200米，而到兰州谷地，海拔大多数在1000米以上，流经黄土高原，地表沟壑密布，坡面陡峭，在进入陇西盆地、呼和浩特盆地和银川盆地后，海拔大约为1000米，且有较大面积的平原分布。

2. 黄河中游及其地理特征

黄河中游指从内蒙古托克托县河口镇至河南荥阳市桃花峪之间的黄河河段，河道长1206公里，流域面积34.4万平方公里。黄河中游是黄河流域的核心区域，主要流经黄土高原，自西向东地表起伏较大，总体地势西北高东南低，主要流经黄土丘陵区、黄土塬区、黄土阶地区、河谷冲击平原地区。中游流域内支流众多，主要有窟野河、秃尾河、无定河、延河、汾河、洛河、渭河，河流众多，但水量受季节影响大，且含沙量较高，水土流失严重，在进行黄河流域建设的同时要充分注重中游的生态保护与水土治理。

3. 黄河下游及其地理特征

河南荥阳市桃花峪以下为黄河下游，河道长786公里，流域面积为2.3万平方公里。黄河下游主要流经华北平原，地势较为低平，包括下游冲积平原、鲁中丘陵和河口三角洲。山东境内的鲁中丘陵由泰山、鲁山和沂山组成，海拔400~1000米，是黄河下游右岸的天然屏障。主峰泰山山势雄伟，海拔1524米，古称"岱宗"，为中国五岳之长。山间分布有莱芜、新泰等大小不等的盆地平原。

（二）文脉相承

1. 黄河文化的演进

黄河流域先后发现了"蓝田文化""匼河文化""丁村文化""下川文

化"。内蒙古自治区呼和浩特市东北大窑村发现旧石器时代早、中、晚期的文化遗址"大窑文化"。还有1920年发现，1959年、1963年和1980年重新发掘的"水洞沟文化"和内蒙古的"河套文化"等。

秦、汉、隋、唐等诸多统一王朝建都于黄河流域。黄河文化的发生、演变轨迹充分展示了中华文明发展、演变的路径和逻辑，由黄河所培育出的中华民族恢宏的气度、包容的胸怀、尚礼的品质和开拓的精神，是国家强盛、民族振兴的精气神（见图1）。

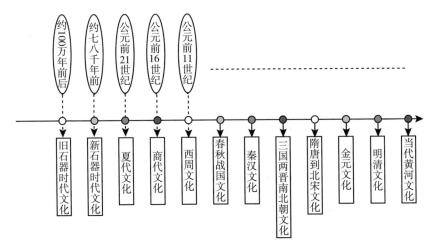

图1　黄河文化发展历程

2. 黄河文化的内涵

从空间分布上看，黄河文化有广义和狭义之分。狭义的黄河文化包括今天黄河干流流经的九省（区），即青海、甘肃、宁夏、内蒙古、陕西、河南、四川、山西、山东。从考古学文化上看，以裴李岗文化、仰韶文化、龙山文化最为发达。从区域文化上看，以中原文化、关中文化、齐鲁文化最为厚重。从文化属性上看，以农耕文化最为灿烂。

黄河文化的内涵是延续的、历史的，诞生于人与河流的互动中。在农耕文明中黄河文化以人与自然和谐共生为核心，实现了自然优先与以人为本的有机统一。"黄河宁，天下平"是历代黄河流域人们的共同心愿，治理黄河

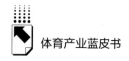

的过程中逐渐形成了"民为邦本"的黄河精神，流域治理与人民需求的统一是黄河精神的另一内涵。随着区域经济的发展，和而不同与流域一体的统一文化逐渐发展起来。黄河流域各省的风土人情、物质基础不同，但是共生、共赢的目标是一致的，此时的黄河文化便有了"万邦协和"的内涵。

一代又一代的黄河流域的人们在协同治理黄河水患过程中，锻就了自强不息、艰苦奋斗的民族品格，造就了流域人民万姓同根、万宗同源的民族心理，形成了大融合、大一统的民族意识。黄河文化吸收、容纳不同流域的草原游牧文化、农耕文化、民族文化，通过和而不同、同中有异、多样统一的观念，形成了多元统一的文化体系，在黄河流域体育产业建设过程中要重视文化的作用，弘扬黄河文化，打造黄河文化品牌。

（三）现实发展

1. 共生：黄河流域生态保护协作联动治理的加速推进

党的十八大以来，"创新、协同、绿色、开放、共享"的新发展理念逐渐成为全社会、各行业发展的思想先导和跨过历史拐点的使命追求。

随着"生态文明"建设被纳入中国特色社会主义事业"五位一体"的总体布局，生态保护和环境治理的执政价值进一步凸显。2019年9月，习近平总书记首次将"黄河流域生态保护和高质量发展"上升为国家战略，黄河流域生态保护协作联动治理也不断推进。

沿黄九省（区）在黄河流域污染防治、生态修复、司法协作等方面取得了良好成效。2019年9月以来，青海、甘肃、陕西、河南等省份均成立了黄河流域生态保护和高质量发展领导小组，促进本地区国家战略的落地实施。同时，出台了各省市工作重点，具体指导生态治理相关工作的展开。各个省（区）在黄河流域生态保护中坚持强化顶层设计，以具体项目为导向，带动了流域整体的生态保护。

司法协作是黄河沿岸各省推进协同生态治理的基石。沿黄各省（区）检察机关建立了"河长+检察长"的工作模式，利用司法与流域管理联动解决了一批生态治理的难题。同时，黄河流域各省区也在积极创新协作机制，积极引入各省（区）优良的社会资本，充分发挥社会资本在生态综合治理领域的作用。各地因地制宜建立了具有各省区特色的一批志愿服务队，逐渐形成了全民参与、社会共治的生态保护格局。黄河流域生态治理的区域合作也在不断加强，晋陕豫黄河金三角区域的发展不断推进，也开创了黄河核心流域生态治理的新局面。

2019 年 9 月以来，黄河流域各省区坚持生态优先、绿色发展的理念，生态保护协作联动治理加速推进，初步形成了黄河流域协同治理机制，各省（区）在生态修复、湿地保护、司法协作等方面协作发力，不断增强黄河流域生态保护的协调性，为黄河流域生态保护和高质量发展开创了新局面。

2. 共存：各区域间制度衔接和体育产业协作创新不断

"黄河流域生态保护和高质量发展"被上升为国家战略之后，黄河流域各省份之间的制度衔接和产业协作发展不断推进。

2019 年 9 月 18 日，习近平总书记在郑州主持召开黄河流域生态保护和高质量发展座谈会并发表重要讲话，提出沿黄各地区要从实际出发，宜水则水、宜山则山，宜粮则粮、宜农则农，宜工则工、宜商则商，积极探索富有地域特色的高质量发展新路子。这为黄河各区域协调发展指明了基本方向与前进道路。2020 年中央财经委员会第六次会议重点研究了黄河流域的治理问题，明确提出，实施黄河文化遗产系统保护工程，打造具有国际影响力的黄河文化旅游带，提出黄河流域发展休闲产业的高质量发展路径。2020 年政府工作报告中正式提出编制黄河流域生态保护和高质量发展规划纲要，并于年 8 月 31 日审议，提出加快新旧动能转换，建设特色优势现代产业体系，表明了黄河流域发展新型产业的方向和新型产业发展的可能性。中国区域经济 50 人论坛第十七次专题研讨会于 2020 年 11 月 1 日召开，会上专家学者建言献策，提出在黄河流域挖掘新型黄河文化，为各项推进高质量发展和现代化建设的举措赋能加核。

可见，黄河流域生态保护和高质量发展需要逐步落实到具体实践，充分挖掘黄河文化，生态保护先行，发展新兴产业，打造现代化产业体系，发挥黄河流域自然资源丰富、人文资源富饶的独特优势。

黄河共流经九省（区），各省（区）均可以围绕黄河资源开展体育产业建设，其中有 5 个省（区）在体育政策文件中明确提到与黄河相关的体育建设。青海省提出充分发挥黄河流域经济带的作用；筹办"中国·青海国际抢渡黄河极限挑战赛"。甘肃省文件指出积极挖掘黄河文化，打造培育一批社会影响力大、知名度高的赛事品牌。宁夏回族自治区文件提出要建立"黄河-清水河体育产业带"和"贺兰山东麓体育产业带"，依托黄河湿地保护区打造水上运动基地，依托中华黄河坛、黄河大峡谷及清水河沿岸的水、岸、山等资源，开展自行车、赛车等山地户外运动。内蒙古自治区提出依托西部流经内蒙古的黄河流域开展老牛湾皮划艇系列活动，以及黄河抢渡、黄河漂流、皮筏等赛事活动。山东省提出积极组织开展"黄河入海"系列比赛活动方案征集活动，还提出了结合黄河三角洲高效生态经济区等重点区域带动战略，加强区域体育产业的分工协作（见表1）。

由此可见，黄河沿岸5省将黄河流域建设纳入了体育产业发展规划以及相关政策文件之中，是一段时期以内黄河流域各省（区）体育产业发展的行动指南，相关文件均遵从了国家层面黄河流域开发、建设的大方向，又因地制宜，富有地方特色。在黄河流域发展建设的新战略指导下，黄河流域各省必须立足于新发展阶段，共同致力于黄河流域高质量发展，推动体育产业高质量发展迈出新步伐。

表1 黄河流域省（区）相关体育产业政策

省（区）	体育产业政策名称	与黄河流域发展相关内容
青海省	《青海省关于加快发展体育产业促进体育消费的实施意见》	充分发挥黄河流域经济带的作用；筹办"中国·青海国际抢渡黄河极限挑战赛"
甘肃省	《甘肃省加快发展体育竞赛表演产业的实施意见》	突出地域特色举办赛事，积极挖掘黄河文化，打造培育一批社会影响力大、知名度高的赛事品牌
宁夏回族自治区	《宁夏回族自治区关于加快发展体育产业促进体育消费的实施意见》	打造"黄河—清水河体育产业带"和"贺兰山东麓体育产业带"；依托黄河湿地保护区打造水上运动基地；依托中华黄河坛、黄河大峡谷及清水河沿岸的水、岸、山等资源，开展自行车、赛车等山地户外运动
内蒙古自治区	《内蒙古自治区人民政府关于加快发展体育产业促进体育消费的实施意见》	依托西部流经内蒙古的黄河流域开展老牛湾皮划艇系列活动，以及黄河抢渡、黄河漂流、皮筏等赛事活动

续表

省（区）	体育产业政策名称	与黄河流域发展相关内容
山东省	《山东省体育局关于印发促进体育消费十项措施的通知》	积极组织开展"黄河入海"系列比赛活动方案征集活动
	《山东省人民政府关于加快发展体育产业的实施意见》	统筹规划全省体育产业发展，结合黄河三角洲高效生态经济区等重点区域带动战略，加强区域体育产业的分工协作

3. 共赢：体育产业赋能黄河流域高质量发展共识形成

立足于新发展格局，面向新发展阶段，黄河流域九省（区）谋求新发展、力求新效益，在体育产业赋能高质量发展方面逐渐达成了共识。

黄河流域九省（区）体育产业发展都迈上了新台阶，目前青海省已拥有 12 个体育运动训练基地、47 个城乡全民健身中心、5 个国家产业联系点、28 个体育服务综合体、7 个体育产业园区、12 个体育公园、43 个户外运动基地、3 个体育特色小镇，具有民族特色、区域特色的体育赛事也不断发展。2019 年，四川省体育产业总规模（总产出）为 1582.68 亿元，增加值为 602.61 亿元，体育健身休闲活动、体育用品及相关产品制造业发展较快。甘肃省政府对于体育专项资金的投入也越来越多，在这种良好的氛围下，民众进行体育活动的积极性充分调动，社会各方力量也积极投入体育产业的建设中去，其中，甘肃省"十三五"全省体彩销售额累计达到 161.78 亿元，体彩销售网点达 3184 个；2020 年实现逆市上扬，市场份额增加到 53.92%，体彩总销量位列西北五省（区）第 2 名。宁夏回族自治区按照"发展体育运动—引导体育消费—壮大体育产业—促进经济发展"的基本设想，坚持从实际出发，因地制宜，合理布局，按照"一地一品牌"思路，积极培育发展体育健身休闲项目，各项目、各级别赛事丰富多彩。2018 年，内蒙古自治区体育产业总规模（总产出）为 319 亿元，增加值为 145 亿元，体育产业增加值占地区生产总值的比重达到 0.9%。自治区独有的民族体育项目、节日发展迅速，旅游与体育产业深度融合雏形初步形成。

在各个省大力发展体育产业的基础上，黄河流域九省（区）也在体育

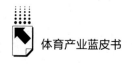

赛事、体育产业发展联动上积极谋求合作。2021年黄河流域九省（区）"篮球+健康"高质量发展论坛在银川市成功举办，黄河流域以篮球协作为先导探索高质量发展之路，联动打造"黄河篮球"新名片。黄河流域九省（区）代表共同签署了《黄河流域九省区篮球战略合作备忘录》，表示将在赛事、青训、专业人才培养、公益合作等多领域深化合作，建立篮球各领域联动发展机制。《黄河流域九省区篮球战略合作备忘录》的签署表明了黄河流域体育合作发展的可能性，也为黄河流域九省（区）在体育项目、体育赛事、体育会展、体育旅游等方面展开合作提供了参考。

由此可见，在黄河流域生态保护和高质量发展战略的实施过程中，体育产业发挥重要的作用，以体育产业联动创造产业发展新平台，对外展示黄河流域体育形象，对内提高体育产业对黄河流域经济发展的贡献，促进新旧动能转换。

二 黄河流域体育产业协作联动发展的困境

（一）黄河流域梯度差大，体育要素聚集不足

近年来黄河流域经济得到快速发展，人均GDP增加，但沿黄九省（区）的经济发展不平衡，沿黄河流向，下游省（区）发展优于上游省（区），以2020年GDP为例，山东省、河南省、四川省GDP位于中国省份前列，且山东省以73129亿元位居全国第3，而上游省（区）如青海省、宁夏回族自治区、甘肃省等年GDP排名靠后，青海省以年GDP 3005.92亿元位于全国倒数第2，与下游省（区）经济水平差距明显。黄河流域经济发展梯度差别大，致使体育产业的发展出现地区差异，体育要素聚集不足。2018年山东省体育产业总规模（总产出）为2466.55亿元，增加值为968.58亿元，体育产业发展迅速，稳步增长，体育服务业拓展提升，体育制造业实力增强，体育贸易业繁荣活跃，产业结构趋于合理。而以内蒙古自治区2018年为例，体育产业总规模（总产出）仅为319亿元，增加值

为 145 亿元，基于经济发展水平的限制，体育产业发展基础差，体育服务业及体育制造业等发展存在一定困难，上游城市多数因为地域和经济因素限制，体育要素不聚集，体育产业发展机会少，所以沿黄九省（区）体育产业发展不平衡。

（二）黄河流域生态脆弱，发展需要审慎包容

近年来，随着全球气候变化和人类活动的过度拓展，黄河地区水土流失日趋严重，黄河周边开发建设各种项目，公路、铁路的建造，水利水电工程的进行，矿产资源的开发对环境造成不同程度的伤害，黄河流域生态环境脆弱。各省在开发体育场馆、运动场地等体育设施时，容易对当地的土地、水源、植被造成伤害，影响生态保护，脆弱的生态系统不允许超大规模、集体开发，体育场馆不够齐全，装备设施不配套限制了竞技体育的发展，体育赛事的举办缺乏正规场地；运动场地缺少导致群众体育的发展受到阻碍，导致体育产业发展滞后。随着人口增加，超载放牧、垦草种粮现象比较明显，造成草场退化、土地沙化加剧。当地如果想开展户外体育赛事，恶劣的环境会给赛程增加难度，如甘肃白银事件便是在恶劣天气下，防范措施不到位而造成的灾难。黄河流域周边地区缺失野生动植物栖息环境，导致生物多样性的种类和数量锐减，猎捕行为减少，珍贵药材采掘不到，人们经济收入水平下降，城市经济发展受阻，体育产业发展缺乏经济支撑。体育产业在快速发展的同时，要充分考虑黄河流域脆弱的生态系统，开发建设时，以生态保护为重，做到审慎发展。

（三）联动协作机制不畅，协作领域尚未明确

黄河流域各省经济发展存在差距，经济联系不紧密，市场联动协作机制不完善，使得各省之间的市场互动不密切，市场对区域的资源配置作用不明显。各省发展中，有着地域差距的先天阻碍，也有着发展不平衡的后天因素。由于各省份存在一定的地方保护，经济、资源、人才、物流并没有实现真正的互联互通，地域联动机制不完善。

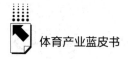

区域间产业联动是生产力发展内在扩张性的必然趋势，而联动协作机制不畅通导致产业没有实现协同发展，使得地区整体的成本较高、利润较低。在体育产业发展领域，同样存在联动协作机制不完善、协作领域不明确现象。沿黄九省（区）没有形成体育发展联盟，使得体育产业没有实现互联互通，体育赛事没有实现地域协办，缺乏区域协调机制，信息技术不共享，体育企业合作不对接。缺乏成果共享机制，只有让各省享受到体育产业协作带来的成果效益，才不会打击协作的积极性，体育联盟才能长久发展。缺乏成本共担机制，黄河上游地区自身经济发展水平缓慢，体育事业发展带来的成本更是他们承受不起的支出，若没有黄河中下游城市对其成本共担，体育制造业、服务业等发展进程会愈加迟缓。

三　黄河流域体育产业协作联动发展的机制

（一）体育产业协同发展系统分析

体育产业可以分为体育用品制造业、体育服务业和体育建筑业，其中以制造业和服务业为主，体育建筑业所占比重很小，体育产业具有人才需求量大、兼顾劳动密集和技术密集的特点。体育产业目前在我国属于朝阳产业，其对经济发展带动作用潜力巨大，并且体育产业可以和多个产业进行交叉融合，催生多种新兴业态，近年来受到政府相关部门高度重视，因此体育产业协同发展意义重大。

1.体育产业协同系统主体构成分析

体育产业协同发展模式按照主体性质可以分为横向协同和纵向协同两种模式。横向协同模式最具代表性的是政产学研协同。纵向协同模式是指产业链上下游企业之间加强联系进行纵向合作，推动产品和服务的创新，提升整个产业链利润水平，实现双赢。本文认为体育产业协同发展更适用于横向协同模式，协同发展所涉及主体众多，主要包括政府部门、企业（包括各类协会组织）、高校和科研机构，由这些主体构成体育产业协同发展生态系统。利用协同环境调动各类主体参与协同的积极性，整合多方资源，形成一种协同模式（见图2）。在整个体育产业市场中政府、企业和高校等机构相互联系，实现资源在体育市场中的流动，激发各类主体的协同意愿和行为，推动各系统的协同发展。

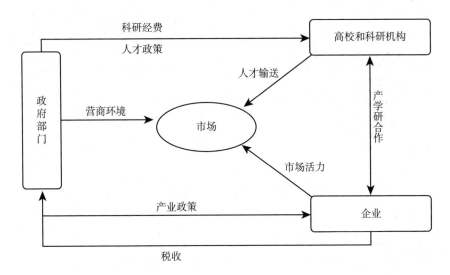

图2　体育产业协同系统主体构成

2. 体育产业主体协同作用分析

政府在体育产业协同中的作用：我国体育产业属于初步发展阶段，与发达国家的差距较大，而仅仅依靠企业力量自行探索和壮大仍有不足。必须运用政府这只"看得见的手"，从宏观层面对体育产业的协同发展进行调控与指导。例如通过政策先行，引导企业逐步参与产业协同，为体育企业提供良好的营商环境；通过政府手段对产业结构和布局进行合理规划，实现资源在市场中的自由流动与合理配置，推动产业优化升级；在企业不愿投入或无力投入的领域加大财政投入，引领产业的全面发展。我国近年来不断加大对体育产业的重视，接连出台多项国家政策文件，山东省政府针对体育产业也采取相关行动，助力体育产业发展，表2整理出部分体育产业相关政策。

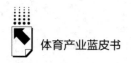

表2　近几年国家和山东省级体育产业政策文件

	政策文件	出台时间
国家级	《关于加快发展体育产业促进体育消费的若干意见》	2014年10月
	《体育产业发展"十三五"规划》	2016年7月
	《关于促进全民健身和体育消费推动体育产业高质量发展的意见》	2019年9月
山东省	《关于进一步加强体育标准化工作的意见》	2018年8月
	《山东省体育领域黑名单管理办法(试行)》	2019年3月
	《山东省省级体育产业发展资金管理暂行办法》	2019年6月
	《山东省体育局关于印发促进体育消费十项措施的通知》	2020年7月
	《山东省人民政府关于加快推进新时代社会主义现代化体育强省建设的实施意见》	2021年12月

除了体育产业政策文件之外，我国体育总局以及山东省体育局近年来不断评选示范体育产业基地（项目、单位），以发挥示范基地（项目、单位）的龙头作用，带动区域体育产业的发展。

企业在体育产业协同中的作用：企业是产业协同发展中最重要的一环，各类体育企业在一定经济、逻辑的内在联系之下形成某种契合，通过横向、纵向协同不断提升企业的创造能力，提升体育市场整体运行活力。体育产业在体育用品制造设计、材料研发、应用和体育服务业设施设备、服务模式等高端环节属于创新密集型，需要在技术创新方面大量投入，而目前山东省沿黄九市体育产业较多规模较小，自主创新研发能力薄弱，导致大多处于产业链低端水平。因此，针对技术缺口需要各中小企业形成产业联盟，在技术创新、降低成本等方面形成合力。另外，也可通过实力较强的大型企业与中小企业合作，通过上下游企业纵向协同的方式，引领中小企业逐步参与到技术开发流程中，将部分设备、知识和技术进行共享，促进信息交流，不断推出新产品、新服务。另外体育企业也可与其他领域的企业"跨界合作"，例如现在发展势头较强劲的体育旅游、运动康养等新兴业态，通过产业融合不断催生更加丰富的服务产品。

高校和科研机构在体育产业协同中的关系：人才和技术是决定一个产业能否长远发展的因素，在体育产业发展不断深化过程中，无论是体育制造业还是服务业均面临着人才、技术需求不断扩大的局面，因此应加强产学研合作，为体育企业培养输送更多的相关人才和技术，主要表现为资金、技术与人才流转。企业为高校和科研机构提供资金支持，并提出人才需求，高校和科研机构接受资金，发挥其科研能力和专业优势。高校将部分资金用于体育专业学科建设、师资引进以及教学培养，以企业实际需求为导向针对性培养对口人才，适应新时代产业发展，既能解决企业用人需求，又能摆脱高等教育与产业需求脱节问题。科研机构发挥其专业科研能力，将企业投入资金转化为企业发展所需技术，通过技术改进和技术转让等方式为企业提供新技术和成果。

（二）黄河流域体育产业协作联动发展的机制

黄河流域体育产业协作联动发展，需要建立跨区域管理多层次协调机制、流域地区产业分工合作和利益共享机制（见图3）。根据我国黄河流域体育产业发展的现状以及协作发展的基础，建立各省份、各地区之间的联动发展机制，注重发挥产业的空间统筹联动，促进产业与空间的高效耦合。由于黄河流域涉及省份较多、区域较大，发展水平之间存在差距，且体育产业作为新兴发展的产业对于各地体育企业来说，产业协作面临很多不确定性。产业协作涉及很多区域和利益相关部门，合理的利益分配必不可少，其中既涉及不同区域之间，也涉及政府、企业等利益相关者，将体育产业协作的成果由各地各部门共享，提高各环节的积极性，助推产业协作长远发展。既然是黄河流域体育产业协作，就应在协作发展中打造响亮的黄河品牌，其中最有效的手段就是形成黄河品牌赛事体系，以品牌赛事为突破口，以黄河文化为武器，逐步形成涉及体育产业多个领域的品牌，扩大黄河体育的影响力和品牌效应。

1.产业布局统筹机制

黄河流域内省区应建立高级别的会议机制，进行内部协调，成立跨区域领导小组，更好地发挥各地区的比较优势和资源禀赋，打破行政区划壁垒，合理配置资源，引导体育产业更合理地布局。产业发展的载体是产业空间，

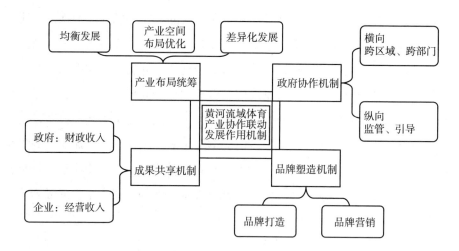

图3　黄河流域体育产业协作联动发展的机制

产业要素在地理空间集聚可以促进产业的空间专业化分工，形成合理的产业布局，最大限度地发挥产业空间功能的协作效应。黄河流域体育产业的协作联动发展应注重在流域内进行整体的布局统筹，使得各地区的功能不会重复，又能提高整体的功能属性。

从黄河流域上中下游的自然地理情况和经济社会发展水平来看，各地区的产业空间功能和发展能力存在显著差别：上游自然地理条件优越，多高山、高原，且多是大江大河的发源地；中游生态环境脆弱但劳动力、自然资源丰富；下游多为平原，地形较为单一，资金、技术力量雄厚，且拥有广阔的体育消费市场。黄河流域体育产业整体的空间特征呈现为上中游地区自然体育资源、劳动力资源、生产要素资源丰富，体育产业发展的空间充裕且可塑性强，但体育产业尤其是体育服务业缺乏坚实基础，人口集聚能力不足且产业链尚不完备；下游体育产业体系完备且要素集聚性强，产业链功能齐全，产业市场广阔。

基于黄河流域体育产业的空间维度差异，从黄河流域整体体育产业协作的空间布局需求出发，以产业配套差异化为重点，协调上中下游的体育产业空间布局，形成差异化、错位化、优势化的产业分工布局。同时，产业空间布局要与人口布局相协调，推进产业功能空间集聚与产业人口集聚相一致，在疏解相对发达地区的产业功能的同时，人口功能也疏解到上中游地区，弱化过度的产业集聚，升级产业水平。中上游承接和培育产业功能的同时，带动当地经济发展，形成下游地区的产业功能和人口的"减负"以及中上游地区的产业"注能"。

2. 政府协作机制

政府协作机制主要包括横向（跨区域、跨部门）协作机制和垂直（执行、监管）协作机制。横向协作机制一方面是针对跨区域之间的协作而言，在整个黄河流域的体育产业协作联动发展中，各区域之间的协作少不了各地政府层面的协调协作。黄河流域各省份可以建立"黄河流域体育产业协作发展委员会"，由各省体育产业部门的负责人在其中担任职务，定期举行黄河流域体育产业协作发展研讨会，商议体育参与协作发展的重大事项，既可以避免各地政策上的不相配，也可以增进各主体之间的交流与合作，提高流域政策制定的效率，保证实施效果，避免出现由于各省份体育产业政策相互独立而对流域协作整体发展造成影响。另一方面是体育产业部门与其他政府部门之间的协调和配合。在对体育产业市场进行监管时，面对经营不规范企业产生的问题应由体育部门与工商部门共同出面进行协调，工商部门对其营业资质等进行审查，体育部门对其专业性负责。对于体育旅游产业，需要体育部门与旅游部门之间合作，对体育旅游市场进行管理。在进行绿道、步道体育基础设施时，体育部门应该和市政部门、林业部门之间加强沟通，在用地审批等环节缩短流程、提高效率。各部门之间的协力合作为体育产业协作联动发展排除障碍、提供便利。

政府协作的垂直协作机制主要是针对各地政府部门和市场主体。首先由政府对当地的体育市场主体进行监督和管理，确保上级制定的体育产业协作政策能够被各类企业、协会组织、俱乐部等市场主体落实，保障政策、规划的实施效果。对体育产业市场进行管理，整顿体育市场，规范体育市场主体的行为，减少健身房跑路等行业乱象，排查体育安全隐患。对于协作过程中的一些政策落实执行失位、监管不力等现象，成立专门的体育产业协作督导

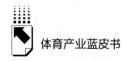

小组或者通过监管部门对政府主体的行为进行监督和管理。政府帮助引导社会资本流入体育产业，最初对于资本来说体育产业有可能不是第一选择，政府可以做出表率，增加政府财政对体育产业的投入，给社会资本发出信号，逐步引导社会资本流入体育产业，带动体育产业发展。

3.成果共享机制

以行政手段来协调黄河流域体育产业协作只能作为短期措施，要想保证黄河流域体育产业协作发展得更长久，必须要让各地能够享受到体育产业协作带来的成果利益，有利可图才能发展得更好。促进黄河流域体育产业协作联动发展，要打破固有的行政区划限制和利益分配格局，对今后的合作利益进行合理分配，激发各地进行产业协作的动力。体育产业协作必将推动体育产业的蓬勃发展，也将产生大量税收收入，如何对增加的税收收入进行合理的二次分配是成果共享的核心问题。在联盟建立之初，可以通过各方协商讨论出利益分配的比例。经过一段时间的运行后，可以改变利益分配方式，根据各方对联盟的贡献调整利益分配比例，保证利益分配的公平性。

产业协作的成果除了要让各地政府共享之外，各体育企业也应享受到产业协作带来的好处。最直接的就是产业协作之后的各个企业形成了一个产业链，作为一个整体，无论是知名度还是吸引力都会提高，从而增加营业收入。另外，体育产业协作政府应给予相关企业一些税收减免的优惠政策，这也会很大程度地减轻企业压力，激发体育企业的发展活力，为体育产业高质量发展打好基础。

4.品牌塑造机制

黄河流域内九省（区）体育产业实现联动发展，区域内省份要消除体育产业趋同化，加强体育产业协作和体育产业互补，建立体育产业合作和分工机制，推进黄河流域的体育产业一体化、体育品牌一体化和体育步道基础设施建设一体化。黄河流域体育产业协作联动发展目标其中之一就是打造黄河体育的品牌形象，提出"乐享体育，律动黄河"的口号，以黄河为纽带、黄河文化为灵魂、体育产业为实现载体，形成有内涵的区域体育产业品牌。黄河流域体育产业品牌定位时一定要突出黄河特色，突出民族性与体育文化内涵，充分发掘和整理黄河流域民俗体育文化价值属性和鲜明特点,将黄河文化和体育有力结合,找到二者之间耦合点,以黄河文化为体育产业发展注入灵魂。

打造黄河流域品牌赛事体系,根据黄河流域各省份体育赛事基础以及当地的自然、人文条件,因地制宜地开发相关体育赛事,形成丰富的体育赛事体系。利用黄河流域多民族聚居的特点和优势,充分挖掘各地民族、民间特色体育运动,利用各种节庆节日举办民间特色赛事。

注重品牌营销,将黄河体育的品牌通过各种营销手段进行宣传,充分利用电视、广播、广告牌等传统宣传媒介和互联网新媒介的各种渠道,对黄河体育品牌进行宣传,扩大黄河体育品牌的影响力。加大品牌宣传力度可以吸引更多的投资商、消费者对黄河体育品牌更加关注,进而有可能增加对黄河流域体育产业的投资和消费,进一步扩大黄河流域体育产业的规模。

四 黄河流域体育产业协作联动发展的领域

(一)构建体育产业协作联动平台

构建多层联动的黄河流域体育产业协作联动平台,为区域协作联动发展提供便利条件。搭建成果展示平台,线下通过体育用品博览会等会展活动展示最新优秀成果和产品,线上通过完善数字基础设施,开发数字平台,以数字化信息技术为媒介进行成果展示;搭建区域交易平台,综合黄河流域内体育制造业企业、服务企业、营销机构、投资机构等单位,共同搭建交易平台,整合各种市场信息,为黄河流域体育产业市场提供具有专业性和公信力的平台;搭建创新孵化平台,鼓励企业与高校合作,建设体育创新孵化基地,支持企业加大科研投入,推动创新能力的提高;搭建体育服务平台,为人们提供全面的体育场馆、基地、健身房等资源信息,满足对体育服务信息的需求,助力实现全民健身;搭建资源共享平台,整合黄河流域内各类体育资源,形成庞大的资源信息网络,通过资源交流共享,提高资源利用率。

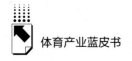

（二）培育推广联动体育赛事品牌

深入挖掘黄河流域各地丰富的自然、文化资源，调动发挥好各地的主观能动性，以"布局合理、配置集约、协作联动、特色突出的体系化发展"为主线，以品牌化、专业化、国际化为发展方向，以吸引社会参与为动力源泉，进一步完善体育赛事结构，优化体育赛事布局，促进体育赛事提质增效，提升体育赛事的专业度、关注度和贡献度，确保每个省份都有至少一项特色知名体育赛事，发挥体育赛事的带动作用，引流导入大量的运动员、观众等，有效拉动城市消费。打造丰富的体育赛事体系，引进和筹办国际重大赛事，支持举办高水平国际体育赛事，积极举办群众性体育赛事，充分发挥各地优势，联合办赛、共同办赛。丰富体育赛事项目，涵盖室外、室内、水上、山地、冰雪等各类体育项目，打造"生态黄河"户外运动带。优化体育赛事空间，引导各地区赛事差异化布局，鼓励有条件的中心城区发挥场馆优势举办大型室内体育赛事，自然资源禀赋较好的地区因地制宜举办各类户外运动赛事，形成差异化的发展格局。健全赛事组织体系，使企业成为驱动体育赛事高质量发展的新动能，支持赛事企业的发展，将部分体育赛事交由赛事企业承担，着力培育一批有实力的龙头赛事企业。激发体育社会组织的活力，稳妥推进体育社会组织改革，提高体育赛事的规范化水平。

（三）联合培养引育体育产业人才

根据新时代体育产业发展对于人才的新要求，明确人才培养的目标，优化高校人才培养方案，积极探索以市场需求为导向，培养创新复合型人才，形成强化校园教学，引入体育产业企业开展实践，搭建实践平台等多元一体化高校协同创新人才培养模式。高校校园教育方面，除了教育部规定的主要课程之外，合理安排其他课程，学科专业课程提高专业素养，特色课程提高个人技能和创新能力。除了课程教育之外，重视对学生实践能力的培养，为学生提供实践资源，与企业开展人才培养合作项目，建立企业实践教育基地，提升学生创新实干精神和丰富实践经历。加强社会人才培训的重视，鼓励体育市场各类体育培训机构组织开展各项儿童体育运动项目，从小培养热爱体育的习惯，发掘体育人才。加强对体育培训机构资质的审查，对其教练员、指导员的资质和能力进行严格把控，并且开展社会体育指导员的组织培训工作，提高社会培训的师资水平。另外，畅通优秀体育人才的成长通道，打消学生和家长在面临升学问题时对选择体育行业的担忧和顾虑，打通绿色通道，扩大高校招收高水平运动员的比例，培养高水平、高素质体育人才。

（四）整体布局规划体育产业设施

黄河流域以目前现有的公园、步道、体育场馆等基础设施为基础加以改建、扩建，在已有公园的基础上增加体育元素，在社区、街道内建设基础体育设施，将闲置用地充分利用，建设体育健身设施。对各市体育场馆进行改造，提高体育场馆的利用率，除举办大型体育赛事活动之外，利用闲置场馆进行儿童体育培训活动、体育会展活动、体育健身安全知识普及活动等。以各地已有的体育用品制造基础为依托，在错位发展、优势互补的基础上，完善区域研发、制造和销售链条，建设省级乃至国家级体育用品制造示范基地，提升黄河流域整体的体育用品制造业实力。建设体育用品创新集聚区，聚集各类体育技术研发企业，支持开展体育装备、器械等用品的研发工作，提供更高技术含量、更高附加值的体育产品。建设各具特色的体育用品制造集聚区，发挥流域制造业基础和劳动力等优势，重点培育一批体育用品制造示范县、市，打造一批具有竞争力的体育制造企业，打造全国重要的区域体育用品制造中心。根据黄河流域的自然资源禀赋和市场需求，科学布局，打造特色休闲体育产业基地，以流域内各山脉为主体，建设山地运动休闲基地，开展山地越野、定向、露营、攀岩、骑行等健身休闲运动；以湖泊、黄河干支流等水体为依托布局建设水上运动休闲基地，开展垂钓、龙舟、皮划艇等休闲运动项目；以现有通航基地为基础，规划扩建增建通航基地，支持开展航空运动。

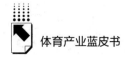

（五）因地制宜推进产业融合发展

在推动黄河流域经济发展由盲目追求高速度增长向高质量发展转变的历史时期，体育产业承担起经济发展转型升级的一份任务，体育产业在经历30年的起步发展之后，体育产业的形态结构发生变化，制造业与服务业的比重此消彼长，属于第三产业的体育服务业所占比重越来越大，而体育服务业与传统的服务业相比具有极强的规模效应，可与其他产业很好地融合并共同发展。在追求高质量发展的阶段，为满足消费者个性化、多样化的需求，发挥体育服务业对黄河流域高质量发展的推动作用，需要因地制宜地将体育产业与其他产业进行融合，充分挖掘黄河流域的自然、人文资源。黄河流域体育产业全面融合既包括流域内体育产业内部的要素融合，也包括体育产业与其他业态的融合。通过资源集聚创建黄河流域体育用品生产贸易示范区、体育服务合作示范区、体育人才联合培养示范区等，推动黄河流域体育产业多要素的全面融合。未来黄河流域通过将体育产业与其他产业融合发展的模式，形成体育产业拉动黄河流域体育产业协作联动发展的重要力量。

（六）共推体育产业新业态新模式

新冠肺炎疫情给体育产业造成严重冲击，体育企业将面临更大压力。面对行业危机，鼓励企业创新发展，要利用大数据、云计算、人工智能、5G、区块链等新技术，大力发展智能体育。加快新一代信息技术和高端智能制造利用，打造集合体育赛事活动、健身指导、服务咨询等融合互通的体育产业新业态，推动体育设施智能化、信息化建设。培育智能体育赛事品牌，丰富在线赛事活动。运用5G等新技术为体育赛事活动赋能，增加直播流量，带动群众性冰雪体育运动推广普及和相关智能产品生产应用。支持社会力量建设智能健身房、开发在线健身课程。积极探寻体育产业发力点，发展体育产业新业态，促进体育旅游、体育文化、体育教育等产业融合发展，培育新兴体育运动项目，以无人机、电竞、定向越野、攀岩等项目为主要抓手，不断推动新兴体育项目的普及推广。

参考文献

李焕：《黄河文化的本位回归与传承路径——人与自然共生的视角》，《理论导刊》2021 年第 8 期。

林永然、张万里：《协同治理：黄河流域生态保护的实践路径》，《区域经济评论》2021 年第 2 期。

张保伟、崔天：《黄河流域治理共同体及其构建路径分析》，《人民黄河》2020 年第 8 期。

《习近平在河南主持召开黄河流域生态保护和高质量发展座谈会》，中国政府网，http：//www. gov. cn/xinwen/2019-09/19/content_ 5431299. htm。

《习近平主持召开中央财经委员会第六次会议》，中国政府网，http：//www. gov. cn/xinwen/2020-01/03/content_ 5466363. htm。

《青海省人民政府关于加快发展体育产业促进体育消费的实施意见》，国家体育总局政策法规文件检索系统，http：//www. sport. org. cn/search/system/dfxfg/qh/2018/1219/195741. html。

《自治区人民政府关于加快发展体育产业促进体育消费的实施意见》，中国政府网，http：//www. gov. cn/zhengce/2015-07/17/content_ 5056880. htm。

国家体育总局，《2021 黄河流域九省区"篮球+健康"高质量发展论坛在银川市成功举办》，http：//www. sport. gov. cn/n319/n4832/c958546/content. html。

实践篇
Case Reports

B.7
体育产业集群的山东实践
——以沂南球类制造集群、滨州体育绳网集群为例

陈爱辉　唐煜昕　杨苓*

摘　要： 近年来，山东省体育局积极落实《山东省"十四五"体育发展规划》相关要求，主动发挥体育产业集聚效应，争创"国字号"体育产业基地，加大力度推进山东省体育产业集群、体育产业园区规模化发展。本文通过梳理沂南球类制造、滨州体育绳网集群发展情况，探析山东省体育产业集群发展的基本情况、做法与成效及未来发展思路，力求从当前发展模式中寻求有益借鉴，从实践中引导山东省体育产业集群持续蓬勃发展、转型升级。

关键词： 体育产业　体育用品制造　体育产业园区　产业集群　山东

---

* 陈爱辉，山东省体育产业发展服务中心政策研究室主任，山东省体育产业研究院副院长，博士，主要研究方向为体育产业；唐煜昕，山东大学体育学院 2020 级硕士研究生，主要研究方向为体育产业；杨苓，山东大学体育学院 2020 级硕士研究生，主要研究方向为体育产业。

一　基本概况

体育产业集群作为社会经济发展中一种特色鲜明的组织形态，对促进区域性经济进步发展和推动地方产业竞争力有重要的作用。《中华人民共和国国民经济和社会发展第十四个五年规划和2035年远景目标纲要》提出了培育先进制造业集群、加快发展现代体育产业体系的相关要求。

山东省体育局积极做出响应，在《山东省"十四五"体育发展规划》中明确要求，要积极发挥集聚效应，争创"国字号"体育产业基地，并制定了山东省体育产业集群、体育产业园区规模化程度要在"十四五"阶段达到较高水平的具体目标。由此，以沂南球类制造、滨州体育绳网集群为代表的山东省体育产业集群在此背景下得到蓬勃发展的良好机遇，提出了实现山东省体育产业集群规模化发展的相应措施，实现了一定的突破与升级。

二　做法与成效

（一）积极落实政策方针，着力促进产业集群规范发展

山东省体育局积极推动体育产业集群发展战略的落地实施，并积极推动体育产业集聚效应的发挥，加速体育产业实现规模化、集约化发展。山东省各地市体育产业相关部门积极推进，不断创新产业集群发展的模式、路径，形成了以沂南球类制造、滨州体育绳网集群为代表的山东省体育产业集群。

（二）合理配置相关资源，推动产业集群规模化发展

"使市场在资源配置中起决定性作用，更好发挥政府作用"是山东省体育产业发展遵循的总体原则。山东省不断优化体育产业集群的资源配置，不

仅为体育产业集群的高质量发展提供了资金、资源、产品、设备、装置、厂房等有形资产的政策帮扶,也通过推动"政校企"合作等提升企业的自主研发。体育产业集群政策的多措并举,优化了省内体育企业的生产及管理手段,提高了政府、企业、产业集群间的资本联结,充分整合了资源,推动产业集群规模化、集约化发展。例如,日照市坚持市场主导、政策引导和以市场需求相结合的体育资源配置理念,通过成立体育产业双招双引领导小组,颁布政策红利,统筹推进全市体育产业招商引资、招才引智,有力推动了体育产业集群的规模化发展。

(三)着力搭建发展平台,促进产业集群区域间合作

2021年,为推动体育产业集群高质量发展,山东省着力构建发展平台,依托不同媒体平台,构建了体育产业宣传矩阵,积极引进和举办具有国际影响力的体育用品展会和论坛活动;着力创建了多个国家体育产业示范基地,并支持多地创建省级体育产业示范基地;鼓励体育企业参展中国体育用品博览会、体育文化和体育旅游博览会、山东文博会等体育专业展会;加快推进沪鲁体育产业协同创新中心建设,发挥各地市体育产业联合会桥梁纽带作用,联合举办体育赛事活动。通过搭建体育产业集群发展平台,进一步推动跨区域间的产业集群合作。

(四)加速产业集群融合,积极培育体育产业新兴业态

山东省着力推动体育产业集群融合发展,不断培育体育产业新兴业态,实现了"体育+旅游""体育+文化""数字+体育制造"等多业态融合的不断深化。山东省各类体育中心、商业中心的运营体系不断丰富体育健身休闲新内容、新项目,不断建立"文体旅"一体化的体育生态圈,打响了"好客山东、健游齐鲁"的总品牌,实现了产业集群的深入融合发展。充分利用海域海岸、河流山脉、湖泊湿地、景区景点、民俗节庆、革命圣地等场景,形成了集休闲旅游、健身康养、观赛游览及参观体验为一体的体育旅游业态,为山东省体育旅游产业集群的发展提供了充足动力。

（五）数字赋能产业发展，不断提高产业集群研发投入

在山东省体育产业集群高质量发展的过程中，通过应用数字技术推进供给侧结构性改革、开发体育用品制造新手段、打造数字化体育服务平台等，为打破体育产业集群发展困境提供了充足动力。同时，山东省体育局着重研制修订高科技体育器材、智能性装备、智慧化平台等技术标准，鼓励企业不断实现数字赋能用品制造，推进 5G、物联网、传感器、大数据、柔性制造、新材料等先进技术应用于体育领域。例如"国家体育用品竞技器材检测实验室"等多个国家级研发平台，与山东大学等国内院所开展"产学研"深度合作等，通过不断提升科技创新能力，带动德州体育制造产业集群的稳步发展。

案例 1　沂南球类制造集群

（一）基本情况

近年来，沂南县体育用品制造业发展迅速，着力提高区域内体育用品制造业资源聚集水平，实现了沂南球类制造集群的壮大发展。沂南球类制造集群内涌现出台资企业星泰体育等球类制造企业 20 家，其中皮革、球胆上下游企业 10 余家，体育用品制造业专业技术及从业人员达 3000 余人，年产篮球、足球、排球等球类用品 200 余万颗，沂南县全县制球业规模达 5 亿元。

（二）做法和成效

1. 逐步实现规模化发展

近年来，临沂市政府着力打造体育用品制造产业园区，大力引进国内外知名体育企业入驻。以众兴泽辉体育产业园为例，该产业园区总计投资 12 亿元，占地 400 亩，规划建设厂房、研发办公楼、产业发展中心、物流基地、公寓楼等 15 万平方米，按照"以体育为主题，文化为导向，产业为平台，生态为保障"的建设发展理念，整合区域资源，形成新材料研发基地、电商物流基地、制球基地、体育运动器械生产基地、体育文化公园"四基地一公园"的基本格局。临沂市政府多措并举，从厚植沂蒙红色文化底蕴

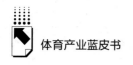

和培养现代化经营理念两方面入手，推动沂南球类制造集群向大型现代化体育产业园区转型发展。沂南县制球产业基地、郯城县体育用品制造出口基地年产值5.6亿元，利税5000余万元，产品销往30多个国家和地区，不断实现了沂南球类制造集群规模化发展。

2. 加快数字化改造升级

沂南球类制造集群近年来不断加快数字化转型，推进实施"互联网+健身器材"工程，促进配套项目斯伯丁大数据交易中心、现代化供应链管理中心的落地，基本实现了沂南球类制造集群电商物流基地高效投入运营。沂南球类制造集群通过形成发展合力，为集群内多家企业生产的体育用品提供了仓储物流服务，同时为斯伯丁、威尔逊、李宁等知名运动品牌厂商提供量身定制的集仓储、物流分拣功能于一体的国际级电子商务物流中心，并配套相应的干线和短途运输、商务服务、信息服务、人力资源服务、金融服务、生活等。依托数字化手段，沂南球类制造集群实现了转型升级发展。

3. 发展空间不断拓展

近年来，沂南球类制造集群逐渐打造出球类产品内销供应品牌篮球、足球、运动鞋等，并向意大利、西班牙、俄罗斯、巴西、韩国、日本等40多个国家进行出口贸易，产品销售范围覆盖了欧洲、南美、东南亚及中东地区。沂南球类制造集群的相关产品得到市场广泛认可，并与国际体育用品供应商斯伯丁公司（NBA顶级赞助商）和国内体育品牌巨头李宁公司（CBA冠名赞助商）建立了长期稳定的战略合作关系，沂南球类制造集群供应球类产品占斯伯丁和李宁球革采购量的50%以上，其中多家企业被认定为省级一企一技术研发中心。沂南球类制造集群的剥离皮新产品被临沂市科技局列为2016年重大科技专项，并在2015年与齐鲁工业大学、山东省皮革行业协会成功签约，共建了山东省功能复合材料联合技术中心、山东省合成革产品质量检测中心及齐鲁工业大学大学生实习基地。

4. 龙头企业引领发展

在沂南球类制造集群的发展过程中，着力培育了山东众兴泽辉新材料股份有限公司等骨干企业。近年来，骨干企业通过大力集聚技术、人力、资金及信息等资源要素，主动肩负行业责任，带动了沂南球类制造集群的蓬勃发展。当地球类制造龙头企业充分发挥了体育用品研发、设计制造和销售的优势，以成套生产设备、检测设备和技术，生产篮球、足球、排球等球用聚氨酯合成革（PU革）、多功能涂层面料，产品广泛用于运动鞋、球类、箱包、运动服装、体育运动装备等领域，实现了年产量800万米，并建成了面积高达17000平方米的主生产车间，拥有5条主机生产线及全套后处理设备。当前，沂南县球类制造集群正积极建设国家级制球产业基地，项目占地80亩，项目建成后，可实现篮球年产1000万个（日产4万个），足球年产1200万个（日产5万个），排球年产200万个（日产8000个）的生产计划。着力打造的体育器材生产基地和体育文化公园项目占地160亩，主要研发生产高端竞技体育器材、室内外智能化全民健身器材、智能化幼儿器材和校园器材等。沂南球类制造集群通过鼓励龙头企业大力聚集人才、技术、信息、资金等资源，实现集群的整体化、规模化发展。

（三）未来发展思路

1. 强化政策红利支持

首先，应加快落实体育制造业相关政策。针对国家已经发布的相关支持政策，各地市体育产业部门需根据属地实际发展状况制定更具有实施导向的政策，并对政策的落地实施进行定期跟进评估，保障体育产业集群的可持续发展。其次，需针对体育企业的规模化运营、可持续发展等，给予合理政策支持，保障土地、资金、技术、人才等资源要素在沂南球类制造集群中顺畅流通，并鼓励体育产业集群辐射到其他产业共生发展，在地市政府的引导下对当地体育产业集群的发展规划、品牌宣传推广、信息及技术的互通共享等方面制定一系列的支持与保护措施，以"体育+"的产业发展模式实现沂南球类制造集群的高质量发展。

2. 着力塑造自主品牌

随着人民对美好生活需要的不断增加，山东省体育产业集群必须加强品牌聚焦与塑造，才能更好地满足市场的需求，实现可持续发展。首先，通过完善体育企业标准化等级评定细则等方式，充分发挥规范标准引领品牌示范

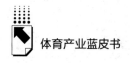

创建的作用，在山东省范围内打造体育产业的"领头羊"。其次，以骨干企业为发展基点，通过合理倾斜资源，给予其资金、技术、人才帮助，打造具有一定代表性的企业及品牌，并由其主导产业集群中的研发资源配置，鼓励其着力进行自主体育品牌的构建及推广。最后，通过自主品牌建设获取市场资源、把握发展机遇，从而协助集群中的中小型企业向专业化、精细化、创新化发展。

3. 加强产业集群合作

推动跨界融合，实现"体育+"模式的产业延伸发展。首先，沂南县球类制造集群要提升企业的自主核心竞争力，建设以"项目—产业链—产业基地—产业集群"为模板的发展模式，建设完整的配套产业集群，以集群内的龙头企业为基础，着力扩大其生产规模及效益，不断提升沂南县球类制造企业的集聚规模及制造水平。其次，不断提高产业融合水平，例如，打造"互联网+体育"的沂南县体育产业集群推广模式，发挥互联网在推广营销方面的优势，利用互联网平台打造集球类产品宣传、销售及消费者需求收集等功能为一体的线上服务平台，以产业集群合作的模式增加沂南县球类制造集群的韧性，从而由多方主体保障产业集群的高质量发展。

4. 构建"政校企"共育的人才培养模式

以沂南县体育产业集群人才需求为导向，鼓励高校开设体育产业集群治理、体育市场营销等相关专业，以培养既具备产业治理能力也具有体育素养的复合型人才为目标，同时以企业为依托，为体育产业人才提供实习、就业机会，打通企事业单位双就业通道，提高体育人才使用效率，实现体育产业人才培养的保障机制健全化，对体育产业人才资源进行高效培育、有效使用。

案例2　滨州体育绳网集群

（一）基本情况

山东省滨州体育绳网集群位于山东省滨州市惠民县，南依黄河，中系徒骇河，面积100.8平方公里，辖区内人口5.6万，拥有体育化纤绳网生产企业及加工户2000多个，各类绳网织机3200余台（套），年产各类绳网产品100多万吨，产值120亿元，占全国市场的70%以上。

通过十几年的培育发展，滨州体育绳网集群已成为全国最大的体育绳网生产基地。

山东省滨州市高度重视体育绳网产业发展，围绕打造全国最具竞争力的体育绳网产业基地目标，按照科学规划、合理布局、土地集约、生态环保的要求，大力提升绳网产业集群整体竞争优势。先后荣获山东省体育产业基地、山东绳网产业第一镇、山东省特色产业集群强镇、山东省先进民营经济园区、省级民营经济示范区、省级中小企业产业集群、山东省最具发展潜力产业集群强镇、山东绳网产业百亿大镇、山东省特色产业镇乡村振兴示范镇等荣誉称号，并推动惠民县荣获"中国塑料绳网之都""中国绳网名城"称号。

（二）做法与成效

1. 科技创新，品质过硬

注重科技创新，与中国生产力促进中心协会及多所高等院校建立了合作关系，加快产品研发与科技创新，推动产业向多元化、深层次发展，从传统的足篮乒排网拓展为竞技体育、户外拓展训练、休闲健身娱乐、体育设施防护四大系列67种产品。其中，彩虹笼式足球网、儿童网等迅速成为"网红"产品，实现了销量的跨越式增长。体育绳网与电商的有机融合，极大地加速了品牌知名度提升和市场的拓展。在此推动下，李庄体育绳网出口德国、日本、中东等40多个国家和地区，进出口交易额达3亿元，在进入巴西奥运会的基础上，进一步打入滑雪世界杯、2022年北京冬奥会等国际赛事。

在此推动下，"金冠"牌体育绳网被评为山东省名牌，马德里国际商标通过了全球28个国家和地区的认证。滨州市李庄镇被批准创建山东省优质绳网制品生产基地，金汇、波涛两家企业被评为山东省优质产品生产基地龙头骨干企业。

2. 政企共建，标准引领

山东省滨州市体育局大力实施"互联网+体育绳网"工程，培育体育绳网电商户1500多个，滨州市李庄镇获评"中国淘宝镇"，培育淘宝村17

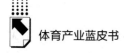

个，迅速跻身阿里巴巴淘宝村发展联盟。同时，在2019年第七届中国淘宝村高峰论坛举办之际，主动承接高质量游学活动，着力构建5处游学点，论坛举办期间累计迎接近千名国际国内专家学者参观。

山东省滨州市全力搭建产业服务平台，成立全国第一家绳网先进技术研究院、全市第一家绳网生产力促进中心，并与中科院宁波新材料研究所建立合作关系，为推动绳网产业高质量发展提供技术支撑。搭建数字化平台，建成国内第一个绳网大数据平台，李庄镇被命名为山东省成长型数字经济园区。建成全省第一处绳网标准化技术委员会，成功完成"足球网"等5项团体标准制定。

3. 协会引领，抱团发展

注重发挥协会力量，引领产业健康协调发展，先后成立了李庄体育绳网协会等4个协会组织，在参展参会、行业管理等方面发挥了巨大的作用。2019年，有12家企业参展广交会，4家企业参加亚特兰大贸易会、迪拜交易会，有22家企业参展国际体博会，在体博会展会现场打造了"李庄体育绳网一条街"的亮丽风景线，并于2019年成功落地山东省绳网商会。

（三）未来发展思路

1. 打造全产业链

加快引进高端体育绳网生产、绳网机械制造、塑料改性等补链、强链、延链项目，打通从原材料供应、体育绳网生产到机械制造、产品销售、物流仓储、标准制定、企业服务的全产业链条，完成价值链和产业链重构，推动体育绳网产业链向"微笑曲线"两端延伸。

2. 持续提升品牌价值

抢抓山东省优质绳网制品生产基地创建机遇，实施品牌带动战略，坚定不移地走质量效益型和品牌效益型发展路径，持续打造省级"专精特新"企业、高新技术企业、省级企业技术中心、省级众创空间、省级科技型中小企业。同时加快申请"李庄绳网"团体商标，提升"李庄绳网"品牌价值。

3. 配套服务持续强化

加快中国绳网国际创新产业园项目建设，加快引进企业管理类、国际贸易类、企业科技服务类、国内外物流等第三方服务企业。同时加快李庄镇绳网园区基础设施项目建设，对制约企业项目建设和生产经营的园区配套设施进行一次大提升。

4. 产业结构转型升级

坚持发展以体育绳网为龙头的体育用品制造业，大力发展体育健身服务业，推动体育服务业、体育用品制造业及相关产业协同发展，产业组织形态和集聚模式更加丰富，形成以大众健身、竞赛表演、体育旅游等为核心竞争力的现代体育服务业体系。积极申办和举办具有影响力的单项特色体育赛事，培育和打造具有区域影响力的品牌赛事。

5. 数字赋能产业发展

创新体育产业体制机制，推进"互联网+"、大数据、云技术与体育产业广泛融合，体育企业装备水平和科技含量明显提高。依托李庄镇体育绳网产业园引进更多体育类企业，创建体育用品和装备制造产业园，满足城乡健身场所消费需求。同时加快产品研发及推广，与研发机构合作对产品进行扩展，生产更多新型体育产品推向市场，提升消费者体验。

6. 发展空间不断拓宽

依托绳网国际智慧物流产业园项目建设，加快实现绳网产业园区化经营，配套建设科创孵化区、智能制造区、国际商贸区、物流配送区、金融综合服务区等五大功能区。依托绳网生产力促进中心和绳网先进技术研究院，加快与宁波新材料研究所、中国航天十二院深度合作，进一步对接东华大学等高校，在科技研发、技术标准、人力资源等方面实现资源共享。

三　未来发展思路

（一）多方联动助力发展，鼓励体育产业不断集聚

山东省体育产业集群的未来发展，应该以快速扩大集聚规模为主要目标，以拓宽发展场域、丰富产业业态为主要手段，以山东省体育产业集群发

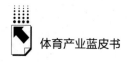

展相关主体为入手点。同时，不断完善顶层设计，发挥政府在体育产业集群发展中的引导与保障作用，形成政府主导、相关部门密切配合的管理机制，给市场让位、为企业松绑，为山东省体育产业集群可持续发展提供重要的政策红利支持与保障。发挥市场在体育产业资源配置中的决定性作用，推动体育产业与相关产业深度融合发展，鼓励和引导社会力量参与体育产业集群发展，不断延长山东省体育产业链，扩大体育消费。充分调动行业协会对于市场主体行为的规范作用，形成较为具体翔实的行业行为规范准则，不断完善各地市体育产业监督管理机制，积极维护市场秩序，保障体育市场有序发展。

（二）深化数字技术应用，打通集群信息流通渠道

随着人工智能、大数据、区块链、云计算等新兴数字技术不断发展，世界经济互联互通不断突破新高度，数字技术的合理应用成为提升体育产业集群竞争力的重要途径。推动山东省体育产业集群数字化转型，合理开发应用O2O、C2B等商业模式，以科技赋能体育装备、设施的生产、加工及运输等全产业链，有效降低生产成本、提高生产效率，以标准化生产模式提高产品质量；引导地方政府建立体育科研成果的转化机制，为企业自主科技创新及应用提供资金、技术支持，加快培育具有自主知识产权与文化内涵的体育企业品牌，推动其研究成果向生产快速转化，重点加强产业链上游产品中关键技术的研发，有效提高体育产品的附加值，打造区域性体育产品的品牌。

（三）校政企行合作共育，构建人才培养长效机制

政府要充分依托省内多所知名高校的优势，依照山东省体育产业集群发展趋势与需求，与省内高校充分合作，利用好高校良好的师资力量与科研环境，建立健全体育产业人才培养体系，构建长效可行的培养机制，培育山东省体育产业集群发展所需的各专业人才，为山东省体育产业集群高质量发展提供坚实的人才保障。鼓励企业与高校人才培养相对接，通过设置科研基金

项目等合作方式，将技术创新交由相关高校，同时充分把握好校企深度合作机遇，推动专业实习实训基地的建设，整合教育教学资源，兼顾学生专业学习与实习实训，加强培养学生的实践能力，并为其提供就业机会，为企业发展所需人才的输送做好保障与铺垫。

参考文献

孙东杰：《山东省体育产业集群发展策略研究》，中国矿业大学硕士学位论文，2016。

胡倩、徐凤飞、周慧：《山东半岛休闲体育产业集群的构建原则、模式及对策》，《中国商论》2020 年第 14 期。

高鹏：《山东省体育产业基地的价值研判与发展路径研究》，山东体育学院硕士学位论文，2020。

潘瑞成、刘睿君：《体育产业集群影响因素的实证检验》，《统计与决策》2018 年第 17 期。

B.8
体育精品赛事的山东培育

——以泰山国际登山比赛、"起源地杯"国际青年
足球锦标赛为例

成会君　杨　璇　姜晓涵*

摘　要： 体育产业的核心和基础是赛事，需要彰显地方资源和城市特色。在深入推进体育产业高质量发展的当下，山东省要培育山东特色赛事和 IP 品牌赛事。本文在对山东省体育精品赛事评选活动的举办情况及特征进行分析的基础上，采用实证分析法等方式对泰山国际登山比赛、"起源地杯"国际青年足球锦标赛进行梳理，提出了提高市场主体综合办赛能力、科技赋能体育品牌赛事、积极拓宽多元融资渠道、加快培育高端品牌赛事、健全完善赛事服务平台、汇聚资源延伸体育赛事链条等发展建议。

关键词： 体育赛事　泰山国际登山比赛　山东省

一　举办情况

为深入贯彻《国务院办公厅关于加快发展体育竞赛表演产业的指导意见》《山东省"十四五"体育发展规划》精神，落实《山东体育服务业品牌培育创建管理办法》要求，加快山东省体育竞赛表演产业发展，

---

* 成会君，山东大学体育学院，博士，副教授，硕士生导师，主要研究方向为体育产业理论与政策；杨璇、姜晓涵，山东大学体育学院，2020 级硕士研究生。

挖掘、培育一批在国内有较高知名度和影响力的品牌体育赛事，推动山东省体育产业高质量发展，山东省 2020 年举办首届"山东省精品体育赛事"评选活动，2021 年第二届"山东省精品体育赛事"评选活动因疫情推迟。

首届"山东省精品体育赛事"评选活动自 2020 年 6 月中旬正式启动，包含 49 个国际级赛事、42 个国家级赛事的 1140 余个赛事项目参与评选。经过组委会初选、网络投票、各市体育局投票、组委会专家评审、网上公示等环节，于 10 月中旬结束全部评选工作。评选活动设置了"十大精品体育赛事""十大自主知识产权体育赛事""十大马拉松赛事"三大奖项。除 30 项"十大赛事"之外，根据山东省体育竞赛表演业发展现状和赛事参评情况，组委会还在 30 项"十大赛事"之外设置了特别奖和特色体育赛事奖，其中特别奖包含最佳系列赛事奖 2 项、最佳综合类赛事奖 2 项、最具发展潜力赛事奖 6 项，特色体育赛事奖包括精品类 7 项、自主知识产权类 7 项、马拉松类 10 项。

第二届"山东省精品体育赛事"评选活动于 2021 年 12 月启动，参评赛事为 2020 年 1 月 1 日至 2021 年 12 月 31 日在省内举办的市场化程度高、群众参与范围广的精品体育赛事。评选将从关注度、专业度、贡献度、创新度 4 个维度进行评定，甄选"山东省十大高端精品体育赛事"、"山东省十大自主知识产权精品体育赛事"和"山东省十大路跑类精品体育赛事"，同时根据申报赛事数量、质量及特点，设置精品节庆类、休闲类和综合类等特别奖项。项目评审由网络投票、媒体传播效果评估、各市体育主管部门评审以及专家评审 4 部分组成，各类别的前 10 名赛事获得该奖项荣誉，最终获评项目将通过山东省体育局官网向社会公示。由于疫情，该评选活动暂时推迟。本文以首届山东省体育精品赛事评选活动为准进行阐述。

精品体育赛事评选活动是山东省体育服务业品牌建设的重要举措，有利于促进优质赛事供给，为山东省体育产业高质量发展注入新动力。基于首届精品体育赛事的评选结果，本文总结概述了精品体育赛事的特征，为加快山东省体育竞赛表演产业发展提出可行性建议，并选取"泰山国际登山节"

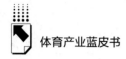

和"'起源地杯'国际青少年足球锦标赛"两个典型案例做具体阐述，为未来精品赛事培育提供经验借鉴（见表1）。

表1   山东省首届精品体育赛事评选结果

十大精品体育赛事	十大自主知识产权体育赛事	十大马拉松赛事
第三十三届泰山国际登山比赛	2019"起源地杯"国际青年足球锦标赛（淄博）	2019 黄河口（东营）国际马拉松
2019 年威海铁人三项世界杯赛	2019 泰山国际户外挑战赛	2019 青岛马拉松赛
2019"哥德杯中国"世界青少年足球赛（青岛）	SCBA 全国体育院校篮球联赛（山东体院）	2019 临沂国际马拉松赛
2019 第十一届青岛国际帆船周·青岛国际海洋节	2019 年中国大运河（台儿庄）国际龙舟赛	2019 日照国际马拉松
2019 中国围棋大会（日照）	2019 年中国·济南第 7 届冬季畅游泉水国际邀请赛	2019 泉城（济南）马拉松
2019 年国际泳联游泳世界杯（济南站）	"云峰对决"环球功夫大师争霸赛（烟台）	2019 泰山国际马拉松赛
2019 年济南网球公开赛	2019 中国体育彩票"英雄会"国际搏击争霸赛（聊城）	2019 龙口国际马拉松
2019 国际划联皮划艇静水世界冠军挑战赛（临沂）	"齐鲁赛车英雄会"系列赛（省汽摩联）	2019 荣成滨海国际马拉松
2019 青岛·崂山 100 公里国际山地越野挑战赛	2019 年中国（日照）国民休闲水上运动会	2019 枣庄·冠世榴园国际马拉松
2019"愉悦杯"环滨州黄河风情带国际公路自行车赛	"孔子文旅"杯 2019 第二届朝圣之路 210 公里自行车挑战赛（济宁）	2019 菏泽（东明）黄河生态马拉松

二   赛事特征

（一）专业化运作程度高

近年来，全省各地充分发挥自身优势，赛事体系不断完善，赛事运营专业化程度逐渐增加，赛事影响力日益提升。入选的精品赛事坚持"政府主导、部门协作、社会参与、市场运作"的办赛模式，形成成熟的赛事商业模式、赞助体系和赛事保障体系，赛后的经济收益和社会效益都较为可观。在疫情防控常态化形势下，各办赛单位牢牢把握安全的办赛底线，严格遵守大型赛事疫情防控要求，同时创新办赛，实现马拉松赛事与城市文化深度融合，为城市发展增添新动力。

（二）赛事经济效益和社会效益显著

山东省精品赛事具有辐射能力强、拉动作用大等特点，其强大的溢出效应能够带动周边餐饮、住宿、购物、旅游等相关产业的发展，提升城市能级和核心竞争力。据统计，2021 年泰山国际登山节投资合作洽谈会签约重点项目 59 个，总投资 868.48 亿元，"赛事经济"效果显著。精品体育赛事还是展现城市魅力和宣传城市文化的窗口，第三十五届泰山国际登山比赛暨第二十六届全国全民健身登泰山徒步活动线上比赛动员超 16 万人报名参赛，广泛调动了人民参与体育运动的积极性，精品体育赛事成为繁荣体育事业、发展全民健身的重要驱动力，社会效益显著。

（三）赛事组织创新性强

山东省具有厚重的历史和灿烂的文化，各地市紧密结合传统体育项目和资源禀赋优势，创新融合当地文化特色，努力打造具有乡土特征和传统文化底蕴的特色品牌赛事，如济南冬季畅游泉水国际公开赛、泰山国际登山节、威海国际铁人三项等本土国际品牌赛事。在疫情防控常态化形势下，智能设备等前沿科技赋能精品赛事创新性发展，挖掘"线上+线下"的办赛模式，成功举办了全国国际象棋新秀超霸战、济南冬季畅游泉水国际公开赛等一批精品赛事。

案例 1　泰山国际登山比赛

一、发展历程与现状

（一）发展历程

1. 起步初创阶段（1987～1991 年）

1987 年 9 月中旬，泰山国际登山节的起步初创阶段，具有地方性、区

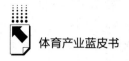
域性特点，吸引力和知名度有限，主要借助泰山世界自然遗产、世界文化遗产、世界地质公园等为宣传抓手，积极寻求外界支持和关注。在得到政府的重视以后，竞赛规模逐渐扩大，竞赛主题明确，竞赛内容更加完善，对参与者和游客吸引力增强，举办环境提升，在当地已经取得了良好的反响，并逐步扩大到周边城市。

2. 壮大发展阶段（1992~2006 年）

泰山国际登山节的壮大发展阶段，开始逐渐具有全国性、国际化特点，吸引力和知名度不断提升，吸引周边及国内外旅游、登山爱好者前来，招商引资和赛事赞助力度不断提高。随着泰山国际登山活动影响力的不断扩大和活动内容的日益丰富，1991 年泰安市委、市政府决定将泰山登山活动定名为泰山国际登山节。之后的 1992~2006 年是泰山国际登山节开始逐渐发展壮大的 15 年，以泰山登山比赛为主体，配套举办经济、文化、旅游等多项活动，成为推动泰安市旅游经贸、对外交流和各项事业发展的重要平台。泰山国际登山节主打的国际性体育赛事活动也逐渐得到国内外广泛认可，成为山东乃至全国品牌影响力最大、社会参与面最广的全民健身体育赛事。

3. 成熟发展阶段（2007 年至今）

2007 年至今，泰山国际登山节的成熟发展阶段，举办登山节思路越来越清晰，已经具备国际性体育精品赛事特点。2012 年招规划投资 492.97 亿元，展开了泰山千古情城等 35 个重点旅游大项目的建设。泰山国际登山节除全民健身、文化交流和旅游消费外，经贸洽谈也成为其发展的重点主题之一，吸引力和知名度不断提升。

（二）发展现状

根据国家体育总局对大型赛事疫情防控的要求，第三十五届泰山国际登山节登山比赛设置男、女两个组别，参赛年龄段为 18~45 岁。起跑仪式现场人员规模控制在 1000 人，包括登山比赛组织市内运动员 300 人，登泰山徒步活动组织市内登山爱好者 700 人。各组比赛起点设在岱庙广场，男子组终点设在南天门，全程约 8.1 公里，台阶 5695 个，相对高度 1255 米；女子组终点设在中天门，全程约 5.4 公里，台阶 2399 个，相对高度 675 米。经过激烈的角逐，第一位选手戚振飞率先冲过终点，以 57 分 02 秒的好成绩斩获南天门男子组冠军。选手周昊以 39 分 31 秒，获得女子组冠军。

二、做法与成效

（一）品牌带动，全民健身活动广泛开展

登山比赛激发了泰安人民的运动热情。泰安市因势利导，精心构建以泰山国际登山节为中心、全民健身活动为引领的户外赛事格局。围绕登山比赛，泰安市每年都会开展许多相关活动，并把其打造成泰安市的节庆活动。登山比赛前的一个多月时间里，泰安市各市直单位、各县区都纷纷组织开展户外登山比赛等系列活动，营造浓厚的登山节日氛围。通过各类户外运动赛事广泛开展全民健身活动，形成了"以登山户外活动为引擎、以人文旅游资源建设为重点"的全民健身工作新格局。

（二）疫情防控，统筹规划做好顶层设计

本届泰山国际登山比赛全面落实国家体育总局最新颁布的"一赛四案"制度，详细制定了赛事组织方案、疫情防控方案、安全风险防控方案、突发事件应急处置预案 4 个方案。参赛运动员从报到至比赛结束全部实行闭环管理，在运动员驻地、运动员入口即岱庙南门、贵宾驻地即御座宾馆、贵宾入口即岱庙广场主席台西侧、岱庙广场和中天门停车场、中天门终点、南天门终点及颁奖区等 7 个地点设立防控点，对赛事进行全方位管控。同时建立"熔断机制"，一旦出现不具备办赛情况将立即终止比赛，并按预案做好人员紧急疏散和避险收容等工作，全力保障比赛安全顺利进行。

（三）强化营销，持续扩大赛事影响力

体育是展示城市魅力的最佳舞台。通过举办户外登山比赛这一赛事，泰安正向世界展现着它不断成长的魅力。泰安市政府以泰安国际登山比赛的举办为契机，在积极推广泰安户外登山运动的同时，也充分展示了泰安文化，宣传了城市形象。随着赛事规模不断扩大，配套活动也愈加丰富，赛事国际影响不断扩大。泰安国际登山比赛需要进行多渠道的营销推广，特别是结合现代年轻人获取信息的特点，侧重融媒体渠道的利用。在泰安市文化和旅游局、泰安市体育局官方媒体平台进行推广，与门户网站旅游栏目、旅游平台

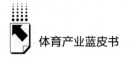

网站合作推广，进行线上、线下营销。

三、未来发展思路

（一）增强户外运动人才培养

泰安市户外运动人才资源匮乏，专业素质低，是泰安市户外运动旅游发展中亟待解决的问题。由于泰安市缺乏户外登山培训机构，一些业余爱好者没有渠道去系统地进行户外登山运动理论知识的学习，对于专业技能要求更是了解不深。只是依靠业余登山者的积极性和先前积累的运动经验，缺乏活动规划知识和前期准备，会严重影响体育旅游的发展。要想泰山国际登山比赛的顺利开展得到保证，第一，要提高培养户外登山人才重要性的认识，采取措施落实户外登山培训，使得参与登山比赛的运动员具备较高的登山水平；第二，要提高户外登山指导员整体素质，加强高协调、高组织、高救援、高领导的指导员队伍建设。

（二）加强体育旅游品牌突破

泰安国际登山比赛这一国际知名、国内顶级户外运动赛事，给泰安带来的不仅是一项荣誉，更是搭建起向世界宣传推介泰安的平台。泰安这座旅游之城已经融入了登山精神和文化，成为户外运动的体育之城、活力之城。泰山国际登山比赛要在泰安市政府的指导下，在专业赛事公司的运营下，加强和国内外同类赛事的交流沟通，切实提升赛事市场开发水平，最大限度地挖掘赛事价值。在现阶段发展的基础上，做出突破，第一，增强活动的综合效应，引导公民走向健康和绿色的生活方式；第二，提高赛事热门度和影响力，创建具有创新性的产业网；第三，提高赛事活力和带动力，提升城市形象。

（三）加强登山旅游产品创新

随着人们越来越高的物质生活和精神生活需求，相应的对体育旅游的需求也在不断提高。因此，只有不断进行户外登山体育旅游产品的创新，加快体育旅游市场主体培养进程，才有可能满足人们不断增长的多层次旅游需求。在旅游资源方面，泰安国际登山比赛需要结合泰山文化，创新地提出新的体育旅游景点和路线，并且在现阶段基础上，开发新的旅游内容、新的旅游产品。与此同时，在需求差距方面，泰安国际登山比赛应对如何缩小淡季与旺季的收入差距做出思考，对学习、科研、保健、宗教等同类产品的开发加强重视，创造更多的户外运动登山形式，做到时间与空间并重，开拓更广阔的市场。

案例2 "起源地杯"国际青年足球锦标赛

一、赛事简介

淄博临淄是国际足联认定的"世界足球发源地"，近年来淄博市紧紧围绕"起源地"这一金字招牌，不断挖掘"起源地"历史文化影响力和品牌价值，促进足球运动和足球文化在全市的普及和发展。"起源地杯"国际青少年足球锦标赛创办于2016年，被评为"山东省十大自主知识产权赛事"。自创办以来，赛事规模、参赛球队水平、赛事带动力和影响力逐年提升，先后有11个国家18支国内外球队参加了赛事，包括西班牙马德里竞技、德国云达不来梅等著名俱乐部梯队。2021年10月24～30日，第五届"起源地杯"青年足球锦标赛如期举行，根据国家防控要求，比赛邀请了中国国少队、深圳佳兆业U16精英队、山东泰山U15队、湖北星辉U16队、恒大足校U16队和武汉三镇U16队等国内的6支球队参加。淄博市各级部门精心组织、统筹协调、热情服务，为足球健儿营造良好的竞赛环境，最终深圳佳兆业U16精英队险胜中国国少队，勇夺冠军。

二、做法与成效

（一）完善足球竞赛体系

作为世界足球的起源地，足球在淄博占有举足轻重的地位。淄博市委、市政府高度重视足球文化底蕴的传承发展，坚持职业带动，发展社会足球、校园足球、青少年精英足球和足球文化，形成足球运动"立体式"运转体系，推动足球事业向纵深发展。淄博市体育局重点抓实足球训练基地建设，努力为职业俱乐部发展创造良好环境、提供政策支撑。加快发展社会足球，广泛开展群众性足球活动，举办好城市联赛等社会足球赛事，完善赛事体系，提升赛事规模品质、扩大足球人口数量。推动每年按体育彩票公益金5%的比例拨出专款支持校园足球政策落地，以政府购买服务等方式邀请足球专家进校园授课，提升校园足球发展水平；广泛开展三级校园足球联赛，

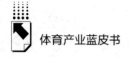

探索建立"教体结合"的青少年足球人才培养体系，打造足球品牌学校，形成小学、初中、高中、高校学段衔接，"一条龙"纵向发展，区域横向覆盖的校园足球发展格局。

（二）加强"起源地"品牌建设

不断挖掘足球（蹴鞠）文化，广泛开展足球（蹴鞠）文化交流合作，围绕"蹴鞠"文化开发的"蹴鞠王""蹴鞠娃""鞠乡"等文创产品形成完整的产业链条。作为世界上唯一一座全面展示中国古代蹴鞠文化和现代足球发展风貌的主题博物馆，临淄足球博物馆面向全国免费开放，每年吸引超5万人次参观考察，对蹴鞠文化的传承和保护发挥着极其重要的作用。"起源地杯"国际青年足球锦标赛已连续举办5届，成为中国足协年度固定赛事和淄博市对外宣传推介的重要名片。举办中英世界足球文化高峰论坛、国际蹴鞠夏令营和中国足协各级联赛取球仪式等活动，打造对外交往新平台，持续打造"世界足球起源地"品牌，推进足球文化名城建设。

三、未来发展思路

（一）加强赛事宣传营销

作为一项年轻的赛事，企业对于赛事营销投入资本低，媒体宣传少，传播范围小，导致赛事传播受众少，"起源地杯"的关注度有待提升。针对当前"起源地杯"赛事宣传力度低，传播受众少的问题，媒体、体育赛事运营者或者是当地体育赛事管理者都应该通力合作，从多方面加强赛事品牌线上线下营销，扩大赛事观看群，将"起源地杯"打造成本土优秀的自主赛事品牌。同时，赛事营销也是提升城市形象与塑造城市品牌的重要方式。

（二）加强开放性和国际化赛事合作

淄博作为世界第一大运动——足球的起源地，具有良好的足球文化基因。借助这块金字招牌，进一步拓展与足球强国和国际知名足球俱乐部的合作交流，使淄博成为展现中国足球文化的窗口和学习借鉴西方足球发展经验的重要平台。"起源地杯"将进一步突出开放性、国际化和社会参与度，在赛事运行、产业开发、市场推广方面加强探索，在促进我国足球事业的发展方面发挥新作为。

三　未来发展思路

（一）提高市场主体综合办赛能力

在现阶段评选的精品赛事基础上，激发社会力量，加强鼓励市场主体与社会组织办赛，打造培养具有创新性的高附加值赛事品牌和活动运营商，建立赛事管理、运营服务、宣传推广一体化的综合体系。支持对行业有影响的体育赛事公司以品牌打造、赛事管理、专业技术和人才输出等形式开展专业化、规模化、集团化的赛事运营活动，打造一批专业技能突出、核心竞争力强的国内外知名体育赛事，成为国内体育赛事运营管理的龙头和标杆。

（二）科技赋能体育品牌赛事

提升赛事科技创新能力，挖掘和培育具有自主知识产权的体育智能技术，打造山东省品牌赛事体系。当前大部分体育赛事尤其是业余或休闲比赛，其办赛难度较大，需要综合考虑场地、交通、住宿、管理组织等问题。亟须实现科技赋能体育品牌赛事，推出科学技术解决各类比赛办赛难的问题，降低参赛门槛吸引更多参赛者。

（三）加快培育高端品牌赛事

积极将精品体育赛事打造成为符合地方区域发展的高端赛事品牌，提升自主 IP 赛事的办赛品质，构建具有地域特色的品牌体育赛事集群，打造常办常新、声誉卓著的百年精品赛事。支持各地市积极申办品牌价值高、市场前景广的高水平单项体育赛事，提升高端品牌赛事的综合效应。

（四）健全完善赛事服务平台

依托山东体育产业服务大厅，健全完善赛事服务平台，提供体育赛事资讯发布、信息查询、报名参赛、赛事招标等功能，及时更新，加强宣传，扩

大体育赛事的社会影响力。拓展山东体育产业资源产权交易平台，完善体育赛事平台功能，通过组织平台发布、赛事推介会、高端赛事论坛等形式，及时交流沟通赛事资源信息，共建智慧体育赛事服务平台。

（五）汇聚资源延伸体育赛事链条

支持山东省精品体育赛事依托品牌优势，加强与国内外著名体育赛事运营企业合作，探索完善赛事市场开发和运作模式，形成培育体育赛事链条。延伸"体育+"链条，依托健身休闲、体育与教育培训、体育与旅游康养、体育场馆运营、城市体育场馆设计规划业务基础，拓展体育传媒、设计策划、科创孵化、体育培训、会议展览、体育文创、体育金融等服务业态，引领形成新的经济消费热点。

参考文献

贾岳：《节庆性竞赛品牌化影响因素及塑造研究——以泰山国际登山节为例》，曲阜师范大学，2013。

于善、常译文：《"一带一路"体育精品赛事对西安城市国际化建设的促进作用研究》，《第十二届全国体育科学大会论文摘要汇编——专题报告（体育社会科学分会）》，2022。

宋小灵、王恒：《国家体育旅游精品赛事发展研究》，《合作经济与科技》2020年第22期。

张丹、饶佳慧、王一茗：《精品体育赛事的开展对举办地旅游产业的积极影响》，《文体用品与科技》2019年第13期。

B.9
体育产业公共服务的山东经验

——以山东省体育产业服务大厅、第二届山东省体育用品
博览会为例

丁庆建　郭恒喆　王丹丹　钱海*

摘　要： “十三五”期间，山东省体育产业健康快速发展，各项指标实现
长足发展。现阶段，山东省体育产业公共服务主要从加强区域协
作、建设产业载体平台、搭建会展交流中心等方面进行。本文通
过对体育产业公共服务内涵和当前山东省体育产业公共服务现状
进行分析，结合山东省体育产业公共服务大厅和山东省体育用品
博览会两个案例，总结发展成效，提出山东省体育产业公共服务
未来发展新思路。

关键词： 体育产业　体育公共服务　体育用品博览会　山东

近年来，我国体育消费市场火热，体育产业规模高速稳定增长，已进入
黄金发展时期。自2016年开始到2019年，总规模增长超万亿元，增幅累计
达到约55.1%，远超越同期我国GDP增速。但在体育产业高速发展的同时
依然存在产业结构不合理、企业规模小、竞争力较弱等问题，阻碍体育产业
走精走细。《山东省人民政府办公厅关于促进全民健身和体育消费推动体育

* 丁庆建，山东大学体育学院副教授，硕士生导师，主要研究方向为体育产业理论与政策；郭
恒喆，山东大学体育学院在读研究生；王丹丹，山东大学山东省文化科技重点实验室，主要
研究方向为文体融合；钱海，山东省体育产业发展服务中心，主要研究方向为体育产业。

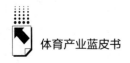

产业高质量发展的实施意见》（鲁政办发〔2021〕18 号文）提出，要壮大体育骨干企业，加强平台支持政策集成和要素保障，以实现山东省内中小微企业和骨干企业的快速发展。

一 做法与成效

山东省体育产业公共服务以积极向国内外体育产业领域里从事公共管理决策和相关经营决策活动的有关政府、企事业单位和大众消费者广泛提供社会公共管理服务需求为宗旨，以贯彻政府统筹推动、资源有效共享、市场导向、互惠互利等为主要建设原则。近年来，为有效提升山东省体育产业的综合信息化水平、促进区域体育要素资源的高效合理配置、提高山东省体育产业的市场化和运营能力，山东省体育产业公共服务以体育产业区域协作、建设产业载体平台、搭建会展交流平台 3 个方向进行服务新突破。

（一）体育产业区域协作

2020 年，山东省发布区域协调发展 1 个"实施方案"和 3 个"指导意见"，提出加快推进省会、胶东、鲁南三大经济圈一体化发展。2020 年山东省成立了山东省体育产业联合会，首批会员单位达到 478 家。2021 年成立了山东沿黄九市体育产业协作联盟，推动区域体育产业协作创新发展。联盟主要从以下 5 个方面抓起。

一是创新平台机制，彰显省会济南龙头作用。联盟组织架构严密、运行高效，是省内首个落实国家战略的区域体育协作平台。二是创新赛事机制，发挥区域示范引领作用。创新策划联赛、挑战赛、分段赛等多种赛事形式，联盟承办、9 市协同，实现省会济南的区域示范引领效应最大化。三是创新传统体育，促进黄河体育文化繁荣发展。创新举办"黄河骑迹""沿黄奔跑""黄河棋迹""大河竞英雄"等自主 IP 赛事，创新开展"我爱母亲河"系列黄河风情体育摄影摄像展评活动。四是创新市场化运营，助力体育产业招商引资。从联盟成立大会到每项赛事活动冠名赞助，累计吸引社会投入并节约财政支出 800 余万元，以联盟为舞台扩大济南朋友圈，助力济南市体育招商引资实现 12 亿元和 4560 万美元。五是创新东西部协作，探索沿黄 9 省区协同发展路径。联盟赛事活动全程邀请甘肃临夏州有关领导观摩支持，协力推动济南力生体育、鑫鑫体育等体育制造业拓展西北市场，就济南·临夏首尾呼应共建沿黄 9 省区体育协作机制达成共识。

（二）建设产业载体平台

加强推进"互联网+体育"项目创新探索实践，打造建成了山东省体育产业公共服务平台、山东体育产业资源交易平台和山东省体育知识产权大数据平台。通过规范市场化运作，满足不同区域下各类市场主体对体育产业资源规范的流转管理和资源合理配置的特殊需求，促进国内体育要素合理有效流动利用和优化有效配置，发挥比较优势，寻求错位发展，打造体育产业区域良性互动发展良好格局。

2021 年针对体育消费券的发放、健身群众场馆预定、体育赛事报名和线上赛服务等多个重点公共服务领域从技术层面对山东体育产业公共服务平台进行了全方位的优化提升。截至目前，平台累计注册用户 45 万，累计线上可展示场馆达 2218 家，可实现线上预定和购买产品的场馆 436 家，山东体育产业公共服务平台上半年浏览日均值 21256 次。同时以公共服务平台为依托，搭建了线上路跑赛事支撑平台，通过手机 App 和微信小程序，打造了集线上赛事报名、赛事统计、赛事直播、赛事记录、运动里程、轨迹记步等于一体的智能化路跑类赛事服务系统，累计吸引合作赛事 5 个，累计通过线上赛系统参与赛事活动人数超过 3000 人。

（三）搭建会展交流平台

会展作为公共服务供给的重要载体，是山东省公共服务体系的重要组成部分。会展行业影响面范围比较大、关联度较高、带动性效应强，能够高效直接的汇集国内外巨大的人流、物流、资金流、信息流，有助于全面促进经济、文化活动领域的广泛有效的交流互动促进，推动全区

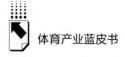

域经济社会全面共同发展。2021 年，山东省针对搭建会展交流平台做了以下工作。

一是召开 2021 年全省体育产业发展大会，会议期间举办了优质体育产业项目推介会和体育产业对接沙龙。二是组织省内 165 家企业参加了 2021 年（第 39 届）中国国际体育用品博览会，参展企业数量和参展规模均居全国前列。展会期间德州市宁津县、乐陵市、庆云县三地协同联动，举行体育产业招商推介会，成立了"宁乐庆体育产业联盟"。三是成功举办两届山东省体育用品博览会，并于首届（临沂）体育用品博览会中达到 378 家企业参展，4 万余人参会，签订合同额近 12 亿元。并于 2021 年 9 月在临沂举办第二届山东体育用品博览会，其间举办众多活动。四是积极组织省内优质企业参展广州两博会，组织部分市体育部门进行座谈交流，就两博会展区搭建工作取得一致意见。

二 面临问题

（一）资源配置不足

从资源配置上来看，山东省体育产业公共服务不同程度存在"缺人才、缺科技、缺资本"，高端要素支撑不足，财政、土地、金融等资源要素配置不完善。同时各地区体育产业服务不均衡，城乡之间差距大，供给主体单一，一些体育产业主体过度依赖政府拨款，主动性与参与度低。

（二）专业人才缺乏

体育产业公共服务是典型的生产性服务业行为，其三大核心能力——服务整合、决策辅助、产业延伸，都具有较强的专业性。在提供服务的过程中需要具备具有金融保险、供应链、信息技术服务、研发及设计、工程装备、广告咨询服务、法律会计、仓储运输服务、人力资源教育培训、营销调查等专业的人才，从而更好实现公共服务的意义，即实现交易成本的有效降低。

但目前山东省缺少大量愿意从事体育产业公共服务且具备以上技能的专业人才，导致山东省体育产业公共服务推动较为缓慢。

（三）缺乏有效竞争

山东省的体育产业公共服务提供者过于单一，政府作为为数不多的提供者之一，使得山东省体育产业公共服务缺乏有效竞争。与此同时，受人力、物力和财力的限制，导致传统体育产业等公共领域服务普遍效率低，难以真正满足各方利益的全方位多元化需求。政府作为产业公共服务的安排者，生产者可以由一元转变到多元，除政府机构外，应该尽量引入各类非营利机构组织部门和社会私人部门，并且尽可能将市场合作竞争机制逐步引入公共服务体系当中。

案例1 山东省体育产业服务大厅

（一）基本情况和特点

1. 基本情况

山东省体育产业服务大厅由经济处指导、产业中心管理、山东省体育产业联合会具体运营。大厅坚持"专业、高效、开放、共享"的服务宗旨，以提高体育产业发展质量和效益为工作导向，为体育产业及旅游、文化、康养、科技、金融等关联产业市场主体，各级体育主管部门及相关部门单位，各运动项目管理中心、单项体育协会及相关社会团体，高等院校、科研院所等多主体提供一站式、全流程的全产业链资源支持。

2. 特点

山东省体育产业服务大厅利用现代信息手段构建了布局合理、开放高效、功能齐全的体育产业公共服务平台，是山东省体育产业公共服务的重要组成部分。该服务大厅具备以下特点。

第一，公益性。山东省体育产业服务大厅以公共服务为首要任务，由山东省政府推动进行建设，由经济处指导，服务于省内体育及相关产业的管理者和经营者，具有浓厚的公益性色彩。

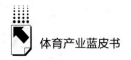

第二，综合性。山东省体育产业服务大厅不是普通意义的综合信息公告服务咨询的平台，它实际上是一项以协调整合多部门、多行业、多学科以及现代体育产业综合服务领域相关学科的其他各类资源为形式，以提供满足山东省现阶段发展体育产业投融资发展中所需的各类公共数据服务为目标的综合性服务平台。

第三，创新性。目前体育产业服务大厅在山东省还是一个新鲜事物，其自带一定的创新属性。此外，体育产业服务大厅还具备以下两点创新特点：一是设计和建设上的创新。在服务大厅的建设过程中要充分利用现有信息系统的各项最新应用理论方法和应用技术，结合现有体育产业服务大厅的服务目标对象，形成各自特点较为鲜明实用的信息化建设的原则框架和工作方法。二是服务大厅服务方式手段应用和设计方法体系上应有的创新。在开展山东省体育产业服务大厅的规划建设过程中，以一种更加适应人性化、个性化发展的科学角度，努力改革创新综合服务大厅的技术手段方法，提高建设山东省体育产业公共服务大厅的行业知名度和信息化服务能力。

（二）主要功能

体育产业服务大厅建设的价值在于降低政府、企业的总成本，提高效率，其核心能力体现为交易成本的有效降低。该服务大厅具备以下主要功能。

1. 服务整合

对信息服务、法律会计、广告咨询服务、人力资源教育培训、营销调查、研发设计、工程装备等服务产业链环节进行整合。通过规范市场化运作，更加合理有效地处理产业分工工程中各个参与者之间的复杂交易行为，提升产业业绩，更快更好的发展山东省体育产业。

2. 产业延伸

引导我国传统体育产业加强与我国其他重要行业的深入交流合作，如文化创意产业、产品制造业、休闲旅游产业以及相关配套产业等多个重要领域产业发展的相互横向的渗透融合和产业融合，以消费价值为导向，对产业链内不同门类不同产品的业务结构进行有适度地纵向交叉重组，延伸产业链。

3. 决策辅助

通过服务大厅功能建设整合和更加合理透明的体制运行机制建设打造，完成体育产业科技成果推广和服务市场需求数据的对接、体育产业综合服务供需的技术对接、体育产业相关数据动态的统计登记采集和综合专业评价分析，从而高效提供信息决策辅助，促成体育资源优化合理配置。

（三）未来发展思路

1. 专业化团队建设

山东省体育产业服务大厅应该加强专业化团队建设，主要从运营团队和专家顾问团队两方面进行重点建设。重点是要占据国内体育产业中的文化创意和设计、研究开发策划执行和产业品牌运营传播服务等几个方面中的市场制高点，聚集人才并倾力打造行业高端专家团队和行业规范化的产业品牌服务团队。

2. 加强市场化运作

体育产业服务大厅具有经济性的特性，大厅要尊重我国市场经济体系的一般发展规律，保持其准确的市场敏感度，不断提升体育产业公共服务大厅的有效运行和服务效率。要引入市场竞争机制，通过市场化运作激活市场活力，实现公共服务的最佳供给和公共资源的有效配置。

3. 实施绩效管理评价

制定详细明确的绩效计划、注重绩效考核和意见反馈，形成闭环管理，是保证服务大厅服务效率和质量的必要环节。在考核指标制定上要站位高，从山东省体育产业公共服务大厅和山东省体育产业整体角度综合考虑，并严格执行绩效结果，真正做到"赏罚分明"。成立考核领导小组，确保绩效管理的权威性，提高绩效管理效率。

案例2 第二届山东省体育用品博览会

第二届山东省体育用品博览会于2021年9月26~28日在临沂国际博览中心举行。与首届相比，本届展会立足"体博会+"的优势，内容丰富，涉面之广前所未有。

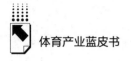

（一）基本情况

第二届山东体博会以"体'汇'山东，聚'交'临沂，打造国际体育用品采购中心"为主题，基本涵盖了体育用品的各个领域。室内展出面积达 36000 平方米，标准展位 1523 个，吸引了来自上海、江苏、浙江、河北、广东、甘肃、海南、四川、湖北等 13 省（含 2 个直辖市）41 地市共计 392 家企业 1200 多种品牌参展参会。据统计，开展 3 天内登记入场的专业采购商达 1.66 万人，展会现场人流近 4 万人次，现场订单及意向订单 4 亿元，签约项目合同意向人民币投资 38.04 亿元、外汇投资 3000 万美元。

（二）第二届体博会特点

1. 展会主题鲜明

在成功举办首届体博会的基础上，第二届体博会充分发挥临沂市"中国物流之都"品牌优势，围绕"体'汇'山东，聚'交'临沂，打造国际体育用品采购中心"主题，放大商贸物流拉动效应，提升体博会拉动经济、促进消费平台作用，着力提升展会品牌特色。通过举办中国国际体育用品采购高峰论坛、山东省体育产业优质资源推介会暨临沂市体育资源招商引资推介会、现场观摩等活动，全面展示临沂市经济社会和体育产业发展新风貌。

2. 展会品质高

第二届体博会吸引了泰山、英派斯、舒华、连胜、红双喜、力生、飞尔康、吉诺尔、路克士、奥强、美国格林、德州盛邦等 392 家国内知名企业参与展会，参展商品门类齐全、技术含量高，涵盖健身器材、健身路径、人工草坪等体育用品的各个领域，并展示了市场上最前沿的高端智能化健身器材和体育用品产品，代表了国内体育用品发展的先进水平，得到国家体育总局、省、市领导和参展群众的一致好评。

3. "双核"运营模式

第二届体博会充分发挥临沂市"市场+物流"的商贸优势，采用线上线下"双核"运营模式，线上通过网络直播、网红带货，线下通过展会现场展示交易、组织高峰论坛、外商采购对接会等活动，打造了专业体育用品行业交流平台。展会期间，28 家企业网红直播带货，山东电视体育频道、闪电新闻、中视扬帆等直播平台累计全网播放量 170.45 万次，CRM 系统精准邀约 20 余万买家，针对意向客户轮播推送 10 余万条短信，吸引了俄罗斯、巴基斯坦、印度等 18 个国家 37 家驻中国国际贸易采购商参会。

4. 宣传报道深入

本次展会宣传形式多样，涵盖报纸、网络、新媒体、户外 LED 大屏、酒店宾馆、高铁站、汽车站、飞机场等多种平台，新华社、人民日报、临沂日报、央视体育频道、山东电视台、齐鲁晚报、临沂电视台、大众日报、兰山融媒体等 30 余家中央、省、市、区主流媒体及众多自媒体参与报道 1200 余篇，微信视频号、快手、抖音、今日头条等自媒体及百度快照推广宣传 12 万余条，同时 10 余位奥运冠军、体育明星助力宣传。

5. 配套活动丰富

本届展会立足"体博会+"优势，推动"展览+论坛+赛事"精准对接，配套开展了山东省体育产业联合会一届二次会员代表大会、中国国际体育用品采购高峰论坛、全国体育电视媒体高峰论坛、山东省体育产业优质资源推介会暨临沂市体育资源招商引资推介会、现场观摩、山东省青少年体育发展高峰交流论坛、山东省第二届体育标准化培训、第二届中国体育智能制造创新大赛、首届山东体育服饰原创设计大赛、山东省体育惠民消费季体博会专场、健康中国魅力齐鲁"庆华健身杯"2021 年全民健身大奖赛、中国体育彩票杯"聚焦临沂体育产业"摄影作品征集暨体博会摄影展览活动、中国体育彩票杯临沂瑜伽邀请赛、中国体育彩票杯首届临沂散打搏击争霸赛等 14 项活动，涉面广泛，内容丰富，有效满足了不同参展主体需求。

6. 首次推出"形象担当"

为更好地展示"山东体博会"形象，传承体育精神，此次展会以山东儒家文化为底蕴设计制作了"山东体博会"吉祥物"强强"和"乐乐"。作为体博会的"形象担当"，拉近体博会与参会者之间的距离。其中，"强强"代表运动强健体魄，寓意健康强壮；"乐乐"代表山东体博会平台，寓意借助展会平台共享机遇和欢乐。这也是"山东体博会"首次以吉祥物的形式来展示主题形象。

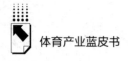

（三）未来展望

为贯彻新发展理念，落实《国务院办公厅关于促进全民健身和体育消费推动体育产业高质量发展的意见》，推动全省"十四五"时期体育产业高质量发展，将于 2022 年 7 月 22~24 日在临沂国际博览中心举办第三届山东体育用品博览会。本届体博会将以跨界、扩圈、融合的办展方向为指引，力求更高效的商贸对接，更新锐的创新产品，更丰富的交互平台，进一步推动全省体育产业与体育赛事的融合发展，助力新旧动能转换和体育产业创新发展，通过线上线下"双核"办展模式运营，"展览+论坛+赛事"模式精准对接服务，充分发挥临沂市"市场+物流"的优势。以"国际体育用品采购中心"为定位，通过连续举办打造永不落幕的高水平、专业型体育用品展示交易平台，满足山东省乃至全国体育产业发展需求，为体育产业发展和行业融合做出积极贡献。

三　未来发展思路

（一）建立专业人才培养支撑体系

任何制度的实施或者服务的精细化推进都需要实施运营的专业人才，人才是山东省体育产业公共服务成功的关键和动力。打造高素质、专业化的人才队伍，是保证公共服务健康发展的关键，一个可持续性的人才供应链更是公共服务可持续发展的重中之重。一是加强对外宣传，提供良好的人才发展环境和优厚的待遇，引进高素质专业人才；二是完善激励机制，提高现有人才的再教育和上升渠道。

（二）建立多元化经费保障体系

资金支持是体育产业公共服务的基础，无论是公共服务平台还是公共服务大厅，其各项建设活动和业务发展工作都是需要政府资金上的长期不断持续投入。体育产业公共服务平台和大厅的初步建立从无到有再到逐渐成熟的每个阶段，都需要稳定而持续的项目资金支持。经费来源渠道中，一是政府通过财政部门建立的专项扶持基金，保障一部分的基础建设发展费用；二是其自身通过可经营的平台子系统获得一部分收入；三是放宽投资者准入投资门槛，鼓励社会资金积极投入平台和大厅的建设运行，扩宽资金投入渠道；四是积极努力拓展新的项目活动的形式，延伸项目服务活动内容。

（三）加快建立产业联盟和业务联盟

全面聚集产业高端资源并加快组建业务联盟，提升山东省体育产业公共服务的核心竞争力。建设业务联盟，进一步推进梳理调整、开放聚集、模式扩展，推动产业品牌持续建设。用好政府和市场“两只手”，通过建立产业联盟和产业基地模式推广，推进了区域经济的资本合作经营，并延伸发展至各地的产业集群、企业和广大终端消费者市场。

参考文献

奂平清：《哈贝马斯交往行动理论及其在我国的现实意义》，《甘肃社会科学》2002年第3期。

陈晓峰：《我国体育产业公共服务平台建设研究》，《上海体育学院学报》2011年第2期。

张广俊、李燕领、邱鹏：《江苏省体育产业公共服务平台建设研究》，《体育文化导刊》2017年第5期。

简兆权、陈键宏：《公共科技创新平台运行机制研究：广东地区个案》，《科学管理研究》2012年第3期。

B.10
体育消费试点的山东探索

—— 以国家体育消费试点城市青岛、日照为例

昝胜锋　岳润朴　司湘湘*

摘　要： 《山东省"十四五"体育发展规划》提出积极创建国家体育消费
试点城市，形成若干可复制推广的典型经验，以点带面，促进山
东省体育消费规模持续增长、消费结构不断升级。本文通过梳理
山东省内的国家体育消费试点城市青岛市和日照市，探析山东省
促进体育消费的基本情况、做法与成效以及未来发展思路，从而
充分发挥典型示范和辐射作用，推进体育消费提质扩容。

关键词： 体育消费　体育产业　国家体育消费试点城市

一　基本概况

为贯彻落实《国务院办公厅关于促进全民健身和体育消费　推动体育产
业高质量发展的意见》，应对新冠肺炎疫情对体育产业的影响，促进体育消费
的恢复和潜力的释放，国家体育总局在全国开展促进体育消费试点工作。2020
年8月青岛市和日照市被国家体育总局研究确定为国家体育消费试点城市。

山东省为促进体育消费，颁布实施了《山东省人民政府办公厅关于促
进全民健身和体育消费推动体育产业高质量发展的实施意见》和《进一步

---

*　昝胜锋，山东大学体育学院副教授，硕士生导师，主要研究方向为体育产业、文体融合等；
岳润朴，山东大学体育学院2019级本科生；司湘湘，山东省体育产业发展中心部长，主要研
究方向为体育产业。

促进体育消费十项措施》等政策。大力引进国际国内品牌体育赛事，举办民间传统体育特色赛事，引导社会力量参赛办赛，增大赛事供给。搭建促进体育消费大型会展平台，组织开展山东省体育惠民消费季活动以及打造线上线下联动的消费新场景。

二　做法与成效

（一）强化政策机制，健全体育消费保障

《山东省"十四五"体育发展规划》明确提出要加强消费市场监管，优化体育消费环境，积极创建国家体育消费试点城市。各地市积极响应，制定体育消费试点工作的实施方案，出台促进体育消费意见，推动体育消费市场发展，优化体育消费环境。部分城市成立以市政府领导为主要责任人、市直有关部门单位参与的消费试点工作专班，协调解决工作推进中遇到的重大问题，并将体育消费试点等工作纳入全市经济社会发展综合考核，高力度推进体育消费试点工作，营造促进体育消费的良好氛围。

（二）拓宽体育市场，丰富体育消费需求

山东省充分重视体育本体产业，积极引进国际国内大型体育赛事，设立体育发展资金引导和扶持社会力量办体育，鼓励各地市举办特色体育赛事以及民间传统体育特色赛事，努力打造精品体育赛事品牌，增加体育消费参与和观赛选择。丰富和完善全民健身活动体系，大力发展休闲健身，完善业余体育竞技体系。疫情防控常态化下大力开展居家健身，开设电视教学专栏，组织教练录制短片，举办线上马拉松等丰富体育产品和服务供应。

（三）搭建消费载体，刺激体育消费行为

高标准建设山东省体育产业服务大厅，提供资源整合、产权交易、项目孵化等服务，支持各地打造体育产业智慧化服务平台，积极举办山东体育用

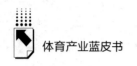

体育产业蓝皮书

品博览会、山东体育产业大会、中国（青岛）时尚体育产业大会等展会、论坛。结合体育消费季、体育博览会、全民健身主题活动，惠及全省，发放各类体育消费券，释放体育消费潜力。开展体育用品专题促销，营造促体育消费氛围，激发广大市民和游客消费热情。

（四）丰富体育业态，拓展体育消费空间

以体育设施为载体，建设提升一批具备体育基本服务功能，集休闲、旅游、娱乐、购物于一体的体育服务综合体，推进运动空间向"功能+场景+体验"的沉浸式体育消费空间转变。充分利用闲置资源，改造建设为全民健身场地设施，努力实现企事业单位、学校体育场资源共享，增加全民健身场所和设施。支持举办国际顶级帆船、赛车、电竞等赛事，扩大体育高端消费。推动体育与养老服务、教育培训等融合，促进体育旅游、体育传媒、体育会展、体育广告、体育影视等相关业态的发展。繁荣发展夜间体育经济，打造一批夜间体育消费集聚区。

案例1 国家体育消费试点城市：青岛

2021年，青岛市体育局按照总局和省局的部署要求，以开展国家体育消费试点为契机，始终坚持"以人民为中心"的工作理念，克服疫情带来的不利影响，强化责任，积极行动，积极培育体育消费新理念、新业态、新模式，取得了积极成效，赢得了良好的社会反响。

（一）基本情况

截至2020年底，青岛市体育产业总产出630.93亿元，增加值达244.92亿元，增加值占全市GDP比重达2.0%；全市居民体育消费总规模达到290.60亿元；2021年，青岛市体育产业总产出预计超700亿元，人均体育场地面积达3.33平方米，人均体育消费突破2950元。

全年举办市级以上大型赛事60余项，成为2023年亚洲杯举办城市之一。全市有市级体育单项协会66家，市级各类体育俱乐部481家。培育了英派斯、英吉多、三柏硕、迈金科技、龙飞国球、玛泽润船艇等一大批国内

领先的体育骨干企业，产业竞争力日益增强。

建立青岛市体教融合联席会议制度，全面释放青少年体育动力活力。成立体医融合专家咨询委员会，开展智慧体医融合示范社区试点，成立体医融合专家志愿讲师团，为广大市民提供科学健身指导服务。青岛位列2021年体育旅游热门境内城市排行榜第3名；青岛时尚体育冰雪温泉游线路、青岛时尚体育旅游线路分别入选2021年春节、国庆黄金周山东体育旅游精品线路；奥帆中心获评国家体育旅游示范基地，并入选2021中国体育旅游十佳精品景区；青岛攀山阅海体育休闲游入选2021中国体育旅游精品线路。

（二）做法与成效

1. 建机制、出政策，确保试点规范有序

一是完善各项工作机制。成立由市政府分管领导任主要负责人，体育、发展改革、教育、财政、规划、市场监管等部门参与的消费试点工作专班，统筹推进体育消费试点工作，及时分析试点工作中的成效和不足，协调解决工作推进中遇到的重大问题，积极营造促进体育消费的良好氛围。为进一步促进全民健身和体育消费，推动各项工作措施顺利实施，结合当前重点工作和重点项目，成立市政府主要领导任主席的2023年亚足联中国亚洲杯青岛赛区组委会；成立常务副市长、宣传部部长、分管市长任组长的世界羽联及中国羽协项目落地推进工作专班；建立分管市领导任召集人，政府各相关部门参与的全民健身工作联席会议制度。

二是制定试点实施方案。青岛市委、市政府高度重视促进体育消费相关工作，主要领导多次对体育工作做出批示要求。市政府常务会议专题研究制定《关于推进国家体育消费试点城市建设工作方案》，提出8方面共25条具体措施，明确任务分工、责任部门和完成时限，为全面推进体育消费试点工作、促进全民健身、扩大体育消费确定了打法思路。分管市领导、市体育局领导先后多次召开体育企业经营发展专题座谈会，分析研判当前体育行业经济发展形势，了解掌握各体育企业生产经营状况，为更好地促进体育消费、推动企业健康发展建言献策。全市每月召开的经济运行情况专题调度会上，体育服务业企业营业收入和工资总额收入均作为重点指标进行调度，并

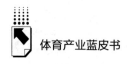

报告当前体育消费领域存在问题和下一步措施建议。

三是出台促进消费意见。2021年1月，青岛市出台《关于促进全民健身和体育消费推动体育产业高质量发展的实施意见》，提出发展全民健身、激发体育消费潜能、促进体育产业提质增效等20条措施，着力打造体育产业发展平台支撑高地、政策引领高地、品牌隆起高地和人才聚集高地。出台《青岛市体育赛事活动补助资金实施细则》，激发社会资本参与体育的积极性，全年共投入260余万元对社会力量承办的8项体育赛事给予补助。修订《青岛市高水平职业体育俱乐部扶持奖励管理办法》，完善职业俱乐部扶持奖励机制，引导俱乐部良性健康发展，全年共投入3300万元对职业足球、篮球和羽毛球进行扶持奖励。

2. 搭平台、拓空间，持续激发消费潜能

一是丰富体育产品和服务供给。面对疫情冲击，大力开展居家健身，开设电视教学专栏、开办空中大讲堂，组织专业教练录制健身短视频，创办"跑遍青岛"大型主题活动和社区运动会，积极克服疫情带来的不利影响，如期举办2021青岛马拉松、"发现·青岛"城市定向赛等大型路跑赛事，成为全城狂欢的节日。与澳门联合发起青澳帆船拉力赛，成为迄今国内最长的离岸拉力赛。成功举办疫情以来全国首个允许观众现场观赛的体育赛事——CBA全明星周末以及青岛市第五届运动会、第十三届青岛国际帆船周·青岛国际海洋节、全国游泳冠军赛、山东半岛帆船拉力赛等大型品牌赛事，不仅让城市因体育而活力四射，也有力拉动旅游、餐饮、住宿等业态的消费。举办第二届青岛时尚体育节，5000多人参赛，吸引线上线下370万余人次观赛；体育节期间，金沙滩啤酒城入园游客207.06万人、体育赛事活动吸引144.9万人次观看，达入园总人数的70%。组织2021青岛时尚体育季，跨时3个月，活动通过线上线下相结合的方式，共设"会议论坛、会展、时尚体育购物节、时尚体育赛事、时尚体育展演、时尚体育文化溯源游、观摩推介"七大板块，线上线下流量突破1000万次，极大地满足了市民健身消费需求，初步统计，活动产生的直接经济效益超过8000万元。

二是搭建体育消费载体。牵头成立胶东五市冰雪运动产业促进会，举办山东省冰雪体育旅游新场景资源线上推介会，推出 5 大场景共 10 条时尚体育冰雪旅游路线。春节假期，全市参与冰雪运动体验超 8 万人次。完成"青岛智慧体育平台"一期建设，配套"琴运动"小程序即将正式运行，下一步将整合接入场馆设施、赛事活动、科学健身指导服务等资源，更好地为市民提供全民健身服务。创新发展体育资源交易平台，持续丰富平台宣传、推广、招商、挂牌等服务内容，全年为 42 项赛事活动提供一键报名服务，挂牌 130 条赛事活动产品，发布 72 条专业体育知识线上视频培训讲解，促进体育资源交易意向近 1000 万元。发放体育惠民消费券，涵盖体育健身、体育培训、体育场馆、体育用品四大领域，采取"财政补贴、平台支持、商家优惠、市场撬动"的方式，超 3 万人领取，直接受益 1000 余万元，拉动消费 6000 万元。开展"双十一"体育公益直播，向市民群众派发健身卡总价值超过 25 万元，提升市民健身健康意识。与支付宝合作推出"你健身我买单，8000 步兑换一元钱"活动，打造体育消费新热点，满足群众多样化健身需求。会同商务、工信等部门，组织时尚青岛 88 欢乐购（8 月 8 日至 9 月 20 日）、中秋国庆节日购（9 月 21 日至 10 月 31 日）等活动，开展体育用品专题促销，营造促体育消费氛围，激发广大市民和游客消费热情。开展"金牌"教练进机关企业社区线上线下活动，英派斯、全时等 6 家健身机构 60 余家门店与近 200 余家机关企事业单位合作，录制教学视频 12 个，近万人次参加，让广大机关企事业单位人员充分感受科学健身的魅力，养成健身消费的良好习惯。

三是拓展体育消费空间。连续 5 年将笼式足球场、多功能运动场地建设列为"市办实事"，每年投入 3000 万元，共建成 686 处笼式多功能运动场；2021 年新建以体育公园、笼式多功能运动场、社区健身健康中心为主的健身场地 40 处，结合口袋公园建设，新建更新健身设施 220 处。全市健身场地达到 11000 余处。加大项目招引。按照市委"项目落地年"部署要求，紧盯重点体育项目，盘活体育事业发展。2023 年亚洲杯专业足球场已提前封顶，各项筹备工作有序推进。成功申办 2022 年激光雷迪尔级帆船世界锦标赛、首届全国水上运动会、全国蹦床锦标赛等国家级以上体育赛事。中国

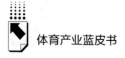

足球学院青岛分院、山东体育学院青岛产教融合实训基地、中国羽协训练基地成功签约落地；与腾讯科技、天际电竞等公司分别达成合作共识，在数字体育、职业电竞等方面展开合作。

3. 调结构、促融合，试点工作成效显著

一是消费规模不断扩大。截至 2020 年底，体育产业总产出 630.93 亿元，增加值达 244.92 亿元，增加值占全市 GDP 比重达 2.0%；全市居民体育消费总规模达到 290.60 亿元，创历史新高；人均体育消费 2885.35 元，占人均消费支出的 9.5%，占人均可支配收入的 6.1%。羽毛球、篮球是青岛人的"最爱"。2021 年，青岛市体育产业总产出预计超 700 亿元，人均体育场地面积达 3.33 平方米，人均体育消费突破 2950 元。

二是重点产业发展迅速。竞赛表演业发展势头良好，全年举办市级以上大型赛事 60 余项，职业足球、篮球、羽毛球等水平和影响力逐年提升，全市拥有 4 支职业足球队伍，位居全国前列，青岛成为 2023 年亚洲杯举办城市之一，青岛马拉松跻身全国 20 强。体育休闲健身产业潜力巨大，全市有市级体育单项协会 66 家，市级各类体育俱乐部 481 家，涉及体育项目 90 余项。体育制造业呈现集聚化发展态势，培育了英派斯、英吉多、三柏硕、迈金科技、龙飞国球、玛泽润船艇等一大批国内领先的体育骨干企业，产业竞争力日益增强。

三是产业融合深入发展。体教融合成效显著，建立青岛市体教融合联席会议制度，最大限度聚合教学、训练、竞赛、场地、人才等优质资源要素，全面释放青少年体育动力活力。我市做法在全国青少年体育工作会议上做经验介绍。今年孙春兰副总理在青调研期间，对我市体教融合工作给予充分肯定。体卫融合稳步推进，成立体医融合专家咨询委员会，命名授牌 27 家体医融合试点（推广）单位，开展智慧体医融合示范社区试点，成立体医融合专家志愿讲师团，为广大市民提供科学健身指导服务。体旅融合发展迅速，中国体育旅游消费大数据报告（2021）显示，青岛位列 2021 年体育旅游热门境内城市排行榜第 3 名；青岛时尚体育冰雪温泉游线路、青岛时尚体育旅游线路分别入选 2021 年春节、国庆黄金周山东体育旅游精品线路；奥帆中心获评国家体育旅游示范基地，并入选 2021 中国体育旅游十佳精品景区；"青岛攀山阅海体育休闲游"入选 2021 中国体育旅游精品线路。

（三）未来发展思路

1. 培育体育消费理念

制定《青岛市关于构建更高水平的全民健身公共服务体系实施方案》。以纪念毛主席题词"发展体育运动 增强人民体质"70 周年为主题，举办全民健身运动会、冬季运动会、社区运动会、跑遍青岛、登山节、"青岛球王"系列赛、国家体育锻炼标准测试赛、机关企事业单位体育联赛等系列活动。倡导、推广居家健身新模式，举办线上健身挑战赛、云上运动会，丰富体育供给，扩大市民参与。指导和支持社会力量举办赛事活动，将运动项目的推广普及作为体育社会组织的主要评价指标。

2. 拓展体育消费空间

按期完成"市办实事"项目，年内新建以体育公园、笼式多功能运动场、社区健身健康中心为主的健身场地 50 处，更新新建健身路径 300 处。提高智能化体育设施配建比例，推动实施社区健身设施夜间"点亮工程"。启用青岛市智慧体育平台，建设市民体育档案，编制市民健身地图，提升体育惠民能力水平。组织青春足球场竣工验收。推进弘诚体育场改扩建工程立项。有序推动有条件的训练中心、体校及机关企事业单位健身场地设施向社会开放。推动世界羽联分支机构项目和中国羽协训练基地项目签订正式协议并开工建设；推动中国银行数字体育、山东体育学院实训基地、中国足球学院青岛分院等项目建设；加强与腾讯、久事、EAGAME 等知名企业交流合作，推动王者荣耀、F1 电竞中国冠军赛和 EA 冠军杯落户青岛。

3. 激发体育消费潜能

发挥跑团联盟等群众自发性健身组织作用，推广"健身银行"跑步兑换积分活动，激发群众健身热情。持续开展"你健身，我买单"体育惠民消费券发放。组织开展市级精品体育赛事评选，积极参加国家、省级精品赛事评选。组织体育产业诚信经营商家评选，做好星级体育健身俱乐部和 A 级体育技能培训机构评定等工作，组织健身经营单位开展青年职工技能比

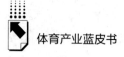

武,引导和支持培训机构开发多样化的特色课程。

4. 加强体育消费环境

优化商务、市场监管等有关部门和体育预付消费领域的监管,促进体育市场主体自我约束、诚信经营。发挥体育消费纠纷巡回法庭、体育产业诚信联盟、光荣榜、曝光台等平台作用,优化体育消费环境。开展体育消费调查和试点工作绩效评估,总结形成可复制、可推广的试点经验。建立体育产业政策服务库,开展体育及相关产业统计调查,更新、完善全市体育及相关产业单位名录库。加强与体育企业的常态化联系,建立政企沟通联系点,实行点对点跟踪服务。

5. 搭建体育消费载体

举办第二届中国·青岛时尚体育产业大会,组织"欢庆冬奥万人冰雪"——青岛时尚冰雪季、时尚体育服装节、时尚体育季等活动,打造青岛时尚体育IP。完善体育资源及IP交易平台交易服务功能,提高资源配置和聚散能力。发挥各类联盟、展会、赛事活动等平台作用,实现城际资源共享、共同发展。做好国家、省体育产业基地以及省级体育服务综合体参评推荐工作,再创一批国家和省级体育产业示范基地(单位、项目)。

6. 推动体育赛事消费

办好2022年ILCA6(原激光雷迪尔)女子世界锦标赛及ILCA6男子世界锦标赛。根据疫情防控形势,举办第五届"远东杯"国际帆船拉力赛、第三届上合组织国际象棋网络团体赛等国际级赛事。积极申办承办全国游泳锦标赛、全国蹦床锦标赛、中国帆船城市超级联赛、中国家庭帆船赛、中国(青岛)水上休闲运动会、中国击剑俱乐部联赛、全国啦啦操联赛(青岛站)、全国壁球俱乐部联赛等国家级赛事。2022年举办青岛马拉松、第十四届青岛国际帆船周·青岛国际海洋节、城市俱乐部国际帆船赛等自主品牌赛事。

7. 加快体育融合发展

深化体医融合,发布《青岛市市民体质状况白皮书》,组织举办体医融合系列公益活动和专家巡讲,联合市卫健委开展运动处方、健康管理、基础医疗和急救课程培训研讨，依托体医融合试点（推广）单位开展慢性病运动干预研究和服务。推进体育教育融合，完善政府主导、部门协同、社会参与的青少年体育工作体系，建立优秀教练员、运动员走进校园、社区志愿服务机制，组织开展体育指导服务，举办"奥运全运冠军公益行"入校园活动。发展体育旅游，组织全市体育旅游线路、时尚体育打卡地征集、宣传推广和评比活动，开发培育一批国家级、省级体育旅游精品景区、精品线路和体育旅游目的地精品项目。

案例 2　国家体育消费试点城市：日照

2020 年，日照市成功入选国家体育消费试点城市。2021 年，在国家体育总局、省体育局的支持指导下，日照市认真贯彻落实体育总局办公厅《关于进一步做好体育消费试点工作的通知》要求，积极推进体育消费机制、政策、模式和产品创新，推动体育消费增长和结构升级。

（一）基本情况

日照市政府加强组织领导，成立了以市长为组长，相关市领导为副组长、市直有关部门单位主要负责同志为成员的日照市推进国家体育消费试点工作领导小组，全市一盘棋，市、县联动，镇（街道）、村（社区）合力，统筹抓好体育消费试点工作。并高规格出台了《日照市推进国家体育消费试点工作实施方案》《日照市人民政府关于深化体教融合促进青少年健康发展的实施意见》《中共日照市委　日照市人民政府关于建设现代化海滨体育名城的意见》《日照市人民政府关于印发日照市体育产业规划（2021—2025年）的通知》《日照市人民政府关于印发日照市全民健身实施计划（2021—2025 年）的通知》等政策文件。

创新体育消费季活动。分 7 月"暑假季"、9 月"开学季"、11 月"冰雪季"三个批次，发放总额 100 余万元体育惠民消费券，拉动体育消费 700余万元。创新假日体育消费活动。在"五一"假期、"十一"黄金周、春节黄金周等重要节假日期间，组织开展丰富多彩的体育赛事活动，节前汇总发布赛事信息，促进节假日体育消费。创新"互联网＋"体育消费，应对突如

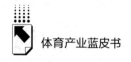

其来的疫情，大力开展"居家健身 共享健康"线上直播活动、抖音挑战赛等系列活动，播放量超过1000万次。开展"赢动少年"寒假线上亲子体育节、寒假"居家亲子运动汇""奔跑吧·少年"儿童青少年主题健身等线上活动，全市343所中小学、18.3万中小学生参与。创新体育培训消费。举办"奔跑吧·少年"儿童青少年主题健身活动，开展暑期青少年体育运动培训，涉及篮球、足球、网球等10余项体育运动项目，培训青少年近万人次。创新冰雪运动消费。开放日照香河体育公园滑冰场，冰场总面积1800平方米，可容纳300人同时进场，冰场内可开展花样滑冰、短道速滑、冰壶、冰球等众多冰上运动项目。2022年春节假期，全市各滑雪场、滑冰场共吸引游客4.3万人次，拉动营业收入近210万元。创新体育康养消费。成立日照市体育医院，建立慢病管理标准化体系，开展运动风险评估，建立针对不同人群、不同环境下、不同身体状况的运动处方库，在线慢病管理服务30万人次，线下干预10万余人次，健康教育覆盖50万余人次。

（二）做法与成效

1. 强化政策机制，扎实推动国家体育消费试点工作

2021年3月16日，日照市人民政府办公室印发《日照市推进国家体育消费试点工作实施方案》，明确了体育消费试点目标、工作举措、保障措施、任务分工等内容，成立了以市长为组长，相关市领导为副组长、市直相关部门主要负责人为成员的日照市推进国家体育消费试点工作领导小组，大力推进体育消费试点工作。并印发市委、市政府文件《关于建设现代化海滨体育名城的意见》，提出到2035年将日照市打造成为"打造市场活跃、提质升级的海滨体育休闲消费胜地"的任务目标，明确培育体育产业市场主体、创建体育消费场景、优化体育营商环境等工作举措。制定印发了《日照市体育产业规划（2021—2025年）》《日照市全民健身实施计划（2021—2025年）》等规划文件，对"十四五"期间促进体育消费做了系统谋划。

此外，连续3年将体育消费试点等工作，写入市委全委会报告、市政府工作报告和市委改革要点，纳入全市经济社会发展综合考核，市委、市政府

督查室、市考核办公室定期进行督导考核，激发了全市各级各部门重视体育产业、支持体育消费试点工作的积极性和热情，确保试点措施落实落地。

2. 强化改革创新，推动体育消费试点突破发展

按照《日照市鼓励社会力量举（承）办重要体育赛事市级补助资金管理办法》《日照市人民政府办公室关于加快体育产业高质量发展的实施意见》等文件，2021年共发放社会力量举（承）办重要体育赛事、创建省级以上体育产业示范单位企业奖补财政资金380万元。2022年起，每年设立1000万元的体育发展资金，进一步引导和扶持社会力量办体育，加快推动体育产业发展，壮大体育消费市场主体。

竞技性赛事与群众性赛事结合，举办了第十四届全运会三人篮球、女子足球、男子水球资格赛、2021中国山地马拉松系列赛（山东五莲站）、中国（日照）第四届捷力100绿道骑行耐力赛、中国网球巡回赛CTA800（日照站）、全国帆船锦标赛暨东京奥运会帆船项目备战大合练、2021日照马拉松等20余项省级以上体育赛事活动。举办绿水青山运动会、生态田园运动会等全民健身赛事活动3000余项，全市经常参加体育锻炼人数比例达到46%。以"办赛精彩、参赛出彩、发展增彩"为目标，全力筹备2022年山东省第25届运动会。

开展第二届体育惠民消费季活动，分"暑假季""开学季""冰雪季"三个批次，发放100万元体育惠民消费券，吸引全市41家体育场馆、健身俱乐部参与，带动市民体育健身消费1.3万人次，拉动体育消费近400万元。配合山东省体育局发放省级体育惠民消费券，累计发放金额38.5万元，核销36.8万元，带动市民体育健身消费1449人次，拉动体育消费313.2万元，有力地释放了体育消费潜力。

发挥日照市国家水上运动训练基地、沙滩排球训练基地、国家游泳（跳）队训练基地、中国网球协会训练合作单位等国字号训练基地优势，吸引国家帆船队、赛艇皮划艇队、网球队、U系列足球队等国家队和其他省市专业运动队到日照驻训，2021年在日照备战的国家帆船、皮划艇等8支国家队，在东京奥运会上取得了9金3银2铜的优异成绩。举办了"奔跑吧·

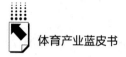

少年"儿童青少年主题健身活动,开展暑期青少年体育运动培训,涉及篮球、足球、网球等 10 余项体育运动项目,培训青少年近万人次。立足水上特色,举办 2021 "航海勇士"夏令营、OP 帆船夏令营等帆船、帆板相关水上运动培训活动,日照游泳中心以"五池同开"为亮点,实现游泳培训收入 464.49 万元。

支持体育综合体建设,将体育消费场景与户外游憩、生态旅游、休闲餐饮等业务叠加,构建了日照香河体育公园、日照网球中心、日照奥林匹克水上运动小镇等体育综合体,打造了中加国际健康管理中心、驻龙山自行车主题公园、安泰网球公园等 3 处省级体育产业示范单位、项目、综合体和 2 个国家级、3 个省级体育旅游精品项目,连续第 3 年获评"中国体育旅游十佳目的地"。成立全省首家市级国有体育资源发展平台——日照体育发展集团,首家市级体育医院日照市体育医院,培育了安泰体育、领航体育等一批体育服务业"规上"企业。

3. 厘清发展脉络,确定体育消费试点重要路径

一是摸清了体育消费结构。完成《2020 年度日照市居民体育消费调查分析报告》,2020 年日照市居民人均体育消费为 1941.06 元,占人均消费支出的 11.8%,全市体育消费总规模为 57.6 亿元,与 2019 年相比,全市人均体育消费增加了 76.93 元,增幅为 4.1%,占人均消费支出的比重提升了 0.4 个百分点。二是摸出了体育产业主体底子。体育产业市场主体不断壮大,组建国有日照体育发展集团、成立日照体育医院,全年推进体育产业招商引资到位资金 5.22 亿元,创建山东省体育产业示范单位(项目)、体育服务综合体 3 个,全市体育法人和产业活动单位 1330 家,纳统入库"规上"企业 31 家。三是走出一条体旅融合特色路径。坚持"体育用赛事串、旅游用项目串、属地用特色串、部门用优势串",致力开发"赛前适应+赛中竞技+赛后旅游"的多日体育旅游产品,形成"一日比赛、多日停留;一人参赛,多人旅游;单人竞赛,多人消费"的体育旅游模式。建成启用全长 61.8 公里的阳光海岸——山海风情绿道,日照市获评"2021 中国体育旅游十佳目的地",日照奥林匹克水上运动小镇入选"2021 中国体育旅游精品

景区"。

（三）未来发展思路

1. 扩大体育消费供给

统筹疫情防控和赛事安全，成功举办山东省第25届运动会，做大省运经济，推动22处新建改建场馆开放运营，促进市民体育健身消费。完善"发展三大球、做大水文章、打好户外牌、唱响特色戏"的赛事体系，举办好东北亚围棋新锐对抗赛、全国网球团体锦标赛、中国体操节、日照马拉松等重大品牌赛事，联合承办好第十二届全国体育科学大会暨第二届全国体育科技创新大赛，扩大体育赛事消费。发挥政府社会力量办赛奖补资金的引导作用，扶持电子竞技、围棋、网球等运动项目商业性赛事做大做强，提升赛事职业化发展水平。

2. 打造一批体育消费新场景、新载体

开展2022年时尚体育消费季活动，继续发放体育惠民消费券，结合重大赛事举办和节假日期间，创新发放形式，提升市民参与度和消费体验。利用体育场馆、商业设施等空间，打造夜间经济和假日经济体育消费新场景。引导体育场馆优化发展定位和经营内容，积极开展体育竞赛表演、大众健身服务、体育教育培训、体育健康管理等主体经营服务，拓展旅游休闲、展览路演、商业服务、会议会展等服务功能。办好2022年山东体育产业发展大会暨现代化海滨体育名城发展大会等重大会议，发挥展会经济效应，为全市体育市场主体发展搭建高质量、高水平的交流、展示平台。

3. 培育壮大体育市场主体

贯彻落实《日照市人民政府办公室关于加快体育产业高质量发展的实施意见》等支持体育产业市场主体发展的政策措施，提高体育产业市场主体数量，促进体育企业做大做强。做好体育产业统计，摸清"规上"企业和"准规上"企业的底子，指导在统企业做大做强，推动符合条件的体育企业单位纳统入库。开展体育产业经济统计和居民体育消费调查统计，为国家体育消费试点工作验收提供坚实的数据支撑，进一步夯实省运年全市体育经济底数。支持体育用品制造企业和体育服务业两大类市场主体发展，推动

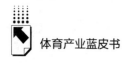

体育制造向智能化转型升级，开展体育健身俱乐部标准化建设，创建一批省级体育健身俱乐部，示范推动全市体育健身俱乐部规范健康发展。

4. 拓展体育消费渠道

做好"体育+"文章，推动体育与文化、旅游、康养等融合发展，提供体育旅游、体育健身等多元消费产品，不断拓展、延长"日照体育消费菜单"。深入打造已有体育旅游品牌，指导景区、景点及有关单位，做好体育旅游精品景区、线路等标识系统和相关配套设施的完善、提升，指导体育旅游景区和线路上布局特色赛事活动，切实将体育旅游发展成绩做实、做深、做透。整合体育旅游资源，支持各景区、景点打造特色化、差异化的体育旅游精品项目，持续争创一批国家、省级体育旅游精品项目，擦亮"中国体育旅游十佳目的地"城市名片。

三　未来发展思路

（一）融合新技术，助推体育消费升级

在新冠肺炎疫情防控期间，数字科技赋能体育，是体育消费依然保持着较高增长的首要动因。居家健身、线上消费成为消费者的主要方式，培养了大批居民线上体育消费的习惯。应继续以大数据处理技术、5G 技术、体感技术等核心科技作为推进体育消费的科技引擎，推动"科技+体育"和"互联网+体育"深度融合，创新体育产品或服务，打造数字化体育消费新场景，引导大众对体育产品或服务的消费需求，提高大众体育产品（服务）的消费水平，加速扩大体育消费规模。实施运动积分兑换，对体育消费者建档、健康信息统计、个人体育消费偏好等方面进行数字化生成，数字化体验。

（二）发展多业态，拓展体育消费渠道

做好"体育+"文章，延长"体育消费菜单"。深化体医融合，组织

举办体医融合系列公益活动和专家巡讲，联合市卫健委开展运动处方、健康管理、基础医疗和急救课程培训研讨，依托体医融合试点（推广）单位开展慢性病运动干预研究和服务。推进体育教育融合，完善政府主导、部门合作、社会参与的青少年体育活动体系，建立优秀教练员、运动员走进校园、社区志愿服务机制，组织开展体育指导服务，举办"奥运全运冠军公益行"入园活动。深入打造已有体育旅游品牌，指导景区、景点及有关单位，做好体育旅游精品景区、线路等标识系统和相关配套设施的完善、提升，指导体育旅游景区和线路上布局特色赛事活动，切实将体育旅游发展成绩做实、做深、做透。整合体育旅游资源，支持各景区、景点打造特色化、差异化的体育旅游精品项目，持续争创一批国家、省级体育旅游精品项目。

（三）培育新动能，满足体育消费需求

坚持以制度创新为保障，出台一系列制度保障体育消费升级领域的持续创新，借助投资融资、税收优惠等方面的扶持政策，以及设立专项基金项目等，提高体育消费升级领域的科技研发能力，为创新驱动创造良好的制度环境，从而促进体育消费升级。坚持以人才培养为核心，加大专业人才的培养力度，高校通过产教融合、校企合作的方式与相关企业联合培育人才，加快建设体育科技创新平台、体育科技创新示范区，实现从"人口红利"到"人才红利"的转变，突破体育消费升级的智力瓶颈，增强体育消费产品的创新研发能力，提升产业竞争力，促进产业链从低端向高端的迈进，满足消费者日益增长的体育消费需求。

（四）强化新保障，优化体育消费环境

利用信息技术强化社会信用体系建设，依托各级各类的在线平台整合商家信用数据，构建以信用为基础的市场监管机制，促进体育市场主体自我约束、诚信经营。推进体育消费市场的法治化建设，坚决打击假冒伪劣产品，建立体育消费市场黑名单制度，发挥体育消费纠纷巡回法庭、体育产业诚信

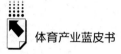

联盟、曝光台等平台作用，优化体育消费环境。开展体育消费调查和试点工作绩效评估，总结形成可复制、可推广的试点经验。建立体育产业政策服务库，为体育市场主体搭建高质量、高水平的交流、展示平台。加强与体育企业的常态化联系，建立政企沟通联系点，实行点对点跟踪服务。

参考文献

王雪莉、付群、郑成雯：《2010—2019 年中国体育消费政策落实：问题与对策》，《体育科学》2019 年第 10 期。

严鑫、周铭扬：《新经济下体育消费升级制约因素与实现路径》，《体育文化导刊》2021 年第 11 期。

汪雅莉、刘芳枝、杨铁黎：《我国体育消费发展现状及促进策略》，《体育文化导刊》2021 年第 12 期。

王立、罗帅呈、郑志强：《我国大众体育消费：理论探源、制约因素与实施策略》，《企业经济》2022 年第 2 期。

B.11
国家体育产业基地的山东创新

——以城阳国家体育产业示范基地、荣成国家体育产业
示范基地为例

李拓键　时胜楠　徐龙波*

摘　要： 近年来，山东省认真贯彻全民健身国家战略，出台《关于进一步加强和规范山东省体育产业基地建设工作的意见》，创新打造体育产业示范基地，并取得显著成效。2020~2021年，山东省共获评4个国家级体育产业示范基地和3个国家级体育产业示范单位。本文在梳理山东省体育产业示范基地和山东省体育服务综合体的基本情况、做法与成效的基础上，选取城阳国家体育产业示范基地和荣成国家体育产业示范基地两个典型案例进行个案分析，为山东省乃至全国体育产业的发展提供示范经验。

关键词： 体育产业示范基地　体育服务综合体　体育服务业态　山东省

一　基本情况

（一）2020~2021年国家级体育产业示范基地获评情况

根据《体育总局关于进一步加强国家体育产业基地建设工作的通知》

---

* 李拓键，山东大学体育学院副教授，硕士生导师，主要研究方向为体育产业、体育管理；时胜楠，山东大学体育学院，2020级硕士研究生；徐龙波，山东省体育产业发展服务中心部长，主要研究方向为体育产业。

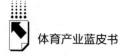

和《国家体育产业基地管理办法（试行）》，在各地体育局申报推荐基础上，经形式审查、专家评审、现场评估和综合评定，山东省 2020～2021 年获评国家体育产业基地名单如表 1 所示。

表 1　2020～2021 年度山东省国家体育产业基地获评名单

年份	获评名称	地区	获评单位
2020	国家体育产业示范基地	惠民县	惠民国家体育产业示范基地
		临沂市兰山区	兰山国家体育产业示范基地
		青岛市城阳区	城阳国家体育产业示范基地
	国家体育产业示范单位	淄博市	诺威聚氨酯股份有限公司
		泰安市	鲁普耐特集团有限公司
	体育旅游类	潍坊市	齐鲁酒地文化发展股份有限公司
	国家体育产业示范项目	莱州市	莱州中华武校武术创意表演项目
2021	国家体育产业示范基地	威海市荣成市	荣成国家体育产业示范基地
	国家体育产业示范单位	德州市	盛邦体育产业集团有限公司
	国家体育产业示范项目	济南市	建瓯福松体育文化产业园

（二）2021年山东省体育产业示范基地获评情况

2021 年度山东省体育产业基地的评选命名工作根据《关于进一步加强和规范山东省体育产业基地建设工作的意见》等文件规定开展，经各地推荐申报、省级评审和社会公示等环节，27 个单位（项目）获评新一批省级体育产业基地，其中包括 3 个示范基地、17 个示范单位和 7 个示范项目（见表 2）。

表 2　2021 年度山东省体育产业示范基地获评一览

获评名称	获评单位
示范基地	泰安市泰山区
	烟台市经济开发区
	滨州市沾化区大高镇

获评名称	获评单位
示范单位	青岛三柏硕健康科技股份有限公司
	青岛英派斯健康科技股份有限公司
	阳光赛事运营(山东)有限公司
	山东泽普医疗科技有限公司
	山东连胜体育产业有限公司
	济宁市珠江体育文化发展有限公司
	济南锐强体育用品有限公司
	山东恒利纺织科技有限公司
	日照市中加国际健康管理中心
	山东宝德龙健身器材有限公司
	山东王冠体育文化发展有限公司
	威海豪仕达碳纤科技有限公司
	山东路克士体育科技有限公司
	山东港荣体育文化有限公司
	泰安卓易体育服务有限公司
	聊城市皓月健身服务有限公司
	山东滨州依娜渔具有限公司
示范项目	日照市驻龙山自行车主题公园
	泰安市环泰山 T60 大徒步
	青岛市白沙湾足球基地
	滨州市乐钓人渔具有限公司"体育+一村一品一基地+农户"生产示范项目
	潍坊市跆拳道培训项目
	济宁市乒乓球综合运营项目
	威海市国际棒球赛

（三）2021年山东省体育服务综合体获评情况

山东省体育服务综合体的评选命名活动旨在推动建设一批业态融合的体育服务综合体，促进业态结构优化，拓展服务功能，助力山东省体育产业高质量发展。2021 年度遴选出 10 个省级体育服务综合体，具体名单如表 3 所示。

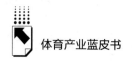

表3　2021年度山东省体育服务综合体获评一览

获评名称	获评单位
体育场馆型	青岛国信体育中心
	济南历城区体育中心
	日照安泰网球公园
	威海荣成市奥林匹克中心
	临沂庆华健身有限公司恒大华府店
商业中心型	枣庄天穹·新视界
	淄博富瑞特全民健身中心
其他型	烟台招远黄金海自驾车运动营地
	菏泽郓城水浒好汉城
	潍坊卡路里健身服务综合体

二　做法与成效

（一）完善体育产业政策，构建"体育+"产业发展格局

山东省高度重视体育产业基地建设，出台了《关于进一步加强和规范山东省体育产业基地建设工作的意见》，以积极争创国家级体育产业基地为引领，引导龙头体育企业组建产业链垂直生态联盟，加快推进"体育+旅游/文化/医疗/康养"产业链跨界合作，整合国内外体育产业领域的优质技术和资源，构建"产业+配套、平台+生态、技术+赋能"的产业发展格局，提高山东省体育产业示范基地的国内知名度和国际美誉度。

（二）开拓体育产业发展新方向，厚积企业核心能力

山东省积极推动企业智能化、数字化转型，支持企业充分利用"国家体育用品工程技术研究中心""国家体育用品竞技器材检测实验室""国家级工业设计中心"等多个国家级研发平台，加强与省内外高等院校、科研机构交流与合作，建立体育产业等相关业务的合作研发基地，引领企业走上

规范、特色、创新、升级的发展道路。积极推动体育产业结构调整，提升体育产业转型升级，力争打造国内外一流的体育产业示范基地。

（三）以资金撬动体育发展潜力，促进体育消费提升

山东省各级政府通过多种形式，为体育产业基地打造提供资金支持。山东省体育局融合多部门资源，开展以"智惠体育、健康生活"为主题的2021第二届山东省体育消费季活动，发放体育消费券政府补贴800万元，叠加合作单位让利优惠累计近8000万元。2021年消费券扩大到全省16市，惠及更多健身群众，实现以财政资金撬动市场资金投入的方式，通过政府投入"多一点"、市场让利"多一点"、百姓实惠"多一点"，实现拉动体育消费、促进群众养成健身习惯、提升体育行业的服务水平、实现促进区域经济增长的目标。

案例1 体育产业示范基地：城阳国家体育产业示范基地

青岛市城阳区不仅拥有厚重的历史文化，在现代时尚城建设中，更有着独特的优势。青岛市城阳区拥有体育产业单位520多家，涵盖体育产业的各个领域，基本形成以体育竞赛表演活动和体育健身休闲活动为引领，体育用品及相关产品制造，体育场馆服务，体育培训与教育，体育传媒与信息服务为支撑的六大板块格局。

（一）基本情况

城阳区始终高度重视体育产业发展，将体育产业纳入全区经济社会发展重大战略和新旧动能转换重要内容，相继出台《城阳区关于进一步加强新时期体育工作的意见》《城阳区全民健身三年行动计划（2018—2020年）》《城阳区足球改革发展实施方案》《城阳区抢占国际青少年足球发展高地作战方案（2019—2022年）》等政策文件，为体育产业高质量发展提供基础保障。

城阳区每年投入1500万元，支持体育产业发展，对高端体育赛事高水平职业体育俱乐部等领域予以重点扶持。2018年全区体育产业总产出48.05

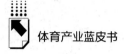

亿元，总产出年均增速超过 13%，增加值 16.24 亿元，吸纳从业人员 1.04 万人。城阳区共有体育企业 207 家，健身俱乐部 500 余家，规模以上健身俱乐部 2 家，规模以上体育企业 7 家，均属于拥有技术专利和独立研发中心的国家支持高新技术企业。市场主体种类众多，涵盖体育产业的各个领域。截至目前，城阳区已建成 43 处综合性运动公园，72 处口袋公园，400 多公里登山路径，100 多公里健身步道，52 处开放学校场地，智能健身器材城市服务机器人和智能显示系统分布在全区各个街道，全面推进群众体育、竞技体育、体育产业、体育文化等各方面发展。

（二）做法与成效

1. 优化顶层设计，民生体育优先

城阳坚持"运动何必去远方，门口就有健身场"的理念，以建设群众身边的健身设施作为方向，推动全区体育设施的建设。自 2017 年以来，城阳区通过"财政投、社会筹、招商引、政策补"的办法，累计投入过百亿元，建成"8 分钟健身圈"和"15 分钟足球运动圈"，满足不同市民的多元化运动需求。城阳区坚持运动公园的综合性、多功能、便民化，实行 24 小时免费开放，不仅配有标准田径场，还配套适合老年、儿童等不同人群的健身设施以及灯光照明设备以及停车场等。每处运动公园服务市民 5000～20000 人，充分满足市民就近参与健身的需求。当前，城阳区参加体育锻炼的市民达到全国领先的 65%。

民生体育得到满足，促进体育产业走向兴盛。为承办大型赛事，城阳投资 28 亿元，建成青岛市全民健身中心，承办山东省第 24 届运动会；投资 1.9 亿元，建成城阳体育馆，作为青岛仁洲俱乐部中国羽超联赛主场地，每年进行 35 场中国最高水准的羽毛球赛；拥有 17 片连片足球场的白沙湾足球基地，落户"中国足球学院青岛分院"。全区共有标准足球场 151 处，平均每万人拥有 2.6 片，被誉为"中国足球桃花源"。青岛黄海足球俱乐部、巴西桑托斯足球俱乐部、乌拉圭国家青少年足球训练基地已牵手城阳。

2. 开办四季赛事，逐步走向国际化

城阳区通过举办高水平专业赛事，不断丰富办赛种类，逐步提升办赛水平。近年来，城阳结合四季特点及地区优势，全力打造全民健身四季赛事，形成"春天登山健步行，夏天燃情绿茵场，秋天掀起健身潮，冬天室内人气高"的赛事格局。在春季，城阳区利用体育将文化和风景串联，在东部山区修建登山路径400余公里，举办全国群众登山健身大会；在白沙河畔建成白沙河运动公园健身步道，举办中国·青岛白沙河全程马拉松接力赛；在胶州湾跨海大桥，举办青岛海上国际马拉松。在夏季，城阳区广邀五大洲40个国家和地区的近7000余名球员齐聚城阳，举办"哥德杯中国"世界青少年足球赛。在秋季，城阳区连续举办全民引体向上大赛、全民健身操舞大赛等重磅赛事。在冬季，城阳区成功举办"一带一路"中欧国际象棋精英赛，挂牌成立中国国际象棋高水平后备人才基地和山东省青少年国际象棋训练基地，推动棋类竞技水平不断提高，青岛城阳国际象棋队成功冲入全国甲级联赛。

3. 大力发挥体育效应，促进时尚城市建设

城阳打造九大活力时尚街区，组织"德瑞马秀"等系列时尚活动，助力青岛"时尚城市"建设。城阳高标准建设青岛上合国际马文化产业园，成立青岛德瑞马术城阳俱乐部，为群众带来优质的马术骑乘体验和培训教学服务，在寓教于乐中享受健康运动体验。打造城阳区CYBA篮球联赛"原创IP"，2019赛季400余名运动员角逐赛场。成立电子竞技运动协会，举办了"阳光城阳时尚电竞周"，创新赛事组织模式，预计年底电竞产业规模将突破2亿元。时尚项目的落户，为城阳城市建设增添了时尚元素。

（三）未来发展思路

1. 落实国家战略，倡导体育新时尚

大力实施健康中国和全民健身国家战略，努力倡导运动健康新时尚。积极培育体育消费新模式、新理念、新业态，政策引领、人才聚集和品牌隆起高地，不断开创体育产业发展新局面，让体育产业成为推动区域经济高质量发展的重要增长极。坚持培育与引进并举，构建品牌赛事体系，每年举办高水平足球赛事10项以上，倡导体育新时尚。

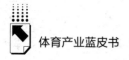

2. 多措并举,多点发力聚焦重点领域

利用财政资金的杠杆作用和引导作用,扶持壮大本土企业,引导外部市场主体集聚。建立体育消费统计长效机制,摸清全区体育消费现状,为科学制定有关政策提供有力依据。加大对传统体育产业的扶持力度,鼓励企业加强科技创新与新技术研发,推动传统体育产业加快转型升级,充分利用"互联网+",加大优势传统产业智能化改造力度,实施品牌战略。大力发展时尚体育,激发城市活力,盘活赛事经济。充分利用优质场馆资源,举办精品赛事,做足"体育+"文章。

案例2 山东省威海荣成市:荣成国家体育产业示范基地

威海荣成市连续3年蝉联全国文明城市,入选全国新时代文明实践中心建设先行试验区、国家全域旅游示范区、全国"双拥"模范城市、全国卫生城市,被评为"2020中国最具幸福感百佳县市""综合生活质量百佳县市""全面小康百佳示范县市""山东省10个县域经济高质量发展先进县"。2021年荣成市被评为国家体育产业示范基地。

(一)基本情况

荣成市地处山东半岛最东端,三面环海,是中国大陆距离韩国最近的地方,属暖温带大陆性季风型湿润气候。设3区、辖12个镇、10个街道,户籍人口65.61万人、常住人口70.91万人。2020年全市生产总值943.2亿元,一般公共预算收入63.7亿元,固定资产投资304.9亿元,工业增加值140.3亿元,进出口总值1258.7亿元。城镇居民人均可支配收入48565元,农村居民人均可支配收入25463元。2020年,实现体育产业总产出50.9亿元,占全市生产总值的5.4%,人均体育消费支出1885.7元。

1. 体育资源情况

2019年荣成滨海国际马拉松被山东省体育局评为"山东省体育产业示范项目",2020年荣成市被山东省体育局评为"山东省体育产业示范基地",2021年被山东省体育局定为"社会力量办体育试点县"。荣成市现拥有国家4A级景区3处、3A级景区11处、2A级景区1处;现有高标准体育场、体育馆各 1 处，滨海公园、樱花湖公园、新世纪体育公园等大中型体育公园11 处；拥有 3 条精品自行车骑行步道 132 公里，健身步道 7 处 51 公里，农村、社区健身设施实现全覆盖，人均体育活动场地面积 3.7 平方米。

2. 产业聚集情况

荣成市以石岛管理区、经济开发区、好运角旅游度假区 3 区作为"南中北"体育规划区。南片石岛管理区以赤山法华院、铁槎山、凤凰湖体育公园、桑沟湾海洋牧场、好当家休闲垂钓基地等资源配合留村、画村等红色文化产业形成体育旅游综合体，辅以小型体育产品制造业、体育健身休闲服务业等，带动周边产业发展。中片经济开发区以房车、游艇、钓具等体育用品生产企业为主，辅以城区全市绝大部分体育健身休闲服务业聚集地、城市体育公园聚集地，综合滨海公园、樱花湖体育公园、荣成奥林匹克中心等资源形成体育休闲旅游目的地。北片好运角旅游度假区以环海路串联那香海水域、成山头、西霞口景区等资源形成集水上体育娱乐、体育旅游、冰雪运动、垂钓等体育健身休闲服务业综合体。同时，规划 3 条精品体育旅游路线，贯穿荣成市"南中北"各类体育优势资源，形成"以线穿点、以点带面"的体育旅游综合体，有效带动了食宿、旅游等相关体育产业迅速发展。

3. 产业发展情况

体育赛事经济。2017~2019 年，荣成市连续举办三届荣成滨海国际马拉松。2019 年荣成滨海国际马拉松由"铜牌赛事"晋升为"银牌赛事"、"最美赛道特色赛事"和"山东省体育产业示范项目"。2019 年马拉松赛事节庆期间每日来荣游客突破 8 万人，星级宾馆入住率高达 90.1%，出现客房难求的局面。全市 7 家重点监测景区累计接待游客 17.78 万人次，门票收入 1515万元，较 2018 年同期分别增长 31.04% 和 9.25%。

体育装备制造业。近年来，荣成体育旅游发展速度较快，其中房车产业发展较为突出。截至目前，全市共有康派斯、龙河、名骏、恒力、自由人、富琪、高登等房车生产企业。产品主要为拖挂帐篷式房车及少量拖挂硬顶式房车，主要销往澳大利亚、新西兰等澳洲国家，"荣成拖挂式房车"在澳洲等国家已具较高知名度。2020 年，荣成市 8 家规上房车企业年产销突破万

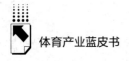

辆，产值突破 10 亿元、增长 20%。

体育健身休闲服务业。荣成凭借着半岛最东端、近海临洋、岸线绵长、滩涂辽阔、岛屿海湾和港口密布等优势，重点打造了一批省级、国家级海钓基地。荣成现有国家级示范海钓基地 9 家，省级示范海钓基地 16 家。其中西霞口休闲海钓基地获得"山东省第一家休闲海钓示范基地"称号。目前，荣成成为全省海钓示范基地最多的县级市，据不完全统计每年接待外地垂钓爱好者 60 万余人次，融合"垂钓比赛+观景旅游"为一体的产业模式，有效提高了游客的观景体验和消费欲望。

（二）做法与成效

1. 积极开办体育活动，创设城市体育发展氛围

荣成市举办东京奥运帆板项目备战大合练、山东省田径"1 小时交通圈青少年体育竞赛"（胶东区）等省级以上赛事，吸引近万人参赛、观赛；承办威海市国际式摔跤等 8 项威海级赛事，参与人数超过 3000 人；举办热气球节、风筝节、汽车拉力赛、摩托车越野、冰雪运动体验等节庆日体育活动，吸引市民和游客约 12 万人，产生经济效益超过 1500 万元；为每村提供 1200 元的体育惠民资金，引导各村举办各类体育活动 3400 余场，参与农村居民超过 15 万人次；举办全民健身运动会系列比赛、社区运动会、机关篮球赛、健步走等活动 100 余场；广泛开展体育项目进校园、夏令营等活动，带动青少年体育培训机构新增会员约 7000 人。

2. 立足城市优势，激活体育健身休闲业活力

荣成市依托获评"2021 年十一黄金周山东体育旅游精品线路"的"荣成环山亲海休闲体育旅游线路"聚拢旅游人群，结合"千里山海自驾游"活动吸引 8.5 万人次自驾来荣，助力西霞口神雕山野生动物园和成山头两个景区入选"山东省国庆假期十大热门景区"；发挥海洋牧场示范区和海钓基地集群优势，举办海洋牧场观光游和第九届全国海钓精英邀请赛（矶钓）等休闲垂钓赛事活动，累计接待游客 10 万余人次，带动经济效益 2000 多万元。

3. 拓宽发展思路，打响荣成体育制造业品牌

荣成市鼓励房车产业发展，全市现有康派斯、龙骏、恒力等 10 多家房

车生产企业和 50 多家配套房车企业，产业集群居国内首位。截至 2021 年 10 月，全市房车产量达到 11.7 万辆，同比增长 66.6%，产值达到 10.2 亿元，同比增长 99%。在 5 月 27 日举办的第十四届上海国际房车展上，荣成斩获"孺子牛奖"等多个奖项。除此之外，荣成市还研发钓具制造业产品，提高市场占有率。15 家钓具生产企业年产鱼竿 35 万支，鱼线轮 24 万个，产生收入 3700 余万元。游艇生产销售业，6 家企业主打冲锋艇、钓艇，顺应海洋休闲产业发展趋势，年内增收 1800 余万元。

4. 助力抗疫，颁布普惠性援企政策

疫情期间，为支持中小企业平稳健康发展，荣成市委、市政府组织相关部门出台了"8 条政策"和复工复产"48 条措施"，推动产业链供应链协同恢复。2020 年，为鼓励企业做大做强，市政府组织各相关部门对全市涉企政策进行了重新修订完善，共出台了工业、科技、招商引资、外贸内贸、质量品牌、金融等 9 个重点行业领域专项政策，在项目用地、人才用工、创新平台、资金扶持等方面给予企业大力支持，全年兑现奖励资金 6430 万元。

（三）未来发展思路

1. 坚实基础，建设体育产业品牌

完善体育场地设施建设，实现新建社区和行政村新国标体育设施覆盖率达 100%。加强放管服改革，扶持、引导体育协会等组织的发展。加大健身宣传和指导力度，培养社会体育指导员，提升经常参加体育锻炼人口基数，为体育产业发展打下坚实基础。持续关注龙头体育企业、品牌的发展，争取到 2025 年，培育 1~2 家体育产业龙头企业或特色制造业，2~3 项有国际影响的品牌赛事、5~6 项精品体育品牌赛事，新增 2~4 处省级及以上级体育示范基地、示范单位或体育服务综合体。

2. 打造精品赛事，发展赛事经济

按照"体育+"开发模式，依托荣成优势岸线及景观资源，做精做活滨海特色体育赛事。通过举办荣成滨海马拉松、航空模型公开赛等一批具有国际、国内影响力的品牌赛事，打造 2~3 个特色精品赛事，赛事期间通过举办海洋美食节、风俗文化摄影展、房车露营、VR 体验等大众休闲配套活

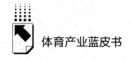

动，延长特色小镇活动时间，扩大赛事影响力；聚焦海洋品牌，发展水上运动，以海为主题，建设集海上运动、海上娱乐、海上演艺于一体的水上项目中心，同时根据荣成特色，开发一批国内外知名的帆船帆板赛、沙滩排球等精品赛事，打造好 OP 帆船、帆板培训基地，优化软硬件设施配备，扩大宣传影响，吸引来荣人数，形成固定客源，打造荣成"海上运动之城"。

3. 强化健身意识，培育健身消费主体

大力开展全民健身运动，将体育运动和体育健身有机结合，倡导积极地健身方式，让健身成为群众生活的一部分，为群众所认可。倡导中小学校广泛开展校园体育活动，确保每名学生掌握 2 项以上体育运动技能，每天体育活动时间不少于 1 小时。加快健身站点建设，围绕站点定向培训社会体育指导员，推行社会体育指导员挂靠健身站点制度，发挥指导员在全民健身工作中的引导作用，开展社会指导培训。推进基层惠民活动开展，提升市民健身意识。引导体育生活进社区，充分发挥镇级、村级体育总会作用，将体育健身活动融入居民日常生活，培育市民体育健身观念、体育消费观念。提升体育消费主体的比例，带动体育消费的增长。

三　未来发展建议

（一）降低建设运营成本，加大政策扶持力度

加强政府及相关机构的支持配合，逐步降低体育产业示范基地、体育服务综合体建设运营成本，对于运营初期的服务综合体，应酌情放宽税收要求，因地制宜调整税收政策，减轻税收负担。以划拨的形式为服务综合体建设提供用地，同时不断扩大商业区域的建设及土地利用规模，并实行水、电、气、热等能源优惠政策。完善地方政府部门的审批程序，进一步提升工作效率，针对国家扶持的体育运动产业示范基地和体育服务综合体，制订财税、投融资等财政政策，并建立了专项基金，通过激励、补助、贴息等方法扶持地方建设，并支持符合条件的综合体与示范基地申报国家体育运动产业

集聚区、国家级省级等现代服务业集聚区的有关资质，并支持地方各类体育项目发展。

（二）延伸体育产业链条，打造高端体育智造产业项目

以合作共赢的模式吸纳企业加盟，引入主流体育项目，在扩展项目设置的基础上确保三大球、三小球等传统体育项目的稳步发展。加大战略性新兴项目建设力度，不断创新文化与体育产业链的相关项目开发、储备与建设思路，着力形成了一批具备巨大市场价值的战略性新兴体育产业项目，推动体育产业示范基地和体育服务综合体的可持续发展和高质量发展。全面拓展产业链体系，为促进产业链实现完成"链型架构"向"网式结构"的过渡，各地可针对本地特点和资源优势，积极引导和打造各种运动培训服务项目，着力构建篮球、排球、足坛、网球、羽毛球、乒乓球、武术、高尔夫、舞蹈、冰雪体育等运动竞技项目综合培训基地。鼓励发展以新材料、人工智能和5G条件下打造的高端体育制造项目，支持可回收碳纤维运动装备产业建设，促进高端体育器材生产能力，支持智能冰雪装备产业化项目，提高仿真冰、短道速滑护垫、跳台滑雪台的生产加工能力，助力"三亿人参与冰雪"的国家战略，支持基于5G技术的全民科学健身产品研发生产基地及产业配套项目，继续深化人工智能与体检一体化设备研发，打造全民科学健身新模式，实现全民健康事业与产业的一体化跨越。

（三）培育特色体育项目，打造精品赛事

发掘体育产业示范基地与体育服务综合体二者之间发展特性与共性，推进传统体育项目创造性转化、创新性发展。围绕体育项目的特点与社会需求，在原有体育项目的共性基础上，依托场馆与优势资源的个性特点，打造体育产业示范基地与体育服务综合体共性与个性之间协同发展的局面。结合民族文化特点与需求，打造特色体育赛事，避免同质化竞争，形成具有民族文化特色、社会文化特色以及鲜明时代性的特色体育运动项目

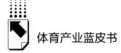

的精神内核和文化标识。鼓励实施多元融合手段，打造优质体育赛事产权及其衍生品，依托大众传媒的手段与方法，提升赛事影响，进而提升商业价值。以群众喜闻乐见的体育文化项目和赛事为目标，打造精品赛事，推动体育强国建设。

参考文献

高鹏：《山东省体育产业基地的价值研判与发展路径研究》，山东体育学院硕士学位论文，2020。

霍震、李安娜：《政策工具视角下中国体育服务综合体相关政策分析》，《体育科技文献通报》2022年第2期。

周鸿璋、刘周敏、曹庆荣：《体育服务综合体空间分布特征及形成因素》，《体育教育学刊》2022年第1期。

卢秉旭：《城市体育服务综合体开发实践研究》，《当代体育科技》2021年第33期。

B.12
体育智能制造的山东代表

——以中国雪蜡车、连胜体育、英派斯、中国体育智能
制造创新大赛为例

唐煜昕 崔博 谭旭*

摘　要： 《山东省"十四五"体育产业发展规划》中明确要求，要转型升
级体育制造业。体育智能制造产业主动求变加大力度推进技术创
新和市场拓展。本文通过中国雪蜡车、连胜体育、英派斯、中国
体育智能制造创新大赛"1产品2企业1平台"多案例分析，探
析山东省体育智能制造的做法与成效及未来发展思路，力求从当
前发展模式中寻求有益借鉴，从实践中引导山东省体育智能制造
产业高质量发展。

关键词： 山东省　体育产业　体育智能制造

一　基础背景

体育产业是前景广阔的朝阳产业，是现代产业体系的重要组成部分，发
展潜力大，关联度高，融合性强，在国民经济和社会发展中的作用和影响越
来越突出。党的十八大以来，以习近平同志为核心的党中央高度重视体育工

---

* 唐煜昕，山东大学体育学院2020级硕士研究生，主要研究方向为体育产业；崔博，山东省体
育产业发展服务中心，主要研究方向为体育制造业；谭旭，山东体育学院校外研究生导师，
山东省体育联合会副监事长，主要研究方向为智能体育。

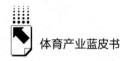

作，全面推进智能制造产业高质量发展。发展体育智能制造不仅是实现中国梦的重要内容，还能为中华民族伟大复兴提供凝心聚气的强大精神力量。顺应技术变革趋势，如何促进竞技器材、健身器材、运动康复、体育游乐等大型制造企业实施工业互联网计划，加快体育制造智能化、数字化、网络化升级。支持体育智能制造深入开展新材料研发和工艺创新，鼓励利用大数据采集技术分析个性化、定制化市场需求，提高智慧体育器材装备、可穿戴式运动设备、智慧运动康复器材、虚拟现实运动装备研发水平。由此，以中国雪蜡车、连胜体育、英派斯、中国体育智能制造创新大赛为代表的山东体育智能制造在此背景下得到蓬勃发展的良好机遇。

二 做法与成效

（一）积极践行国家发展战略

积极响应总书记建设"体育强国""健康中国"的号召，认真研究疫情防控常态化形势下加快体育智能制造产业发展的新方案，吸引汇聚山东乃至全国的优质数字资源，推动"体育+人工智能"等跨界融合，以打造体育智能制造产业的领航者为使命，为加快推进体育强国建设和健康中国建设，做出新的更大的贡献。优化体育智能制造政府顶层设计，构建智能体育发展理论与实践体系。制定更加完善具体的全民健身智能体育发展规划，对智能体育未来的发展方向和目标给予指导政府部门增加对智能体育企业的扶持力度，建立全民健身智能体育企业扶持基金，积极引导和鼓励中小微企业的发展，同时建立大型企业与中小微企业的合作机制，互惠互利，发挥大型企业的带动和引领示范作用。

（二）创新智能体育产业升级

创新智能体育产业升级，提高在体育产业中的应用价值。首先，发挥智能体育独特的竞争优势，充分展现智能体育"专精特新"的产业特点，利用智能体育的先进技术，结合体育产业的具体内容，创新传统体育制造产业落后发展模式，对产业进行升级改造。其次，完善智能体育产业链，扩大智能体育辐射范围，聚焦重点产业发展，加快打造智能体育上下游产业链，增强智能体育产业应用，创建智能体育产业链垂直生态。最后，加强智能体育产业应用体系构建，完善多层次、多链条的应用体系，加强对体育制造业、体育服务业、全民健身等重点领域的应用，提升产业智能化水平，推动体育产业数字化发展，为体育产业转型提供动力。

（三）建立智能体育人才培养体系

人才是智能体育发展的基础和根本，建立良好的人才培养体系是智能体育持续性发展的重要工作。第一，挖掘智能体育高端人才。目前中国严重缺乏人工智能+体育的融合型人才，应吸引国内外相关领域的专家学者进入智能体育产业，提供先进的技术经验。第二，推动政产学研用协调发展。以智能体育市场为主导，利用政府政策驱动智能体育人才培养，建立智能体育创新平台，引入高质量智能体育企业，鼓励高效、科研单位加强智能体育研究，推动创新成果转化和实践应用，释放产业活力。第三，建立智能体育人才培养机制。通过政府、市场、企业、高校4个不同社会主体建立联合培养发展体系，依托体育科技创新平台，加强合作交流，签订可持续输出的人才培养模式，开拓智能体育创新水平，提高智能体育在全民健身中的积极作用。

案例1　中国雪蜡车

（一）基本情况

为落实习近平总书记关于办好北京冬奥会的重要指示要求，提升国家队训练备战的科技助力水平，国家体育总局局长苟仲文同志专门安排山东省负责国产雪蜡车研制工作。接到任务后，山东省委、省政府高度重视，迅速成立由两个副省长任双总指挥的攻关指挥部，经过11个月的顽强拼搏，高质量、高标准完成了雪蜡车研制任务。2021年10月27日，山东省政府向国家体育总局正式交付雪蜡车。2022年1月4日，习近平总书记登上雪蜡车视察，给予充分肯定。北京冬奥会期间，山东派出专业保障团队，圆满完成了国家越野滑雪队参赛保障任务。工作中，真正做到安全可靠，雪蜡车连续40多天正常运转，未出任何故障；真正做到绿色环保，确保车厢内PM2.5、PM10、甲醛等浓度始终保持最低水平；真正做到智能舒适，为打蜡师测试打蜡8000多副雪板提供了最优环境。国家体育总局领导、国家越野滑雪队教练、运动员、打蜡师等，均对雪蜡车给予高度肯定和赞赏。

（二）做法与成效

1. 高位推动，建立健全工作机制

山东省委、省政府始终高度重视雪蜡车研制和服务保障工作，李干杰书记亲自审定了攻关指挥部组建工作方案和雪蜡车研制总体方案，在苟仲文局长致信上批示要全力支持和参与相关工作。周乃翔省长多次做出批示，对雪蜡车服务保障工作提出明确要求。组建了由凌文、孙继业两位副省长担任总指挥，省政府办公厅、省工业和信息化厅、省体育局、省科技厅、省公安厅、山东广播电视台、中国重汽、省工业设计研究院、泰山体育产业集团、海尔、海信、力诺、科华赛邦、大唐宅配等14家单位为成员的攻关指挥部和工作专班，以"国内首创、世界领先、完全国产"为目标，全力开展雪蜡车研制工作。攻关指挥部健全工作机制，强化统筹调度，一月一次调度会议，重大事项随时研究协调解决，累计召开协调推进会议32次，形成会议纪要18期。同时，建立一周一简报工作报送制度，累计印发简报48期，及时通报雪蜡车研制和服务保障情况，确保各项任务按照时间节点顺利推进。

2. 合力攻坚，创新突破关键技术

面对雪蜡车这一完全陌生的新鲜事物，攻关指挥部组织挑选1000余人进行技术攻关，在没有任何经验可循的条件下，实现了雪蜡车从概念到方案、从设计到制造的重大突破。2021年9月26日雪蜡车正式下线，10月27日周乃翔省长向国家体育总局交付。中国雪蜡车拥有完全自主知识产权，达到世界领先水平，共申报专利81项，其中发明专利24项；展开面积达92.5平方米，是目前已知面积最大的雪蜡车。为保障车辆能够适应各种复杂工况，开发了全新氢能源和油电混合两种动力的国内最顶端牵引头，首创了超静音下排吸风风道、磁吸追光补光等系统，被外籍打蜡师称为全球最优打蜡台；打造了世界一流的厢体空间，为打蜡师和运动员提供了舒适、智能、安全的工作和休息环境。同时，为打破国外技术垄断，指挥部以研制无氟高性能雪蜡为目标，联合国内各领域优势大学、科研院所和重点企业，组建雪蜡联合攻关团队，将高性能无氟雪蜡研发纳入省重点研发计划，成功研发出 15 种固体蜡、2 种粉末蜡和 1 种液体蜡，实现雪蜡国产化零突破，主要性能与同系列进口雪蜡相当，部分指标实现超越。

3. 靠前服务，圆满完成保障任务

为做好北京冬奥会训练备战服务工作，在雪蜡车正式交付后，指挥部立即组建雪蜡车服务保障团队，跟随国家队开展比赛保障工作，其间雪蜡车行驶 1 万余公里，经受了长途行驶、高原气候、冰雪低温、大风恶劣天气等各项考验，顺利完成国际雪联越野滑雪 FIS 积分系列赛（新疆温泉站、河北崇礼站、上海杨浦站）三站比赛的保障任务。自 2022 年 1 月 12 日雪蜡车入驻冬奥赛场以来，保障团队克服疫情防控、严寒大雪天气、车辆连续不停歇运转等困难，全力做好服务保障，每天提前到达、最后离开，编制《雪蜡车服务保障手册》《车辆日检制度》《配件点检制度》等制度规范，日点检维护项目 58 个，及时发现排除车辆、设备运行隐患和风险，确保车辆在零下 20 摄氏度严寒天气和冰雪环境下，车内温度始终保持在 25 度左右，在工况情况下 PM2.5 值最高不超过 8，为中国越野滑雪队在全部 12 个小项中的 11 个项目，创造我国在冬奥历史上的最好成绩做出了积极贡献，获得各级领导、国家队人员、社会各界的高度认可。

（三）发展成果

中国雪蜡车的成功研制和服务保障任务的圆满完成，得益于习近平新时代中国特色社会主义思想的科学指引，习近平总书记关于科技创新的重要论述为雪蜡车研制工作指明了方向、提供了遵循；得益于国家体育局的关心支持，国家体育总局领导同志对雪蜡车研发和服务保障工作及时给予指导支持，授予攻关指挥部"中国冰雪科技联合攻关单位"称号，给予我们极大

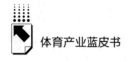

鼓舞和鞭策；得益于山东省各有关方面的通力配合，全体工作人员以严谨细致的精神和认真负责的态度，顾全大局、埋头苦干、不畏艰难、不计代价，体现了高度的政治站位和使命担当；得益于山东制造的基础优势，雪蜡车从无到有，涉及汽车制造、工业设计、健身器材、家具家电等多个领域，充分展现了山东坚实的研发制造能力，雪蜡车行驶里程 15000 多公里，经受住了各种恶劣环境的考验，进一步擦亮了"好品山东"的品牌底色。

案例 2　山东连胜健康科技集团

（一）基本情况

连胜集团创立于 1982 年，从摆地摊起步，历经 40 年创新发展，从一个家庭作坊发展成为集体育用品研发设计、生产销售、运动推广、赛事组织、健康养生于一体的知名品牌、体育服务商，实现了"从地摊走向全国"的飞速发展。同时，赶上了党的好政策，得益于临沂市委、市政府的大力支持。目前，连胜集团的产品主要涉及体育用品与器材、智慧健身装备及体育工程等多个领域，在北京、上海、广西、深圳等地设有分公司，批发服务商遍布全国各地。连胜体育还将目光投向全球市场，也取得了良好成绩，产品远销英国、美国、日本、韩国等 20 多个国家，并开辟了中东、南美、非洲市场。连胜体育 2018 年在齐鲁股权交易中心成功挂牌（302880），挂牌价3.61 元，未来，连胜体育将按照有关规定办理股票定向发行及新三板挂牌手续，将申请进入创新层，走进北交所。

（二）做法和成效

1. 逐步实现集聚化

连胜集团董事长宋连胜利用自己在文体行业的优势，介绍引进山东省教育用品采购基地项目落户临沂小商品城，成为全国首家省级教育用品采购基地；后又引进"中国教育用品采购基地"和"中国教学仪器设备进出口基地"落地临沂，在参加完国家级的产品展览展销会后，他认为要把这些展会引进临沂来带动临沂博览会产业的发展，并付诸行动，经过多方的协调组织，引进山东省体育博览会落地临沂召开，以及中国教育装备展览会落地临沂召开，宣传和扩大了临沂的知名度和声誉。

2. 加快数字化升级

连胜集团致力于和哈工大、山大、临沂大学等高校的产学研合作，已进行了智能芯片的研发，并运用于篮球产品上；在深圳的研发团队，经过两年的潜心研究，目前已出品了"连胜"品牌旗下——"悦恩运动"发光篮球；引进了世界顶级的美国 NBA 篮球生产流水线基地落地临沂，年实现利税100 余万元；引进了国内最先进的高尔夫球激光测距及显示系统，高尔夫球爱好者足不出户就可以畅打世界著名场地，正是科技使高尔夫这项运动走进了大众；引进了智能跑步机，以跑步机为载体，为家庭用户提供独创的有奖有趣的运动内容（专业、AI 科技、竞速、合作、交互、青少年），实现网上跑马拉松；在广西分公司创新合作人工智能学生体质检测一体机和学生体质监测设备的研发。跟随新时代大发展的潮流，研发智能科学健身新理念，以"进单位、进校园、进农村"方式，推动全民健身，国内市场将迎来大爆发。

3. 沂蒙精神融入企业成长

作为沂蒙精神哺育成长起来的红色企业，连胜集团充分发挥沂蒙精神育人价值，把红色文化资源融入企业文化、人才培养、科学研究、社会服务、党性教育，坚定不移地推动沂蒙精神进企业、进商会、进思想，将红色文化融入企业发展全过程，实施"红色文化育人工程"，熔铸构建鲜亮的红色品牌企业。深入挖掘沂蒙精神的育人内涵，将红色教育与企业发展、实际体验深度融合，构建起"弘扬沂蒙精神"系列实体教学体验线路。开设"重走长征路"等线路，着力打造"红色沂蒙"实体体验课，将红色文化作为企业发展影响新一代的生动载体，使沂蒙精神与沂蒙文化"实起来"、体验方法"活起来"。投资建设的蒙山国家健身步道是全国第 23 条，也是山东省唯一一条国家级登山健身步道，更是"千里走沂蒙山"活动的指定线路。

（三）未来发展思路

1. 强力发展主导行业

一是积极争创国家级体育产业示范单位（基地）。坚持统筹规划、高点

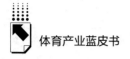

定位，依托中国体育用品城，加快推进"蒙山国家登山健身步道"项目建设，重点凸显"文化+体育+旅游+养生"的产业发展新理念，以此争取国家及省、市政府部门的政策倾斜、资产支持。二是大力发展电子商务。适应"互联网+"新特点，把电子商务作为繁荣商贸经济、提升发展活力的重要手段，转变发展观念，推动实体市场与网上市场有机融合，提升电商专业化发展水平。积极融入"一带一路"，发展跨境电商。三是不断拓展海外市场。实施"走出去"发展战略，积极参加临博会及海外展会，在非洲（南非或尼日利亚）设立简易版海外仓，联合小商品商会会员企业，拓展新产品及新区域市场，拓展上下游产业，实现选品、调研、开发、销售、推广一条龙。四是承担国民体质监测任务。承担社会责任，开展志愿服务，借鉴广西南宁项目经验，参与市民体质监测活动，由医疗运动专家开具运动处方，建议运动种类、运动强度、运动时间及运动频率，提出注意事项，指导市民有目的、有计划和科学地进行身体锻炼，扩大社会参与度、市场认可度。五是参与中小学达标检测活动。结合《国家体育锻炼标准》，加快推进与上海方面合作进程，推进攀岩进校园等活动，在中小学落实达标检测活动中发挥应有作用。

2. 积极涉足健身休闲领域

一是推动日本康复养生项目落地。多层次、多渠道引进日本康复、养老产业先进经验，引进日本研发的各种护理机械、介护技术、介护机器人以及健康养老的管理理念等，重点发展"大数据+护理机器人"，时机成熟，依托"体育康养"投身普惠型养老院建设。二是积极参与市内公共体育设施建设。参与体育、规划、住建等部门制定的《公共体育设施布局规划》《公共体育设施建设规划》论证及实施，参与县区体育场馆、社区小区的健身项目建设，扩大产品覆盖面，提升企业知名度。三是探索新型发展业态。以临沂市民关注度高、参与度高的足球、篮球、路跑、骑行、棋牌等为切入点，加快发展普及性广、市场空间大的运动项目；以山地户外、水上运动、电子竞技等运动项目为重点，探索具有消费引领性的健身休闲项目发展。

3. 坚持创新驱动

一是加强校企合作。总结与山东体育学院合作经验，不断推进实训基地建设步伐，扩大高校合作数量，除吸收高校学子到公司实习外，更加注重高校研究项目转化工作，加强平台共建、信息互通、创新共推，将高校的科研优势充分转化为创新优势和竞争优势。二是积极推动"互联网+体育"。顺应"计划经济"到"市场经济"再到"共享经济"转变，积极参与以移动互联网技术为支撑的体育服务，提升健身指导、交流互动、器材装备定制等综合服务水平。

总之，在传统制造业去产能新形势下，连胜体育应积极转型升级，通过海外并购、合资合作、联合开发等方式，投资新型体育器材装备、可穿戴式运动设备、虚拟现实运动装备等的研发，使"连胜"成为具有自主知识产权的体育用品知名民族品牌。

案例3　青岛英派斯健康科技股份有限公司

（一）基本情况

青岛英派斯健康科技股份有限公司作为国内健身产业的开拓者，是一家专注于健身器材研发与销售的上市公司。英派斯诞生于20世纪90年代初的青岛，2004年正式成立了青岛英派斯健康科技有限公司，注册资金1.2亿元人民币。公司以"成为中国健身产业的第一品牌"为企业愿景，经过科学、规范的管理以及战略投资的加持，2017年9月英派斯成功登陆深交所中小板，成为国内健身行业首家上市公司。

在完善的产品体系基础上，英派斯形成了覆盖全球多个国家和地区的销售体系。在中国内地打造以办事处、分（子）公司为销售管理中心，专卖店、经销商为销售终端的完整行销网络及服务机制；海外，以OEM/ODM客户及自主品牌客户为主要目标，打造完善的海外营销网络。英派斯连续多年获得"中国轻工业体育用品行业十强企业"称号，在行业内享有良好的知名度、美誉度和较高的影响力。

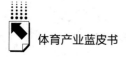

（二）做法与成效

1. 加强科技创新和技术研发

作为体育器材生产制造型企业，英派斯深知不断研发创新，掌握核心技术是企业发展的重要基础。截至 2021 年 12 月底，英派斯累计自主申请专利 700 余项，目前保有专利 271 项，其中发明专利 22 项，实用新型专利 183 项，外观设计专利 66 项；英派斯技术研发力量雄厚，产品设计研发水平一直与国际接轨，公司与国家体育总局体育科学研究所、北京大学、北京林业大学等科研院所开展产学研合作，同时积极与海外研发机构保持合作；英派斯不断研发创新，先后获得"国家企业技术中心""国家知识产权示范企业""国家高新技术企业""山东省技术创新示范企业""山东省工业设计中心""第七届青岛市市长质量奖——创新奖"等荣誉资质。

2. 参与标准制定引领产业发展

英派斯高度重视标准化工作的开展，多次参与固定式健身器材、室外健身器材等行业标准的制定，是健身器材国家标准的主要起草单位之一，参与制定各类标准 40 余项；另外，英派斯在企业标准体系建设、技术成果转化、参与国内外标准化活动等方面表现突出，2020 年英派斯获得 5A 级标准化良好行为证书，成为青岛市第一家 5A 级标准化良好行为企业。经过长期的发展，英派斯形成了以商用、家用、户外、冰雪运动四大板块为主体的产品体系。产品结合多项专利技术，使用寿命更长，安全性和产品质量得到有力保障；同时在健身器械中融入了互联网创新科技，将运动、娱乐、智能、分享有机结合，在满足用户健身需求的同时提供了更多的人性化功能。

3. 持续推动管理创新

主要举措包括：第一，对公司的组织架构进行全面调整，优化人员结构，完善人才的引入和培养机制，激发企业创新活力。第二，对企业管理制度进行适时调整，并不断完善，通过并有效运行 ISO19001 质量管理体系、ISO14001 环境管理体系、OHSAS18001 职业健康管理体系、ISO10015 培训管理体系、ISO050001 能源管理体系、知识产权管理体系、海关认证企业标准管理体系、商品售后服务评价体系、国家军用标准质量管理体系、企业标准体系。第三，加强信息化技术在企业管理中的应用，在公司范围内进行以信息化、扁平化和网络化为目标的业务流程再造，最终实现 ERP、OA、CRM、BI、PLM、SCM、电子商务等多系统的集成高效应用，通过一体化信息管理系统把企业的设计、采购、生产、财务、营销、经营、管理等各个环节集成起来，共享信息和资源。

4. 推动企业绿色发展

英派斯始终坚持"源于体育，回报社会"，遵守国家各项法律法规，积极履行社会责任，英派斯在生产过程不存在高危险、重污染的情况。公司已按照要求装备相关环保设备，生产过程相关废水、废气及固体废弃物的排放与处置已取得当地环保主管部门的批准。与青岛大学签订喷涂前处理及废水处理工艺优化改进项目，根据循环经济和清洁生产理念，对涂装前处理生产工业和水处理工艺进行系统化融合设计，减排效果显著；生产车间投入近百万元，安装焊接烟尘净化系统，提升员工工作环境。

（三）未来发展思路

1. 公司发展战略

结合公司内外部环境，提出"以市场为导向、以销售为龙头、以创新求发展"的企业发展战略，规划英派斯发展路线，第一步，成为先进的健身器材制造企业；第二步，成为健身器材自主品牌和健身服务连锁的第一品牌企业；第三步，构建健康大数据，成为促进健身消费升级的科技企业。

2. 发展规划

第一，因势利导，统筹运作，深挖国内外市场。

国际市场，未来几年公司将积极开发海外家用产品市场。一方面经过多年的努力，公司目前的交单能力已得到海外客户的高度认可，多家全球知名健身器材品牌运营商和公司沟通在家用产品方面的合作。另一方面公司正在大力建设新产业园，项目建成投产后公司将新增家用产品生产线，生产能力将大幅提升，目前家用产品产能将进一步提升。此外公司通过在国内市场家用产品方面建立研发生产体系、塑造和推广新品牌、搭建销售渠道、建立供应链体系等工作的开展也将积累一定的宝贵经验。公司将以此为基础稳步开

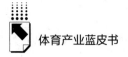

拓海外家用产品市场。

国内市场，危机与机遇并存。虽然受疫情影响，国内健身器材市场整体萎缩，但是在危机中也激发了新的行业发展趋势，催生了新的增长点。市场对整体智能化解决方案的需求越来越高，同时随着市场的逐步细分，众多专业化的市场领域需要更具针对性和专业特色的器械，此外线上团采也已经发展为又一重要销售渠道，这些都为公司的战略布局指明了方向。公司将紧跟市场发展趋势和需求变化，积极灵活调整策略，抓住机遇，防范风险，不断创新，走出企业发展新格局。

第二，加快青岛英派斯体育产业园建设。

为了顺应工业互联网发展大势，实现智能制造，英派斯于 2019 年举行了青岛英派斯体育产业园奠基仪式，于 2020 年正式开始建设。项目核心内涵是"提质增智"，按照德国工业 4.0 标准建设，实现智慧、洁净、节能、循环等功能覆盖，打造成为青岛市智能制造的新名片，开启健身器材行业智能制造时代。英派斯体育产业园建成投产后，将实现年新增产值 15 亿元，从现在的年总产值近 10 亿元到 25 亿元；将实现新增利税 1 亿多元。

第三，研发创新，推进智能化升级。

当前我国体育用品制造业与人工智能、大数据、互联网等新技术的逐步融合已是大势所趋，全面推进技术和产品的智能化升级成为公司现阶段发展的重要目标。公司研发部门将结合新老客户、公司市场管理及销售业务部门等反馈的行业一线信息，会同生产、采购部门适时组织新产品的规划、研发和老产品的优化升级工作。

此外，公司将在研发环节大力推进优化改善、设计降成本工作，通过对原材料、生产工艺等多方面的不断改进和优化，持续推动生产效率、质量水平提升及成本降低；同时继续推进研发工作中信息化升级和无纸化工作，提高研发工作效率，降低成本；公司还将对工装和工序进行持续性改善，提高生产效率和安全防护水平，协助生产。同时，公司将持续完善企业技术标准体系，增加设计、过程控制类标准，并积极参与各类标准的修订、制定工作。

案例4 第二届中国体育智能制造创新大赛

（一）基本情况

1. 参赛项目范围

智能5G类：基于5G技术的智能化健身器材、体育用品等科技创新产品。

健身器材类：用于大众健身，提高大众体质的科技创新产品。

智能穿戴类：智能化穿戴装备、高科技材料服装、运动鞋、运动袜及运动鞋垫等科技创新产品。

户外用品类：智能化户外运动科技创意器材或者用于户外训练或比赛运动的科技创新产品。

其他类：其他适用于体育领域的智能制造产品。

2. 奖项设置与奖励办法

奖项设置：特等奖：1项，金奖：1项，银奖：2项，铜奖：3项，优秀奖：10项，最具商业价值奖1项。

奖励办法：

特等奖1项：奖金30000元，颁发奖杯和证书；

金奖1项：奖金20000元，颁发奖杯和证书；

银奖2项：奖金10000元，颁发奖杯和证书；

铜奖3项：奖金5000元，颁发奖杯和证书；

优秀奖10项：奖金1000元，颁发奖杯和证书；

最具商业价值奖1项：奖金5000元，颁发奖杯和证书。

3. 大赛LOGO和吉祥物

中国体育智能制造创新大赛整体造型使用了蓝色齿轮加红色火炬的形象，鲜明的对比色能让LOGO更加醒目，顶部火炬的形象象征着光明，代表着中国体育向着光明的方向蓬勃发展。蓝色科技齿轮的造型象征着中国体育智能制造的发展正在加速向前迈进。

中国体育智能制造创新大赛吉祥物—小智，头戴飞行护目镜与飞行螺旋桨寓意着中国体育智能制造正在不断飞向新的高度，并寓意着中国体育智能制造产业的蒸蒸日上；同时通过智能头盔与齿轮接收器不断交流并汲取发展

中的问题与经验，张开的双手预示着迎接中国体育科技辉煌的到来！

（二）参赛概况

为了让参赛单位更加便捷，提升大赛的规范性、严谨性、科学性，开发建设了大赛独立的报名系统，实现全部项目线上报名。为了更好地搭建成果交流、展示、交易的科创平台，大赛官方网站设立线上永久展厅，将每届入围决赛的作品进行永久展示。

第二届中国体育智能制造创新大赛得到社会各界的广泛关注，共收到291项作品，涵盖全国19个省市，其中山东110项，浙江12项，河北18项，江苏13项，广东10项，湖北19项，北京35项，福建5项，上海24项，山西4项，湖南5项，河南15项，辽宁3项，重庆2项，四川3项，宁夏1项，江西3项，黑龙江4项，陕西5项。

本次大赛参赛项目范围有智能5G类、健身器材类、智能穿戴类、户外用品类、其他类。以泰山、泽普医疗、迈金智能科技、飞尔康、英健特、力生、迈宝赫、吉诺尔、迈克达威等为代表的省内外知名企业报名参赛。所有参赛项目中智能5G类占比9%、健身器材类占比29%、智能穿戴类占比11%、户外用品类占比23%、其他类占比28%（见图1）。

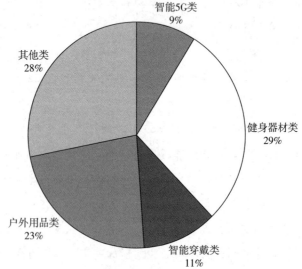

图1　中国体育智能制造创新大赛参赛类型比例

（三）赛事结果

1. 入围项目概况

第二届中国体育智能制造创新大赛共收到有效报名项目291项，初赛经过大赛组委会组织专家进行网评，共有88个项目入围决赛（见表1），入围率为30%。本次大赛入围项目范围涵盖智能5G类、健身器材类、智能穿戴类、户外用品类、其他类五大类。其中智能5G类24项，占比27%；健身器材类41项，占比47%；智能穿戴类8项，占比9%；户外用品类5项，占比6%；其他类10项，占比11%。

表1 中国体育智能制造创新大赛获奖名单

序号	奖项	项目名称	单位名称
1	特等奖	泽普智慧体医康复机器人	山东泽普医疗科技有限公司
2	金奖	迈金科技盘爪功率计	青岛迈金智能科技有限公司
3	银奖	泰山AI武术大屏	山东泰山体育科技有限公司
4		吉诺尔电动智能升降篮球架	山东吉诺尔体育
5	铜奖	迈宝赫智能跑步机	山东迈宝赫健身器材有限公司
6		沃乐智能双模跳绳	星氖科技（深圳）有限公司
7		青少年脊柱侧弯运动干预工作站	山东体育学院、山东省科学健身指导中心、上海动之美体育科技有限公司
8	最具商业价值奖	三柏硕智能蹦床	青岛三柏硕健康科技股份有限公司
9	优秀奖	微步世界—赛事计时服务系统	烟台微步网络科技有限公司
10		荣成名骏房车	荣成名骏户外休闲用品股份有限公司
11		英派斯智能跑步机	青岛英派斯健康科技股份有限公司
12		便携式空气压力低温恢复再生冷舱	江苏云教信息科技有限公司
13		多维动态滑雪机	河北体育学院
14		泰山智能健身驿站	山东泰山体育器材有限公司
15		即开型体育彩票辅助销售智慧终端	艾美体育产业（青岛）有限公司
16		力生趣味休闲健身长椅	济南力生体育用品有限公司
17		英健特互联智能卧式健身车	山东英健特运动器材有限公司
18		飞尔康户外可移动式集装箱健身设备	山东飞尔康体育设施有限公司

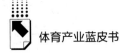

本次大赛入围项目涵盖全国 9 个省市。其中山东省 56 项，占比 64%；河北省 9 项，占比 10%；北京 10 项，占比 11%；湖北 4 项，占比 5%；广东 3 项，占比 3%；江苏 1 项，占比 1%；浙江 2 项，占比 2%；上海 2 项，占比 2%；福建 1 项，占比 1%。

山东 56 个项目中青岛 17 项，占比 30%；济南 11 项，占比 20%；德州 6 项，占比 11%；滨州 2 项，占比 4%；东营 3 项，占比 5%；临沂 3 项，占比 5%；日照 1 项，占比 2%；威海 4 项，占比 7%；潍坊 5 项，占比 9%；烟台 3 项，占比 5%；淄博 1 项，占比 2%。

本次大赛入围决赛的企业共计 62 家，其中含 8 所高校，2 家科研机构，52 家企业（见图 2）。本次大赛所有入围企业注册资金大于 5000 万元以上的企业有 12 家，注册资金 1000 万元以上的企业有 10 家，注册资金 500 万元以上的企业有 14 家，500 万元以下的企业有 16 家。

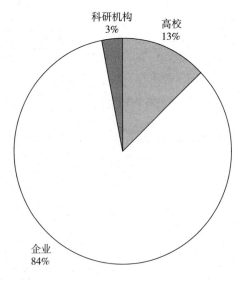

图 2 中国体育智能制造创新大赛参赛企业类型

2. 赛事结果

经过决赛现场项目路演、专家评审、专家合议，最终确定获奖项目名单。

　　本次中国体育智能制造创新大赛入围决赛项目共 88 项。其中因其自身原因有 8 个项目未能到达决赛现场，根据大赛参赛规则视为弃权，最终参加决赛的项目共计 80 个。经过项目展示、路演、现场评审等环节，最后经过专家评审组合议，共有 18 个项目获得奖项，获奖率为 24%。其中获奖项目健身器材类占比 61%，智能 5G 类占比 28%，户外用品类占比 11%。山东省内占比 78%，省外占比 22%。

区 域 篇
Regional Reports

B.13
2021年山东省省会经济圈体育产业
一体化发展报告

曹莉 王见彬 杨苓 等*

摘 要： 2021年，山东省会经济圈体育产业总体规模不断扩大、产业结构体系不断健全、产业聚集区逐渐壮大、体育赛事产业发展势头迅猛、骨干体育企业稳步崛起、产业发展环境不断优化，取得了显著的发展成绩。但同时也存在体育产业融合度欠佳、省会城市辐射带动动力不足、区域体育产业发展协同不够、保障机制体系尚未健全及体育产业复合型人才稀缺等问题，建议应积极深化"体育+"融合发展、构建"一核多元"发展布局、促进体育产业同步提质增效、优化体育产业保障机制、强化"三位一体"复合型人才培养，推动山东省会经济圈"十四五"体育产业的

---

* 曹莉，曲阜师范大学体育科学学院教授，博士生导师，主要研究方向为体育文化；王见彬，山东省体育产业发展服务中心副主任，主要研究方向为体育产业。杨苓，山东大学体育学院2020级硕士研究生，主要研究方向为体育产业。山东省会经济圈各市体育局提供了各城市体育产业发展报告。

高质量发展。

关键词： 体育产业　一体化发展　山东省省会经济圈

一　2021年省会经济圈体育产业一体化发展情况

2021年，省会经济圈济南、淄博、泰安、东营、德州、聊城、滨州7市在加快推动各市体育产业高质量发展的基础上，以要素同城化、科创同城化、市场同城化、公共服务同城化为目标，推进各市体育产业全方位对接和融合互动，积极探索体育产业项目、企业、人才、数据等的一体化发展新路径。

（一）发展现状

1.产业总体规模不断扩大

近年来，山东省会经济圈体育产业总体规模不断扩大，整体呈现蓬勃发展的良好态势。省会经济圈体育产业数据攀升幅度较大，可见山东省会经济圈体育产业总体规模增长势头良好，其可持续发展逐步成为省会经济圈不断发展的重要驱动力。

2.产业结构体系不断健全

2021年，淄博市创建以潭溪山、红叶柿岩等景区为核心的体育旅游示范基地、精品线路，培育体育高端精品赛事；泰安市以颁布《泰安市打造"体育旅游休闲名城"行动计划（2021—2025年）》为政策抓手，以评选体育旅游示范基地、示范项目、精品路径为重要手段，进一步壮大了体育旅游产业发展。省会经济圈7市形成了体育产业协调发展的良好局面。

3.产业集聚区逐渐壮大

省会经济圈7市将集聚发展作为提高体育产业竞争力的重要手段。德州市以泰山体育产业集团等为龙头，始终走在体育制造企业集聚发展的前列，带动德州市体育企业数字化转型发展，集中构建了国家体育用品中心、国家级企业技术中心、高新技术企业、博士后工作站等多所国内高端科技体育产业研发中心。滨州市体育绳网产业集群，涵盖了户外拓展训练、休闲健身娱乐、竞技体育、体育设施防护四大系列67种产品，带动了当地18个体育用品特色产业村协同发展，经过近年来的大力培育发展，成为全国最大的体育绳网生产基地，有效拉动了上下游产业链发展。

4. 赛事产业发展势头迅猛

省会经济圈7市不断提升竞赛表演业发展能级，以品牌赛事为龙头联合打造体育产业发展新增长点。2021年，聊城市以全国国际象棋棋协大师赛（聊城站）、国际搏击对抗赛、"跑游山东"聊城半程马拉松、全国U20男子自由式摔跤锦标赛、中外拳王争霸赛、全国中国式摔跤冠军赛、中国运河名城（聊城）自行车公开赛等大型体育赛事举办为契机，拓展体育赛事特色产业链，提高食、住、行、赛、游、购、娱等的承载能力和服务水平，展现了"河湖秀美大水城，宜居宜业新聊城"的良好城市形象。泰安市举办的泰山国际登山比赛暨全国全民健身登泰山健步活动获评2021中国体育旅游十佳精品赛，环泰山T60大徒步、泰山国际户外挑战赛获评2021中国体育旅游精品赛事，着力打造了"黄河入海"精品体育旅游赛事和线路，不断扩大泰安市乃至山东省体育旅游赛事的知名度及影响力。

5. 骨干企业品牌逐渐崛起

省会经济圈体育用品制造骨干企业发展迅猛，滨州依娜渔具有限公司被评选为"2021年度山东省体育产业示范单位"，滨城区乐钓人渔具有限公司"体育+一村一品一基地+农户"产业模式被评选为"2021年度山东省体育产业示范项目"。泰山体育产业集团作为山东省体育龙头企业，在国内竞技体育器材市场占有率达到90%。依托"国家体育用品工程技术研究中心""国家体育用品竞技器材检测实验室"等国家级研发平台，开发了碳纤维自行车、智能冰雪运动及体能恢复设备、互联网+物联网智慧体育等众多领域的9000余种产品，拥有1个中国驰名商标、3个中国名牌产品、1个国家免检产品，且构建了遍布200多个国家及地区的营销网络，打造了国际化、标准化程度较高的知名体育企业品牌。

6. 体育产业环境不断优化

省会经济圈各地市不断出台相应政策措施，为产业环境的不断优化提供了充足的保障。大力推动体育产业相关项目规范化建设，形成了政府引导扶持、企业市场运作、社会力量参与的运作机制。完善体育供需传导机制，统筹推进体育消费券发放工作，有力撬动了居民体育消费。加强体育市场监管，先后制定游泳馆、滑雪场、体育类企业生产安全事项清单，开展安全检查等各类检查51次。牵头制定《2021年度高危险性体育经营场所"双随机、一公开"联合检查工作方案》，协同市场监管、卫生健康、消防救援部门，对市属游泳馆进行联合执法。充分利用电视、报刊、广播、微信公众平台、微博等传统媒体平台与新兴数字平台，进行体育产业宣传推介，宣传体育运动知识，引导社会力量进行体育投资及当地居民参与体育活动。如泰安市与山东体育频道合作录制《对话》节目，从体育竞赛表演、体育休闲服务、体育旅游融合等各方面、多维度全面对外展示了泰安市体育产业工作发展情况。

（二）存在问题

1. 体育产业融合发展亟待加强

产业融合发展是拓宽体育产业发展深度、广度，推动体育消费升级的重要手段。当前，山东省会经济圈体育产业存在较为明显的产业融合度弱的问题，体育产业与文化旅游、文创传媒、养老养生、科技金融等领域融合发展进程亟待加快，利用大型体育场馆、商业综合体导入体育优质资源和关联业态尚未形成规模，体育服务综合体建设效果欠佳，"体育+"的氛围和效应均未形成，体育产业结构有待进一步优化。

2. 省会城市辐射带动作用发挥不足

济南市作为省会城市，体育服务业与体育用品制造业发展比重失衡，缺少具有辐射力和引领性的产业业态，难以对周边城市形成强劲的带动作用。沿黄9市体育产业协作目前缺乏形成总体规划，各级政府部门、社会组织和

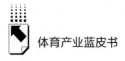

各类企业主体开放协同协作机制尚未完全建立，济南尚难承担与黄河流域中心城市相匹配的体育产业引领示范效应。

3. 区域间体育产业发展协同不足

省会经济圈一体化发展机制亟待完善，亟须打通7市间体育产业资源要素流通渠道。跨区域体育产业服务组织能力有待提升，资源整合缺乏专项政策支持，体育产业资源要素在7市间流通不畅，无法实现资源的高效配置。由于部分城市间体育产业发展水平差距较大，个别城市整体规模仍有待提升，产业合作尚存在治理权重划分不明确的问题，难以实现良好的区域间合作互联。

4. 体育产业保障机制尚待健全

省会经济圈体育产业管理体制不协调，政府、市场、社会三方推进体育产业合理发展的工作机制有待优化，市级层面尚未建成高效运转的领导机构与专事专办机构，多主体"各自为政"的现象一定程度上阻碍了省会经济圈体育产业的结构优化。产业扶持政策虽相继出台，但受制于管理机制、运行机制运作效果不足，已出台的政策缺乏落地实施的具体细则及推进实施的责任单位，导致当前省会经济圈城市体育产业发展缺乏较为明确具体的政策保障。

5. 体育产业复合型人才队伍匮乏

复合型人才匮乏是制约省会经济圈体育产业发展的重要因素。由于现行体育产业政策多为指导性意见，缺乏对于体育人才引进的具体标准和实施细则，部分体育企业对体育人才的需求难以得到有效解决。省会经济圈高校体育专业学科设置有待优化，体育专业学生培养中普遍缺乏对经济、管理等课程的培养学习，对体育产业人才的知识结构和能力结构影响较大。

（三）对策建议

1. 推动"体育+"业态多元化发展

实现"体育+"产业融合发展是实现省会经济圈体育产业转型升级和高质量发展的重要动力。做足"体育+""+体育"的文章，以省会经济圈的高端品牌赛事为依托，以国家级体育旅游示范基地、国家级休闲运动特色小镇及综合型体育场馆、体育服务综合体、文体商旅综合体为载体，重分释放赛事效应、挖掘品牌价值，进一步推动体育产业与旅游、文化、康养、培训、餐饮等相关产业的深度融合，通过推动山东省会经济圈体育新业态的多元化发展，实现优质要素区域间的高效流动，实现省会经济圈内体育相关产业的互惠互利发展。

2. 加快构建"一核多元"的省会经济圈发展布局

充分发挥济南市先行者和排头兵作用，加快形成以济南市为核心，淄博、泰安、东营、德州、聊城、滨州6市协同发展的"一核多元"布局。以济南市建立国家新旧动能转换综合试验区为依托，建立健全现代体育产业体系，打造济南体育科创智造中心、智慧体育服务高地，培育具有领军作用的骨干体育企业。发挥省会科创平台优势，搭建体育产业双招双引、科技成果转化、投融资服务等一体化合作平台。利用好山东沿黄9市体育产业协作联盟的平台资源，以打造"黄河中心体育城市"为引领，培育黄河体育精品赛事群，建设黄河特色体育风貌带，高标准建设黄河体育中心，将省会区域示范引领作用最大化，实现省会经济圈体育产业链的一体化发展。

3. 推动各城市体育产业同步提质增效

充分发挥山东省会经济圈联动协作机制作用，实现各类资源在省会经济圈内顺畅流通，打通各城市体育产业管理部门间的互通渠道，实现体育产业发展的资源共享、政策同步。以省会经济圈内的骨干企业为引领，引导其主动肩负行业发展责任，参与省会经济圈内产业生态建设，通过其集聚的资金、信息、技术、人才等生产要素，联结中小微体育企业开展专利共享、技术交易等多元合作，加快专业化、精细化、创新化发展步伐，提高省会经济圈体育产业的整体创新绩效，形成协同发展的良性循环。

4. 实现体育产业保障机制精准落地

深入调查研究省会经济圈体育产业发展症结和堵点，督促各市根据体育产业发展规划配套制定政策细则，强化体育产业专项资金引领作用，按年度

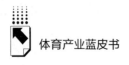
进行体育产业发展专项基金评审，保障体育企业的向好向善发展具有足够动力及保障。依据法律法规，由各地市制定详尽的市场监管办法，对体育产业发展中的"可为"与"不可为"进行切实界定，避免出现扰乱市场的灰色地带，为体育产业工作开展和体育企业的转型升级提供有力保障。

5. 构建"三位一体"的复合型人才培养体系

构建政校企"三位一体"共育的人才培养模式，以政府体育人才需求为导向，以培养具备体育产业治理能力、经济学学科素养等的复合型人才为目标，鼓励高校开设体育产业治理人才相关专业。依托产教融合模式，为体育产业人才提供实习、就业机会，打通企事业单位双就业通道，实现体育人才培养的保障机制健全化。定期培训、考核体育产业管理人员，提升体育产业政策掌握、规划编制、数据分析、事务处理等业务能力。

二　2021年济南市体育产业发展情况

为认真贯彻落实全民健身国家战略，促进体育消费提质升级，推动体育产业高质量发展，济南市体育局积极落实国家、省、市发展体育产业文件要求，立足济南实际，注重政策引领，多措并举，开拓创新，全市体育产业发展再上新台阶。

（一）发展现状

1. 牵头成立山东沿黄9市体育产业协作联盟

落实黄河流域生态保护和高质量发展国家战略，牵头成立山东沿黄9市体育产业协作联盟，推动区域体育产业协作创新发展。一是创新平台机制，彰显省会济南龙头作用。联盟组织架构严密、运行高效，是省内首个落实国家战略的区域体育协作平台。二是创新赛事机制，发挥区域示范引领作用。创新策划了联赛、挑战赛、分段赛等多种赛事形式，联盟承办、9市协同，实现省会济南的区域示范引领效应最大化。三是创新传统体育，促进黄河体育文化繁荣发展。创新举办"黄河骑迹""沿黄奔跑""黄河棋迹""大河竞英雄"等自主 IP 赛事，创新开展"我爱母亲河"系列黄河风情体育摄影摄像展评活动。四是创新市场化运营，助力体育产业招商引资。从联盟成立大会到每项赛事活动冠名赞助，累计吸引社会投入并节约财政支出 800 余万元，以联盟为舞台扩大济南朋友圈，助力济南市体育招商引资实现 12 亿元和 4560 万美元。五是创新东西部协作，探索沿黄 9 市协同发展路径。联盟赛事活动全程邀请甘肃临夏州有关领导观摩支持，协力推动济南市力生体育、鑫鑫体育等体育制造业拓展西北市场，就济南·临夏首尾呼应共建沿黄9 市体育协作机制达成共识。

2. 加快培育引进重大体育产业项目

按照项目带动、企业培育、集聚区建设的基本思路，加强体育与其他相关行业的融合发展，创新体育产业工作方式方法。一是开工建设济南黄河体育中心。黄河体育中心位于济南新旧动能转换先行区，总用地面积约 145.8公顷，总投资 85 亿元，2024 年底前达到交付条件。该中心立足打造中国北方全活力体育产业集聚区、国际全时空体育文博地，以专业足球场、体育馆、游泳馆、冰球馆为主体，配套建设体育产业创新产业园。二是 FPV 无人机产业园落户济南。推动山东首个 FPV 无人机产业园落户济南历城体育中心，该园区全方位覆盖 FPV 无人机领域技术研发、装备制造、人才培养、职业俱乐部、高端 IP 赛事等全产业链，建成后将形成 FPV 无人机产、学、研、用一体化的体育产业生态圈和功能区。三是大力引进体育产业新业态。坚持将电子竞技、无人机竞速、3D 打印柔性化制造等体育产业新业态作为招引重点方向。联合市文旅局及有关企业赴上海、苏州考察引进目标企业，成功引进腾讯公司并举办济南市首届"活力泉开"电竞嘉年华暨 2021《王者荣耀》高校联赛全国总决赛。四是培育体医融合试点样本。扎实推动山东省"体医融合"试点项目工作，积极导入优质运动医疗资源，培育"济南市奥体中医运动与健康促进中心""济南全民中医健康管理中心"等体医融合试点样板。

3. 推进赛事活动经济发展

完善全民健身、体育赛事、体育产业联动工作机制。一是以全民健身+

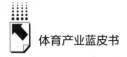

体育产业融合为导向。联合各区县、各体育社会组织,全年策划推出了100项种类丰富的全民健身活动。探索建立线上线下相结合的全民健身新模式。精心组织2021年"云走齐鲁"线上万人健步走活动,市、县、乡、村四级联动,机关企事业单位、社会团体、驻济高校、社区、家庭等主动参与,共组建了335支队伍、62722人参与,参赛规模接近去年的3倍,创下新高。全民健身以其参加门槛低、受众广、影响力大的特点,极大地拉动了体育用品的消费。二是以高端精品赛事为引领。培育出"春渡明湖、夏赛龙舟、秋寻百泉、冬游泉水"的泉水体育城市名片,在疫情防控常态化情况下,2021年成功举办大明湖冬季畅游泉水国际邀请赛、足协杯等高端赛事。积极推动冬泳世界杯与城市景观、泉水文化紧密融合,推出"八年之约"跻突腾空奖牌、"明湖锦鲤"吉祥物跃跃等文创产品,该赛事获评2021年度"中国体育旅游精品项目"。高端赛事的举办对济南的旅游、餐饮、宾馆、商贸、休闲、交通等产业的发展都起到很好的拉动作用,既促进了济南市经济的发展,又有力推动了济南与世界各国的深度交流与融合,获得了经济效益和社会效益的双丰收。

4.探索建立东西部体育产业帮扶协作新模式

2021年济南市启动济南·临夏"十四五"东西部体育帮扶协作,推动济南体育产业开拓西北市场,探索建立起东西部体育产业帮扶协作长效机制。一是建立完善济南市体育局与临夏州体育局主要负责同志互访会商机制,经过多次考察访问,济临双方召开两地东西部体育帮扶协作座谈会,济临两地体育帮扶协作全面推进。二是强化东西部协作工作落实,明确了东西部体育协作分管领导和工作联络员,具体开展两地体育局领导、机关干部对口协调,定期开展两地交流走访,邀请临夏州体育局领导参加观摩2021省体博会、上海体博会等产业展会,以体育产业协作为突破,为顺利开展体育领域全面对口帮扶奠定坚实基础。三是与临夏达成《济南市体育局、临夏州体育局东西部体育帮扶协作框架协议(2021—2025年)》,圆满完成年度协调企业捐赠50万元款物的明确任务,助力济南市体育用品制造业打开西北市场。四是创新开展体育产业帮扶,充分发掘临夏州盛产皮革及"中国篮球之乡"、优质地热资源等特色，将济南优质体育产业资源引入临夏，济南鑫鑫体育用品有限公司初步拟定在临夏建立分厂，推动济南市体育制造业开拓西北市场。

5. 大力开展体育产业招商引资

济南市体育局作为全市16个招商部门之一，承担着体育产业招商引资重要职责。一是坚决压实招商引资工作责任，制定市体育局招商引资工作方案，组织开展招商引资培训，明确招商引资考核办法。二是坚持以项目落地为中心多渠道开展招商引资，坚持领导带队招商，重点完成了济南众彩教育体育综合体项目、济南铁投综合能源服务合伙企业、济南铁投物资合伙企业、济南城瑞置业等项目，同时在重大项目洽谈推进过程中培养了一批招引工作骨干。2021年共招引外资项目2个、金额4560万美元、到位资金15.6万美元，内资项目9个、合同金额12.072亿元、到位资金8.1621亿元。

（二）存在问题

（1）沿黄9市体育产业协作还没有形成总体规划，各级政府部门、社会组织和各类企业主体开放协同协作机制尚未完全建立，体育赛事活动开放协同发展机制尚待完善。有较大国际国内影响力的沿黄特色体育赛事还不多，体育赛事的功能和效益还没有充分释放，跨省域体育产业协作还没有实质性进展。

（2）在培育引进重大体育产业项目上缺乏市场占有率高、品牌影响力大的领航型体育企业，保障政策、扶持尚不完善，财政和金融支持力度不足。

（3）申办国际国内大型体育赛事展会缺乏政策支撑，集社会力量办赛，赛事商业开发力度还需进一步加强。

（三）下一步工作思路

1. 积极加快相关文件出台，推进招商引资项目落地

尽快出台体育产业政策，年内完成《济南市体育局济南市公共体育设

施专项规划》编制工作，制定《济南市体育消费券发行活动工作方案》，带动企业联动让利，充分释放体育消费潜力。持续推动打造电竞精品赛事，推动济南众彩文化教育综合体项目和济南FVP竞速无人机产业园项目成立合资公司。

2. 进一步发挥沿黄9市产业协作联盟作用

围绕黄河流域生态保护和高质量发展战略，深度融合黄河文化和体育精神，引导社会力量参与"沿黄9市""黄河入海"等体育赛事品牌建设，持续打造沿黄系列自主IP赛事，进一步推进沿黄9市体育产业交流合作。举办好国际泳联游泳世界杯、泉城（济南）国际马拉松等泉城品牌赛事。

3. 积极推动体育与文化旅游融合发展

策划并开展与冰雪、山地户外、水上、航空等运动项目相关的时尚体育活动。推进区域体育旅游协同发展，积极申报一批国家级和省级冰雪主题体育旅游路线、体育旅游项目。

4. 搭建行业协作发展平台

整合多方力量组建济南市体育产业联合会，加强纵向衔接配套、横向联合互动。鼓励产业关联度高的体育企业以资本为纽带联合重组，推动跨地区、跨行业、跨所有制并购重组。鼓励优势企业、优势品牌和优势项目连锁发展，提高体育产业规模化、集约化、专业化水平。

三 2021年淄博市体育产业发展报告

2021年，淄博市体育局认真贯彻落实省体育局和淄博市委、市政府体育产业工作部署，聚焦高质量发展主题，努力构建体育产业发展新格局。

（一）发展现状

1. 发展赛事经济，打造赛事名城

一是举办了第五届"起源地杯"国际青年足球锦标赛、首届全国电子竞技大赛、淄博体育旅游节、"雷神杯"全国高校电竞精英赛总决赛、"创

濠体育杯"全国重点中学篮球赛、全国跆拳道公开赛、"鸿成杯"山东省健美操大赛、第五届"天鹅湖国际慢城"全国马拉松赛、文昌湖半程马拉松赛等40余项高端精品赛事和特色赛事，基本形成"全市多品牌""一县（区）一品牌""一协会一品牌"的赛事格局，"起源地杯"等自主IP赛事规模影响不断扩大，推动了赛事经济发展。二是结合全民健身月、市老年人运动会，组织开展社会体育指导员技能大赛、国家体育锻炼标准达标赛等健身活动1300余项。作为创新试点市举办了首届淄博市社区运动会，组织赛事活动900余场，参与居民近20万人次。联合教育部门举办了淄博市第十八届运动会，涵盖田径、游泳、举重等34个项目，共766个小项比赛。全民健身赛事体系、青少年赛事体系逐步完善。三是积极培育引进专业赛事服务公司，提升赛事运作水平。与国内知名体育赛事企业万达体育签约运营淄博国际马拉松，与本土企业签约成功运作了第五届"起源地杯"国际足球锦标赛、首届全国电竞大赛、文昌湖半程马拉松。鸿成体育、山东创濠等本土赛事公司正逐步成长壮大。

2. 强化平台支撑，培育市场主体

一是争创国家、省级体育产业示范基地（单位、项目）、体育服务综合体，山东一诺威聚氨酯有限公司被评为国家体育产业示范单位，山东恒利纺织科技有限公司、淄博福瑞特全民健身中心被评为省级体育产业示范单位、体育服务综合体。二是支持创建体育旅游示范基地、精品线路。淄博齐文化传承示范区（足球小镇）获评首批山东省体育旅游示范基地，淄博梓潼山滑雪体验精品一日游和淄博沂源沂河源田园综合体一日游分获2021年春节黄金周和2021年"十一"黄金周山东省体育旅游精品线路。三是支持参展体育产业专业展会。组织一诺威、汇祥等10余家体育企业参加了上海2021中国体育用品博览会。全力配合省产业中心创新参展内容、参展形式，圆满完成广州2021"两博会"参展工作。组织7家骨干特色企业参展第二届山东体博会。四是加强体育产业联合会建设。在强化联合会制度建设、组织建设、队伍建设的同时，立足为企业谋政策支持、专家指导、交流合作，推动协会不断提升社会影响力，发挥桥梁作用，助力体育产业发展。五是支持体

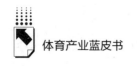

育社会组织发展。在全省率先建设了市级体育社团孵化基地，吸引 40 余个协会入住。投入近 100 万元体彩公益金支持体育社会组织发展，将适合体育社会组织提供服务的事项，以财政补贴或政府购买服务的形式交由体育社会组织承担。全市市级单项运动协会达到 78 个，区县协会超过 200 个，初步形成多种形式、多层次的体育社会组织网络。

3. 深化"体育+""+体育"，推动体育产业融合发展

一是大力发展体育旅游。创新举办"淄博体育旅游节"，组织开展"协会进景区""赛事进景区"活动。支持鼓励潭溪山、红叶柿岩等有条件的旅游景区举办体育赛事、开展体育运动休闲项目，打造体验式旅游产品和赛事旅游产品，创建体育旅游示范基地、精品线路。二是组织体医融合试点。按照省局工作部署，联合市卫健委推进体医融合试点工作，积极探索体育锻炼、运动医学在慢性病预防、健康促进及功能康复等方面的作用，淄博鸿巢医院"减脂干预"、淄博市青少年健康干预中心"无忧计划——助力青少年健康成长"等 11 个项目入围省体医融合项目培育库。三是推动文体融合。成立体育产业联合会文创专委会，聚合文创领域资源，搭建融合发展平台。鼓励全市国家、省级工艺美术大师创作体育题材的文创产品，并邀请参加广州"两博会"现场展示。联合市传统产业发展中心、市工艺美术家协会、市青年美术家协会、市漫画家协会、市青年书法家协会共同举办淄博市首届体育文化创意与设计大赛，收集作品 200 余件。在 2021 山东省体育文化创意与设计大赛上，淄博市 11 件作品入围，获特等奖 1 个、银奖 1 个、铜奖 1 个。淄博市体育局荣获优秀组织奖。淄博蹴鞠连续 3 年入选中华体育文化优秀项目。

4. 深化体教融合，推动青少年体育科学发展

联合市教育局制定《关于深化体教融合促进青少年健康发展的实施意见》，在全市创新开展青少年体育俱乐部认定，推进跆拳道、游泳、攀岩、武术等 21 个竞技项目进校园，惠及学校 301 所。全市 355 所学校体育场馆向社会开放，开放率 100%。组织实施体育社会组织进校园活动，44 个单项体育协会 380 次进学校开展志愿服务，惠及青少年学生 63000 余人。广泛调

研学习。2021 年 5 月、10 月，由市政府分管秘书长带队，联合市文旅局、招商促进局，分赴浙江、上海和广州围绕体育与相关产业融合发展开展专题调研，在学习借鉴先进城市经验做法的基础上，形成了推动淄博市体育产业融合发展的新思路、新举措。

5. 深化"放管服"改革，持续优化发展环境

一是出台多项产业政策。深入贯彻落实国家、省关于体育产业工作部署，编制淄博市《体育事业"十四五"规划》《全民健身计划（2021—2025）》《体育产业"十四五"规划》，制定《关于促进全民健身和体育消费推动体育产业高质量发展的实施意见》等政策文件。设立了市级体育产业发展引导专项资金、品牌赛事专项资金、体育产业品牌培育专项资金、足球发展资金等多项资金政策，引导鼓励社会力量投资体育产业，承担更多专业化、社会化体育服务。二是引导体育消费。按照"六稳""六保"工作部署，制定实施《促体育消费实施方案》。通过发放体育消费券，推动体育业经济、体育假日经济发展，分 2 批 10 期共组织发放体育消费券 51.7 万元，带动健身场所发放企业让利券约 380 万元，拉动健身消费 2000 余万元。指导高新区落实全省体育产业创新发展体育消费试点工作任务。三是推进群众身边场地设施建设。2021 年，全市新建城市社区多功能运动场地 53 处、无动力山地滑车、轮滑、漂流等青年时尚运动场所 20 处，改扩建体育公园 10 处，打造了"青年夜跑""青年骑行"网红运动路线 22 条，新建篮球、网球、羽毛球等各类场地 238 处，更新增补健身器材 6000 多件。四是组织开展优化营商环境"为群众办实事、为企业解难题"大走访、大排查、大提升活动，深入企业宣传解读惠企政策，提取意见建议，帮助企业解决发展中的困难和问题。与工商银行、齐商银行签订战略合作协议，鼓励银行面向体育企业开发信贷产品，帮助中小微体育企业解决融资难问题。

（二）下一步工作思路

2022 年，淄博体育产业工作思路是：按照全省体育产业工作部署，聚焦淄博市委、市政府"品质提升年"工作要求和高质量发展主题，创新发

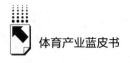

展思路和工作措施，努力在服务和改善民生、提升城市品质活力、助力经济社会发展上展现新作为、做出新贡献。

1.大力培育赛事品牌

鼓励申办国际单项赛事、承办全国和全省重大赛事，办好淄博国际马拉松、体育旅游节、全国电子竞技大赛和"起源地杯"足球系列赛事，打造高端体育赛事品牌。支持区县、协会和社会力量策划举办特色赛事，提升"环马踏湖"全国轮滑马拉松大赛、"天鹅湖国际慢城"全国马拉松赛等特色赛事举办水平。开展"三大球"、乒乓球、羽毛球等有广泛群众基础的市县两级联赛，培育沿黄、沿齐长城、沿孝妇河户外赛事品牌和环文昌湖、马踏湖、天鹅湖马拉松等路跑赛事品牌，创建省级精品体育赛事，打造城市名片、赛事名城。

2.扶持壮大市场主体

大力扶持山东一诺威、山东奥德斯、恒力纺织、鸿成教育体育、山东创濠等骨干体育企业，培育更多体育上市公司。鼓励山东碧园、金史密斯、创濠体育中心等中小微制造企业、健身休闲企业、体育俱乐部向"专精特新"方向发展。支持山东宝迪朗格、山东奥德斯等体育企业打造跨境产业链服务链，发展跨境电商出口海外仓业务。支持体育企业创建国家和省级体育产业示范基地（单位、项目）。

3.深化体育融合发展

支持市体育中心、福瑞特健身中心、淄博吾悦广场等大中型体育场馆、商业中心导入体育优质资源和更多关联产业业态，建设融合文化、演艺、餐饮、零售、商贸等业态的体育服务综合体。支持潭溪山、红叶柿岩、桃花岛、双马山等有条件的旅游景区、景点举办特色体育赛事、开展体育运动项目和健身休闲活动，提供体验型体育旅游产品和赛事旅游产品，新创建一批国家、省级体育旅游示范基地、精品线路。支持淄矿集团中心医院、岜山集团等开展体卫融合发展试点，培育体卫融合服务示范项目。探索推进体育与养老、互联网等行业融合发展，加快发展电子竞技等新兴产业。

4. 培育体育消费市场

组织发放体育消费券，开展体育消费季，引导和鼓励体育消费，组织体育消费券发放活动，推动体育夜经济、体育假日经济和冰雪运动发展。指导高新区落实全省体育产业创新发展体育消费试点工作任务。加强市场监管，规范社会体育俱乐部、体育技能培训和健身服务机构发展，探索体育领域预付费式服务机构管理模式。

5. 加强平台载体建设

支持临淄区、高新区创建国家体育产业示范基地，支持周村区、博山区创建省级体育产业示范基地。支持体育企业参展中国体育用品博览会、体育文化和体育旅游博览会、山东文博会等体育专业展会。推进沪鲁体育产业协同创新中心建设。发挥市体育产业联合会桥梁纽带作用。积极参与沿黄9市体育产业协作联盟，联合举办体育赛事活动。

四　2021年东营市体育产业发展报告

2021年，东营市紧紧围绕建设"全民健身、全民健康的体育之城"的目标，将体育作为弘扬东营黄河生态文明示范地的重要名片，致力于推动体育产业实现新突破。

（一）发展现状

1. 加强全民健身设施建设，夯实体育产业发展基础

制定《全民健身实施计划（2021—2025年）》，修订政府规章《东营市室外公共健身设施管理办法》。实施民生实事"城市更新工程"，投入289万元为297个老旧小区配套更新健身器材2500件。实施乡镇"两个一"工程，争取省级资金支持3个乡镇建设全民健身工程，全部完成乡镇"两个一"工程建设任务，夯实了体育产业发展基础，为群众参与体育健身、体育消费创造了条件。

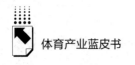

2. 搭建赛事平台, 大力发展竞赛表演业

以赛事为平台, 积极推动竞赛表演、场馆服务、体育经纪、体育培训服务业态发展, 打造新的体育产业增长点。2021 年, 成功举办黄河口(东营)马拉松赛、黄河口(东营)公路自行车赛、中国东营·国际湿地城市钓鱼公开赛、黄河口(东营)汽车场地越野赛等四大精品赛事, 承办山东省篮球锦标赛、山东省排球锦标赛、山东省游泳锦标赛、山东省足球锦标赛、山东省武术锦标赛等省级青少年赛事。举办市第十一届全民健身运动会, 开展各级各类健身赛事活动 753 场, 直接参赛超 20 万人次。组织健身气功、瑜伽、太极等全民健身志愿服务 429 场次, 为群众提供免费国民体质监测并出具运动处方。

3. 培育市场主体, 引导和扩大体育消费

积极培育正开体育、简居木业、斯泰普力等体育制造企业, 支持奥体中心、日昇昌文化体育产业有限公司、尊悦健身中心争创省级体育健身综合体项目, 积极推荐 "黄河入海口、万象游乐场" 等争创省级体育旅游精品线路。积极推荐申报 "山东省'十大'高端精品体育赛事""山东省'十大'自主知识产权精品体育赛事""山东省'十大'路跑类精品体育赛事" 评选工作。大力发展场馆服务业, 鼓励全市公共体育场馆向社会免费低收费开放, 全市共有 12 处公共体育场馆向公众开放, 2021 年度共争取场馆等补助资金 1031.5 万元。组织市奥体中心、康力健身俱乐部等 10 家健身和培训类场馆参与全省体育消费券活动, 项目涉及游泳、乒乓球、羽毛球、篮球等 10 余个项目。组织龙居桃花岛滑雪场、万象滑雪场积极参与 "2022 山东省体育冰雪消费券发放活动", 进一步释放体育消费活力。

4. 规范市场秩序, 健全完善体育市场体系

加强全市体育场所经营单位、体育培训、体育赛事等服务管理, 印发实施《全市体育行业生产经营单位全员安全生产责任落实和安全生产培训实施方案》《全市体育系统安全生产管理能力提升行动方案》《体育行业人员密集场所安全专项整治行动方案》等文件, 维护体育市场安全稳定。通过政府购买服务由第三方对全市高危险性体育场所进行专业检测, 全年对游泳馆、滑雪场等高危性体育经营场所开展执法检查 25 次，督促各经营单位按规定落实整改措施。在体育系统开展体育安全专项整治三年行动，不定期开展安全生产督导工作。

（二）下一步工作思路

1. 大力发展竞赛表演业

实施品牌赛事带动战略，组织举办黄河口（东营）马拉松、黄河口（东营）自行车赛、铁人三项赛、汽车场地越野赛、沿黄系列赛等大型赛事，将赛事与文化、旅游、休闲等有效融合。积极打造体育旅游精品路线，推动体育产业高质量发展。

2. 大力发展健身休闲业

开发广利河水上运动观光，带动夜间体育经济，打造两岸健身休闲业态消费场景。推动体医康养产业、体育主题公园等消费场景的创新升级。优化体育俱乐部、体育赛事、体育服务综合体产品供给，打造集文化宣传、旅游推广、观赛服务、住宿餐饮、运动社交、主题活动等于一体的具有东营特色的复合型消费场景。

3. 大力发展场馆服务业

做好免费低收费场馆资金补助申报、体育消费券组织发放等工作。积极争取项目、资金、政策支持，引导和鼓励体育消费。

4. 优化体育产业发展环境

加快推进政府职能转变，精准落实"放管服"政策。深化减权放权，释放市场活力。完善市场监管机制，提高监管质量，重点对高危项目存在安全隐患进行大排查，抓好整改落实，确保体育市场安全稳定，营造良好营商环境。

五 2021年泰安市体育产业发展报告

2021 年，在省体育局和省体育产业发展服务中心的领导和支持下，泰安市以习近平新时代中国特色社会主义思想为指导，全面贯彻党的十九大及

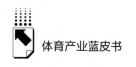
十九届历次全会精神，以"全力推进国际体育休闲名城建设，谋求体育产业新突破"为目标，体育产业各项工作持续、健康、快速发展，取得了新成效。

（一）发展现状

1. 推进体育旅游休闲名城建设

颁布实施《泰安市打造"国际体育旅游休闲名城"行动计划（2021—2025年）》，督导县、市、区（功能区）落实"国际体育休闲名城"项目布局。活跃体育领域大众创业、万众创新积极性，举行2021社会力量创办精品赛事重点项目集中签约仪式，57项重点项目进行了集中签约。夯实泰安市体育产业项目库，联合市文旅局下发《关于组织申报泰安市体育旅游示范基地、示范项目、精品路径的通知》，评选出12个项目单位为泰安市首批体育旅游示范基地、示范项目、精品路径，壮大了泰安市体育旅游企业集群。

2. 提升"泰山"体育品牌影响力

加大国家体育产业示范基地申报支持力度，鲁普耐特集团有限公司被体育总局命名国家体育产业示范单位，支持新泰市申报国家体育产业示范基地。做好省级体育产业示范基地、示范单位、示范项目和省级体育服务综合体的申报工作，2021年泰安市共申报示范基地2个、示范单位3个、示范项目1个、省级体育服务综合体2个，获批省级体育产业示范基地、单位、项目各1家，获评项目数量与青岛、潍坊、滨州并列位居全省第1。泰山国际登山比赛暨全国全民健身登泰山健步活动获评"2021中国体育旅游十佳精品赛"，环泰山T60大徒步、泰山国际户外挑战赛获评"2021中国体育旅游精品赛事"。扩大体育产业体育文化交流，组织4家单位参加2021中国体育文化博览会·中国体育旅游博览会，宣传展示了泰安市体育资源和发展成果。

3. 积极参与沿黄9市系列赛事

为贯彻落实黄河流域生态保护和高质量发展战略，深度融合黄河文化和体育精神，推进沿黄9市体育交流合作，泰安市作为山东沿黄9市体育产业协作联盟的成员，积极参与"2021沿黄9市自行车赛""黄河'棋'迹·

2021山东沿黄9市围棋锦标赛"等沿黄9市系列赛事，打造"黄河入海"精品体育旅游赛事和线路，深度融合黄河精神和体育精神，挖掘黄河流域体育文化旅游资源，推进沿黄9市体育交流合作，不断提升联盟的凝聚力与影响力。

4. 推动体育赛事管理服务试点工作

督导新泰市教体局下发《新泰市社会力量举办全民健身赛事活动创新试点工作方案》《创新试点工作专班实施方案》，建立健全体育赛事活动监管工作机制，综合运用多种监管手段，充分发挥"互联网+监管"的功能，加快实现各相关部门、各层级和各领域监管信息共享和统一应用，实现综合监管、智慧监管、动态监管，目前各项工作正稳步试点推进中。

5. 切实提高体育产业治理水平

强化体育产业专项资金引导作用，顺利完成2021年泰安市体育产业发展专项资金评审工作。依据《泰安市社会力量举办全民健身赛事活动指导意见》，进一步强化对体育产业宏观指导、规范赛事运营和市场监管，为体育产业工作开展和体育企业健康有序发展提供保障。组织人员参加全省线上体育产业统计培训会议，专门召开会议进行部署，认真细致地统计各种数据，有效保证统计工作的质量。按照省局部署，对泰安市6个县市区、景区、高新区、旅游经济开发区及徂汶景区体育场地开展调查统计工作，泰安市人均场地面积2.95平方米，位居全省前列。

6. 提高体育产业宣传推介效能

为整合泰安市体育产业资源，借助省级资源平台宣传和推广泰安市体育事业、体育产业项目，推动泰安体育事业、体育产业高质量发展，省体育局产业中心主办并联合体育晨报、山东商报编印发行《山东体育产业》·泰安专刊。协助完成山东电视台体育频道《对话》节目录制工作，该节目将从体育竞赛表演、体育休闲服务、体育旅游融合等各方面、多维度全面对外展示泰安市体育产业工作发展情况，进一步提升泰安市体育产业发展影响力。

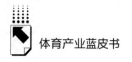

（二）存在问题

1. 体育竞赛表演市场遇冷

基于泰安市体育制造业基础比较薄弱，加上"泰山"这个得天独厚的自然禀赋，在"十三五"期间，大力发展竞赛表演业，竞赛表演活动举办数量和举办层次实现新的突破，基本实现了以重大赛事为载体，以体育休闲旅游平台建设为重点，进而带动相关产业综合发展的格局。新冠肺炎疫情导致 2020 年、2021 年的各项体育赛事停滞，相关运营方遭受巨大损失，疫情期间损失达全年营收一半以上。虽然各赛事公司也采取了自救在线上举办赛事，但效果并不理想，部分企业面临经营困难。

2. 体育场所挂牌歇业

疫情的暴发对依托线下场景的体育产业造成极大地影响，主要体现在室外健身场所、体育场馆、体育培训机构的全面停业。首先，体育场馆和健身房的关闭，经营方没有收入来源，面临巨大的机构运转压力。其次，受到波及的体育培训业务，同样也面临巨大的考验。

（三）下一步工作思路

（1）双提升，实现体育休闲名城建设新突破。抓好核心项目工程，完善落实配套保障措施，构建各县区独特的"体育+"模式，打造体育品牌，创办一流体育赛事，提升体育旅游影响力，全方位促进体育休闲名城建设。

（2）加强国家、省级品牌赛事、示范基地项目创建工作。在完成省级示范基地的复审复核工作基础上，大力发掘新兴业态，争创省级品牌赛事，新命名示范基地、项目和单位，申报国家级体育旅游示范基地。

（3）做好市级示范基地、项目相关工作，实现体育产业集群的增积扩容。在做好泰安市现有体育产业示范基地、示范项目、示范单位复核与申报工作的基础上，进一步提升泰安市体育产业集群的数量与质量。

（4）做好省、市两级体育产业发展专项资金的申报、评审工作，确保产业项目提质增效。吸纳更多社会资本进入体育产业大家庭，进一步引导体育产业良性发展，为泰安市体育产业提质增效提供保障。

（5）扎实做好体育产业、体育场地大数据录入统计工作。继续做好山东省体育产业调查和场地调查工作，确保数据的可靠性和准确性，为体育事业发展提供泰安市最有效的基础信息。

（6）加大与社会资本合作力度，着力提升社会力量参与积极性。充分发挥社会力量作用，计划组织市体育产业联合会、传媒集团等泰安市优质社会组织、俱乐部、体育企业等相关单位，年内在泰安市体育中心举办第一届泰安市体育惠民消费季活动。

（7）做好体育产业专项培训工作。积极组织、参加各级各类体育产业专项培训工作，通过培训学习新理念、新方法，带动泰安市体育产业快速发展。

（8）继续做好省级体育赛事管理试点工作。通过深度调研、积极指导，协助新泰市教体局，通过总结近年来关于体育赛事管理方面的经验和做法，结合深化"放管服"改革，全面完善赛事管理服务机制，形成若干行之有效、可持续、可复制推广的创新典型和经验做法，争取成功通过省体育局验收并在全省推广，圆满完成新泰市体育赛事管理试点工作。

（9）做好国家级、省级体育旅游博览会工作。重点组织全市各级单位参加中国体育旅游博览会、上海体育博览会、山东省体育产业大会等的参展、观摩等工作。选择泰安市优秀体育产业项目参加山东省体育产业公共服务大厅共享展厅，准确把握核心业态、重点企业发展状况，为市场主体提供快捷、精准、高效服务，维护良好的体育产业发展秩序和生态环境。

（10）防疫情、抓安全，做好体育发展新业态。充分做好疫情防控常态化体育产业发展新业态的指导、谋划工作，以《泰安市社会力量举办全民健身赛事活动指导意见》为抓手，以"黄绿分区"作为落实防控措施的具体办法，紧盯新产业新业态，大力推动冰雪运动、山地户外、汽摩运动等项目发展，与文化旅游、休闲娱乐深度融合，着力培养体育产业高质量发展的新动能。

2022年，我们将积极贯彻落实中央、省和市体育产业政策措施，继续

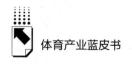

加大体育融合发展力度，以产业引导为抓手，加快培育市场多元主体，吸纳各类资本进入体育领域，大力延伸体育产业链、服务链、价值链，努力打造极具特色的泰安体育产业，为建设体育强市做出积极的贡献。

六 2021年德州市体育产业发展报告

2021年，在省体育局的正确领导和兄弟地市的大力支持下，德州市坚持以体育产业链为重要抓手，以推动体育产业向服务业转型为重大契机，以服务企业为常规手段，以办会参展为主要措施，积极筹划活动，引导体育企业规范发展、打响品牌，全市体育产业从小到大、从弱到强，发展势头较为良好。

（一）发展现状

1.完善机制，突出工作抓手

以体育产业链作为推动工作的突出抓手，进一步强化体育产业链链长办公室职能，深入执行重点工作"两化四调度"机制，积极协调县、市、区和有关市直部门推进任务目标。全市体育产业链2021年重点工作推进会议围绕"三三倍增"要求，交流各有关县、市、区和重点单位工作计划和落实方案，为全面启动全市重点区域体育产业"三三倍增"计划开好局、起好步。2021年以来，共以链长办公室名义调度体育产业有关工作20余次、现场办公9次、召开情况交流会4次，协调各相关部门合力共为、有关县市区全力推进，全市体育产业工作扎实有效开展。

2.深入调研，破解工作难题

组织成立专题调研组，先后赴宁津、乐陵、庆云等重点县市30多个体育产业骨干企业调研考察，召开座谈会14次，座谈交流300多人次。围绕实施"四图"作业和解决企业难题，现场办公、积极协调、拿出实招，确保问题得到有效解决。2021年9月29日，以体育产业链名义组织驻德全国、省政协委员赴宁津、乐陵、庆云、经济开发区调研体育产业发展情况，详细了解发展现状，帮助分析研判问题，提出转型升级建议。11月10~11日，省体育局党组成员、副局长栾风岩一行到德州市实地调研体育产业，指导完善德州市体育产业发展规划，对德州市体育产业高质量发展情况给予充分肯定。在各级领导的关心支持下，盛邦体育产业集团成功申报国家级体育产业示范单位、宝德龙健身器材成功申报省级体育产业示范单位，起到非常显著的龙头带动效应，全市体育产业争先创优、焕发出蓬勃生机。

3. 筹办活动，积累会展经验

2021年9月20~21、25~26日，2021中国冰雪大篷车百场巡回主题活动暨德州第四届体育产业交流大会分别在经济开发区德百奥莱广场和乐陵市成功举办，市政协主席、市体育产业链链长翟长生，副市长董绍辉参加活动。大会面向外界推介德州市冰雪装备制造企业，组织德州市冰峰体育、起源体育等企业参加展示，同时展示德州市武术、马术、剪纸等本土文化，其间近2000人现场进行体验，人民日报、中国冰雪网、中国工人报、北京日报等媒体进行了多维度报道，取得了预期效果。通过联合举办活动，既面向全国、全省推介德州市体育产业企业、营造全民健身氛围，又在活动中进一步积累筹办会展的经验，为下一步独立办会办展打牢基础。

4. 考察学习，积极组织参展

自2021年4月份开始，通过加强产业链上下游企业交流，先后邀请乔山体育、兄弟众合、鸵鸟足球到德州市考察投资或建厂，组织德州市体育企业赴上海、广州、晋江、威海等地参加体博会、产博会等顶级展会。上海体博会期间，组织举办大型招商推介会，共签约15个项目，签约金额68亿元；全市共有64家企业参展，是全国参展企业数量最多的地级市，在全国地级市中特色鲜明、优势明显，占有举足轻重的地位。其间共举办6场招商推介会，促成订单70余亿元，真正实现了走出去推介、请进来投资，达成了合作双方的共赢局面。9月26~28日，组织德州市40家体育产业企业参加山东省第二届体育用品博览会，以泰山体育和盛邦集团领衔的体育科技产品亮相体博会，得到国家、省领导的一致认可。邀请了浙江鸵鸟足球董事长黄君华一行来德调研，围绕足球运动装备、足球运

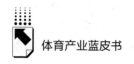

动赛事合作进行交流探讨，协调推动乐陵市创建"体教融合"国家级足
球教育服务标准化示范区。

（二）下一步工作思路

2022年，德州市教体局将继续坚决贯彻省体育局有关决策部署和工作
要求，落实《德州市体育产业"十四五"发展规划》，坚持直面弱点、补足
短板，针对当前德州市体育产业龙头带动效应不足、业态相对单一、研发创
新能力较弱等问题，围绕做大做强全市体育产业，解放思想、开阔视野、拓
宽思路，重点做好以下几方面工作。

1. 积极支持泰山体育集团做大做强

支持泰山集团创建国家体育技术创新中心，在政策、资源、校企合作、
双招双引等方面尽最大努力向泰山集团进行倾斜，推动企业转型升级、挂牌
上市，进一步发挥产业龙头作用和行业标杆效应，辐射带动其他中小企业分
工协作、错位发展，实现以点带面、盘活全局。

2. 加快发展体育鞋服产业和体育服务业

依托现有的品牌和销售渠道，通过产业协同、品牌赋能、招引龙头等方
式，充分发挥不同企业在产品设计、技术工艺、生产能力和市场渠道等方面
的优势，实现不同企业甚至不同产业间的整合协作。大力发展冰雪类运动鞋
服和竞技类特种运动鞋服为主的体育鞋服制造业，升级发展体育健身、体育
培训教育、体育场馆运营、体育赛事运营等服务业态，促进体育二、三产全
面融合。

3. 积极筹办展会，争先进位勇创一流

积极筹办第五届德州体育产业交流大会，充分利用2022年冬奥会浓厚
冰雪运动氛围，结合德州冰雪体育制造企业实际，初步计划以冰壶赛事为主
题进行筹办。引导全市体育相关企业配合做好数据统计，按要求报送服务贸
易数据，努力在体育产业体量上保持优势。积极组织德州市体育头部企业创
建国家级、省级体育产业示范单位，力争成功申报1~2家省级及以上体育
示范单位。

七 2021年聊城市体育产业发展报告

2021 年，在山东省体育产业发展服务中心的正确指导下，聊城市教体局认真贯彻落实市委、市政府的决策部署，以"运河"文化和"温泉"文化为引领，以品牌赛事为龙头、休闲体育为核心、项目发展为支撑、康复养生为特色，实现多点突破，着力引导以休闲体育为龙头的体育产业体系发展，推动体育产业成为全市经济发展新的增长点。

（一）发展现状

1. 打造高端品牌赛事，引领体育竞赛表演市场

近年来，全国国际象棋棋协大师赛（聊城站）、国际搏击对抗赛、"跑游山东"聊城半程马拉松三大高级别盛会的举办，以及国际舞蹈公开赛、全国 U20 男子自由式摔跤锦标赛、中外拳王争霸赛、全国中国式摔跤冠军赛、中国运河名城（聊城）自行车公开赛、全国男子自由式摔跤冠军赛等大型体育赛事吸引国内外、省内外多地选手和观众来到聊城市参加活动，为打响"江北水城　运河古都"城市品牌，推介"河湖秀美大水城，宜居宜业新聊城"起到推动作用。

2021 年聊城市举办了"7·20"国际象棋文化节和第九届全国大学生龙舟锦标赛两项国家级大型比赛活动。国际象棋文化节展现了聊城江北水城、运河古都的城市魅力和活力，使国际象棋运动成为聊城市打造"国际象棋智慧名城"的全新引擎和城市名片，助推聊城"人文城市""智慧城市"的知名度和美誉度。文化节期间的国际象棋教育高峰论坛，邀请了四届世界国际象棋棋后、亚洲棋联中国独立区主席、首都体育学院副校长谢军参与主讲。国际象棋文化节期间的比赛吸引了全国各地的国际象棋运动员裁判员以及总局、省局领导及嘉宾莅临，7 位世界冠军、多位国际级裁判参加本次赛事。

第九届全国大学生龙舟锦标赛由中国大学生体育协会主办，聊城市人民

政府和聊城大学联合承办，设男子组、女子组、混合组 3 个组别，每组设 100 米、200 米、500 米直道竞速比赛 3 个项目，来自北京大学、同济大学、浙江大学、苏州大学、北华大学、武汉大学、聊城大学等共计 46 所高校、68 支龙舟队的 950 名大学生运动员参加。比赛设 6 条航道，采取预赛、半决赛、决赛的方式进行。本次大赛裁判水平史上最高，8 个国际级裁判皆为第十四届全运会裁判长，比赛的电动计时及成绩统计系统按国家级比赛标准配备。

通过对这些高端赛事提档升级，更新赛事的办赛理念，在食、住、行、赛、游、购、娱七大方面深度挖掘，以优良的赛事为核心，向外拉动产业链条，进行辐射性衍生性价值创造，以赛事为驱动力，带动了全市相关产业的发展。

2. 聚力打造高端体育健身俱乐部，推动体育产业与健身指导融合发展

创新发展女子健身。支持皓月女子健身以独特的视角和运营模式，本着"专注、专业、专一"的经营理念为会员提供高品质的女性专属健身服务，是聊城本地专业女子健身连锁品牌。隶属于山东皓星健身服务有限公司，同公司旗下拥有金鼎型健身、律健身、极美健身等大众健身品牌等共 7 家店面，总健身场馆面积约 12000 平方米。现开设直营店 4 家，开设了十多种瑜伽课程，6 种舞蹈课程，6 种健身操课程，致力于女性健身运动推广，同本地妇产医院以及社区单位积极合作，开展孕妇瑜伽普及、千人普拉提、城市越野跑、关爱社会弱势群体等活动。累计服务会员 50000 余人，是聊城目前为止，营业年限最长、覆盖面最广、累计服务人次最多、培养教练人才最多的健身品牌。

推进国际象棋进校园。自 2006 年开展国际象棋活动以来，全市在大、中、小学、幼儿园 160 多所学校推动普及工作，其中，大学 1 所（聊城大学），中学 7 所，小学 58 所，幼儿园 90 多所，特殊教育学校 1 所。12 所学校成为国家级"国际象棋特色学校"，普及国际象棋爱好者达 20 万人，常年在训运动员 5000 余人；参加省市、全国国际象棋比赛百余场次，在全国、省市大赛上摘获冠军 300 余人次；目前聊城市有 1 处"中国国际象棋后备人才基地"，标准培训场所 15 处，专业教练员 120 余人，培养出国家一级运动员 2 人，二级运动员 6 人，棋协大师 89 人，候补棋协大师 119 人，国家级棋士 5000 多人。

加快幼儿体育进校园。聊城幼儿体育成规模发展且逐步专业化始于 2018 年，之前开展项目比较单一，参与人群较少，且群众认知度不高。2018 年 7 月由聊城大学主办、聊城大学体育学院承办的"中韩幼儿体育高层论坛"，掀起了幼儿体育在聊城专业化发展的热潮。动艺星幼儿体育将国内外育儿专家邀请到聊城做关于幼儿体育的讲座，通过开展各类论坛、培训会、研讨会，让更多的幼儿园、培训机构、家长了解和认识开展幼儿体育的重要性，提升对幼儿体育的认知；并组建一支专业度较高的研发团队和专家顾问团队，研发出适宜幼儿体育教学的教材和教具，很大程度上解决了幼儿园和相关机构在教学上的诸多问题，不断提高了教学水平，还提升了经济效益。

3. 着眼健身推动体医结合，培育体育产业新增长点

支持山东博奥克生物科技有限公司立足大健康产业拓展健康检测与医养结合市场，建设以传统文化为底蕴的中医新业态园区——九州生物产业园，先后引进国际先进的检测和康复治疗设备，如微电流抗电阻成像检测系统。在无痛、无创、无辐射前提下，在 6 分钟内对人体进行 12000 项检测，得出 224 项检测结论。真正做到早筛查、早预防、早治疗、治未病，是目前国际上最先进的一款身体预警全身检测肿瘤筛查系统。与全国各地省级以上三甲医院深度合作，创建中医药健康养老模式，创建机构、养老社区及居家健康养老的医养结合养老体系，带动大健康产业发展，让群众更加重视健康，重视体育锻炼。

引导健身俱乐部拓展体医融合新模式。宏伟健身俱乐部营业面积 7000 余平方米，台球厅、棋牌室面积达 3000 多平方米，规模规格为聊城市最大，全省前列，另开设电竞、游泳、健身、瑜伽等十余种健身项目。可覆盖周边 3 公里居民区，经常运动群众 1 万多人，日均运动 400 人次，年服务周边群众 15 万人次。经聊城市东昌府区创全国体育运动模范区小组授权，成立国

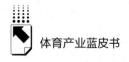

民体质监测点，年监测 1000 余人，选择出慢病、典型病例开具 300 余份运动处方并建立终生健康档案，分阶段指导，让群众有目的、有计划、科学的锻炼。推动体医结合，打造 5~10 分钟社区健康生活圈，让聊城人民身体更加健康。

4. 以打造体育场馆综合体为契机推动体育产业加速发展

聊城市体育公园位于聊城市区东南侧，规划占地面积约 570 亩，根据市委、市政府统一规划要求，陆续建成全民健身活动中心、聊城体育场等场馆及配套设施，由体育场、游泳馆、乒羽馆、室外运动场地、接待中心、运动员公寓等组成。园区已初具规模，所有场馆免费（低收费）对市民开放。中心着力打造融体育、文化、商业为一体的服务平台，4 万多平方米办公、商业附属用房、近 1000 个停车位、1 家准四星商务宾馆、多家中档餐饮配套、便利的场馆健身服务为市民提供全面完善的后勤保障。聊城市体育公园先后圆满完成了十一届全运会篮球分赛区、中国男子排球联赛山东队主场赛、中泰搏击对抗赛、大型演唱会和商演等多个重要赛事和重大活动服务保障任务。丰富的场地资源和完善的硬件设施，可承接各类综艺演出、体育赛事、企业（学校）运动会、大型展览、年会活动等，同时可提供活动的策划组织等一站式服务。园区聚集各类商户 40 余家，十多项体育运动健身项目常年对外开放，2020 年体育公园健身人数达 15 万人次，体育培训 35842 人次。承接各类比赛活动 32 项（聊城市第十届全民健身运动会 10 项，老年人活动 2 项，其他赛事 20 项），参赛人员 15896 人，赢得良好的社会美誉度。

5. 大力发展群众性体育活动，促进体育产业的良性发展

广泛开展各级各类全民健身活动。2021 年聊城市全民健身月启动仪式暨聊城市第十一届全民健身运动会开幕式于 5 月 1 日上午在聊城市东昌湖西岸明珠剧场东侧广场举行。聊城市第十一届全民健身运动会健步走展示交流大会同步举行。副市长田中俊在开幕式上致辞并宣布聊城市第十一届全民健身运动会开幕，市教育和体育局局长王福祥主持开幕式，来自各县市区的 20 支队伍 1200 余人参加了开幕式并进行了健步走交流展示活动。本届运动

会共设围棋、公开水域游泳、街舞、传统武术、三人制篮球、象棋、国际象棋、羽毛球、乒乓球、钓鱼、健身气功、健身教练技能比赛、五人制足球、体育舞蹈、健步走等18个项目，以"全民动员、全民参与、全民健康、全民共享"为宗旨，以"举办群众身边的活动"为重点，以"社会力量办赛"为主要方式。为了更充分地调动单项体育协会和俱乐部等社会力量参与全民健身的积极性，全部比赛项目采用公开申报、评标的方式来确定承办单位。一系列的改革创新，让全民健身运动会降低了门槛、增添了活力。

6. 认真落实国家和省体育产业决策及工作

积极推进2021年第二届山东省体育消费券合作单位信息申报工作及冰雪运动消费券单位申报工作，组织了体育产业座谈会，配合山东省体育产业专家课题组在聊城市的调研座谈工作；认真落实聊城市体育产业重点突破，示范引领的发展策略，牵引带动聊城市体育产业全面发展；为聊城市体育产业单位和项目的发展提供便利，落实引进来、走出去的发展计划，努力向先进地市学习对标对表不断进步；圆满完成了聊城市体育产业各类登记统计工作。

（二）下一步工作思路

（1）立足现实，着眼长远，努力打造中华龙舟大赛基地。2022年继续举办大型龙舟赛事，并于今后几年连续举办龙舟邀请赛、龙舟公开赛、龙舟全民健身赛事等，并于2025年以前申办中华龙舟大赛。

（2）体教结合，加快体育项目进校园活动。加大国际象棋、足球、篮球、乒乓球等体育项目进校园力度，扩大深度和广度，使每名学生掌握几项健身技能，提高学生的身体素质。

（3）体医结合，推动慢性病人群精准运动推广与运动处方库项目、九州健康活动中心项目的落实落地，打造体医融合示范项目。

（4）着力打造聊城市体育公园融体育、文化、商业为一体的体育场馆综合体项目。

（5）引导建立体育健身俱乐部联合会，加强政策引导，做大做强体育健身产业，加强对体育健身产业的行业管理工作。

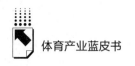

八 2021年滨州市体育产业发展报告

2021年，滨州市体育产业工作在省体育局、省体育产业发展服务中心的业务指导下，在市局的坚强领导下，开拓创新，扎实工作，优化发展环境，体育产业发展迸发活力。

（一）发展现状

1.创建国家级体育产业名牌项目

积极主动对接省体育局、国家体育总局，多次赴惠民实地调研指导，全力推报惠民李庄绳网创建国家级体育产业示范基地，惠民县于4月9日成功创建"国家体育产业示范基地"，在全国获批的13个示范基地中位列第5位。9月26日山东省第二届体育用品博览会上，总局体育器材装备中心副主任王平为惠民县"国家体育产业示范基地"授牌；在2022年举行北京冬奥会上，惠民生产的滑雪场围网成为雪上项目指定用品。

2.创建省级体育产业名牌项目

2021年，沾化区大高镇被评选为"2021年度山东省体育产业示范基地"；滨州依娜渔具有限公司被评选为"2021年度山东省体育产业示范单位"；滨城区乐钓人渔具有限公司"体育+一村一品一基地+农户"产业模式被评选为"2021年度山东省体育产业示范项目"；阳信县东山滑雪场被确定为"山东省体育惠民——冰雪季消费券试点活动"场馆；"滨城黄河风情路线"被山东省体育局评选为"2021年春节黄金周山东省体育旅游精品线路"；科室起草《创新推进体育场馆市场化运营》一文获全省政府系统优秀调研成果一等奖；推报20家体育企业、单位参加全省体育文化创意与设计大赛，获银奖1项，优秀奖3项，市体育局获"优秀组织奖"。目前，全市拥有省级体育产业示范基地2个、示范单位3个、示范项目4个，省级体育服务综合体2个，全省体育旅游精品线路2条，全省品牌体育赛事1项。

3. 优化体育产业发展环境

完成体育产业"十四五"规划编制工作；完成滨州市 2016~2018 年度省级体育产业专项资金扶持项目的绩效评价工作；发放年度市级体育产业发展引导资金 100 万元，扶持 4 类产业业态 24 家体育企业；发放省级体育惠民消费券，全市核销总金额达 49.8 万元。组织 7 家企业参展 2021 年上海体博会，9 家企业参展 2021 年临沂体博会，其间，省体育局王延奎、栾风岩两任分管局长均莅临滨州展位参观、指导。与泰山体育产业集团接洽合作事宜，经双方反复调研、磋商，于近期签订合作协议。共倡共建"山东沿黄九市体育产业协作联盟"，宣传推广滨州市黄河风情带马拉松、自行车等沿黄系列品牌赛事。

4. 夯实体育产业发展基础

做好 GDP 统计核算和体育类市场主体统计基础性工作，全市体育类企业列统 4 家，摸排体育制造业 48 家，体育服务业 657 家，正在培育列统企业 1 家。有序开展全市体育场地统计调查工作和体育健身培训基本单位信息统计工作，配合省体育产业发展服务中心核实滨州市体育产业名录信息 1050 条，样本企业 55 家。优选滨州市 16 项重大体育赛事和体育活动、16 项重点项目、8 个体育建设类项目申报"2021 年省体育产业重大项目"。组织体育职业技能培训班 48 期，共培训 4952 人次。

5. 社会力量办体育创新试点初见成效

一是滨城区省级社会力量办体育试点县工作开展顺利。指导滨城区完成《社会力量办体育创新试点工作方案》，深化体育领域"放管服"改革、体育组织改革，鼓励社会力量参与竞技体育人才培养、群众体育活动开展和品牌赛事组织。二是立足县市区优势发展区域特色体育产业。打造博兴、三河湖、沾化体育产业助力乡村振兴试点基地。扶持博兴草柳编业与体育产品融合，为传统生态产业增加体育附加值。扶持滨城乐钓人渔具公司"一村一品"工程和沾化鱼钩渔网生产业，解决农村富余劳动力，直接助力乡村振兴；探索开发沿海、淡水渔业资源，筹备钓鱼赛事，为打造"垂钓节"做准备。

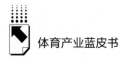

6. 树好中国体育彩票"公益体彩"名牌

坚持稳中求进，围绕"建设负责任、可信赖、健康持续发展的国家公益彩票"的发展目标，全年滨州市体育彩票实现销售额 6.92 亿元，超额完成山东省体彩中心 5.39 亿元和全市 5.48 亿元的全年销售任务，总销量居全省第 9 位，同比增幅 39.32%，列全省第 1 位。全市体彩市场占有率 69.98%，列全省第 2 位；为全市筹集体育彩票公益金超过 4800 万元。

7. 体育部门所属公共体育场馆平稳运行

一是扛牢责任高质量完成政治任务。市体育局、体育馆自 2021 年 3 月 24 日起，历时 3 个月承担了滨州市新冠疫苗接种方舱建设与服务保障的政治责任，坚持全流程盯紧靠前，完成了 50.3 万人次的疫苗接种保障服务任务。其间，加派工作人员 40 余人每日开展卫生保洁和文明劝导，全天候对场馆院内外进行垃圾清理清运，保障体育馆周边市容市貌整洁，为全市文明城、卫生城的创评工作做出积极体育贡献。二是坚决落实省"六稳六保"政策清单任务。积极对接争取，为滨州市体育中心奥林匹克体育馆、沾化区市民活动中心体育馆、博兴县体育馆等 7 处大中小型体育场馆争取免费低收费补助资金 308 万元，加大免费低收费开放力度，确保发挥场馆公益作用。

（二）存在问题

1. 体育产业总体规模小，缺少龙头企业

滨州市体育产业规模质量与先进市地相比明显薄弱，既没有形成相对完整的产业链，更缺乏龙头企业。以 2018 年数据为例，滨州体育产业总产出 44.97 亿元，居全省第 13 位，仅占全省首位青岛（561.48 亿元）的 8%。滨州市较大规模体育企业，如惠民金冠年产值不过 2 亿元，而泰山集团年产值 200 亿元，差距惊人。

2. 体育服务业的发展缓慢，无法满足市场需求

滨州市体育服务业整体实力较弱，服务水平低且县区分布不均衡，中低端体育服务消费动力不足，高端体育服务消费外流。黑骏马、时保雅等俱乐部开始向天津、济南等城市发展，当地钓鱼爱好者宁愿驱车百里去东营垂钓，都在印证滨州市体育服务业的落后与差距。

3. 统计手段落后，无法及时客观反映产业运行情况

统计口径不规范，与国民经济统计体系脱节，统计数据无法体现体育产业的真实状况和贡献值。统计数据滞后，现有体育产业市场主体数据缺乏动态管理手段，无法及时指导体育产业发展布局。

4. 县区教体部门对于体育产业工作重视度不够

县区教体局体育产业工作人手不足，几乎全是兼职，上面千条线，基层一根针，与体育产业大发展的要求明显不相称。究其原因，一是政策落地难。国家体育产业政策亟待完善，现有政策多是指导意见，缺乏可执行性，企业急需的资金、政策、土地、人才等需求难以解决。二是观念落后。无论是国家、政府、企业和个人，对于体育产业经济的快速到来缺乏足够的思想认识和应对措施。三是体制障碍。体育产业经营门类多，涉及部门也多，体育部门对体育产业的话语权较弱。四是人才缺乏。有灵活头脑和科学管理水平的经营者和管理者少之又少。

（三）下一步工作思路

2022年滨州市体育产业将围绕"七大战略"展开各项工作。

1. 名牌打造战略

借助沿黄九市体育产业联盟等平台，推广滨州市马拉松、自行车等赛事，打造滨州市沿黄品牌赛事；与泰山产业集团等外地优质企业磋商合作事宜，助力滨州市企业借助龙头企业资源优势，做大做强；通过参展观摩各级各类展会提高本地企业品牌影响力。

2. 基地创建战略

借惠民县国家级体育产业示范基地挂牌仪式契机，推动成立惠民县体育产业协会，进一步开发其品牌价值；组织、推荐滨州市优质市场资源，争创省级体育产业示范基地（单位或项目）、精品线路。

3. 投入拉动战略

积极申请省级产业引导资金，推荐企业参加省体育消费券活动，争取上

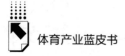

级资金扶持；利用好市级产业引导资金，扶持本地体育企业创新项目。

4. 模式创新战略

推动社会力量参与竞技体育、群众体育和体育产业的发展，完成社会力量办体育创新试点，总结滨州经验，打造滨州模式；创新体育资产的管理运行模式，寻求公益体育资产市场化的路子。

5. 融合发展战略

依托高新区等地区激发体育产业强大的黏合性，主动与教育、医疗、旅游、科技等行业跨界融合，创新全民健身消费新模式。

6. 科技支撑战略

立足方煜科技、大麦等企业，加大调研力度，推动企业发挥自身科技优势，积极推动体育+科技，提升产品科技含量；积极推动体育职业技能培训，确保今年培训人数4000人次，厚植产业人才储备，助力企业活力增长。

7. 评价导向战略

做好 GDP 统计核算工作，重点扶持准规上企业，如实统计、应统尽统；协助省局、省中心完成专项调查数据采集工作；指导县、市、区完成 2022 年新增场地统计录入工作；优选滨州市体育产业重大项目进行申报，争取更多重大项目入选省体育产业重大项目。

B.14
2021年胶东经济圈体育产业一体化发展报告

陈德旭　李　鹏　时胜楠　等*

摘　要： 2021年胶东经济圈青岛、烟台、潍坊、威海、日照5市贯彻落实区域一体化发展战略，持续构建主体活力强劲、要素流动高效、合作机制完善的体育产业一体化发展新格局，但在体育产业集群集聚、产品供给、融合发展、区域联动、发展环境等方面仍有较大提升空间。伴随胶东经济圈一体化进程的深入推进，建议进一步提升5市体育产业治理能力、深化体育系统改革、加强政策有效供给、优化产业发展环境、强化人才智力支撑，推动"十四五"时期胶东经济圈体育产业实现高质量发展。

关键词： 体育产业　一体化发展　胶东经济圈　山东省

一　2021年胶东经济圈体育产业一体化发展情况

2021年，胶东经济圈青岛、烟台、潍坊、威海、日照5市依托地缘相接、人缘相亲、经济相融、文化相通的一体化发展基础，充分发挥区位优势明显、经济基础坚实、创新动能强劲、开放优势显著等区域优势，持续提升

---

* 陈德旭，山东大学体育学院讲师，硕士生导师，主要研究方向为体育经济；李鹏，山东省体育产业发展服务中心副主任，主要研究方向为体育产业；时胜楠，山东大学体育学院2021级硕士研究生，主要研究方向为体育产业。胶东经济圈各市体育局提供了各城市体育产业发展报告。

体育产业蓝皮书

体育产业规模、质量和效益，加快推进一体化发展进程，实现了"十四五"时期体育产业高质量发展的良好开局。

（一）发展现状

1. 产业总体规模不断扩大

在疫情常态化防控背景下，胶东经济圈体育产业总产出实现稳步增长。2020年青岛市体育产业总产出为630.93亿元，较上年增长0.3%。体育消费带动能力大幅提升，2020年仅青岛市全市居民体育消费总规模就达到290.60亿元，创历史新高，人均体育消费2885.35元，占人均消费支出的9.5%。2018~2021年，青岛市、威海市的体育产业法人单位数位居全省法人单位总量前3名（见表1），威海市全市体育产业市场主体达到3695家，规上企业达到89家，企业数量位居全省第3位。

表1　2018~2020年胶东经济圈体育产业法人单位分布情况

单位：个，%

地市	2018年		2019年		2020年	
	法人单位数	占比	法人单位数	占比	法人单位数	占比
青岛市	3615	21.7	4981	19.5	5509	19.5
烟台市	1390	8.3	1762	6.9	1864	6.6
潍坊市	1212	7.3	1876	7.3	1913	6.8
威海市	2137	12.8	3089	12.1	3560	12.6
日照市	431	2.6	839	3.3	933	3.3

资料来源：山东省体育局、山东省统计局。

2. 产业顶层设计逐步健全

青岛市印发了《青岛市人民政府办公厅关于促进全民健身和体育消费推动体育产业高质量发展的实施意见》，提出发展全民健身、激发体育消费潜能、促进体育产业提质增效等20条措施。烟台市将《烟台市体育产业"十四五"发展规划》纳入市政府重大行政决策事项，明确提出"十四五"期间努力把烟台打造成"蓝色海上、绿色户外、白色冰雪、金色沙滩、红色研学"产业共同发展的"多彩运动之都"。威海市出台《威海市体育产业"十四五"时期发展规划》，提出至 2025 年实现全市体育产业总产出达到 500 亿元的发展目标，指明了全市体育产业下一个五年发展路径和重点任务。各市通过电视、直播、网站、公众号等传统及新兴媒体宣传体育产业政策、计划及开展的情况。深入开展调研、统计、问卷调查活动，切实了解居民的实际需求，不断提升体育产业决策水平。

3. 赛事经济发展势头强劲

第二届青岛时尚体育节吸引 5000 多人报名参赛，观赛人数线上线下近 200 万人次，网络直播累计观看量超过 378 万人次。烟台市举办"2021 蓬莱八仙超级马拉松赛"、"奔跑吧，烟台"跑步行动、中国烟台第十五届"和谐杯"体育舞蹈公开赛等大中型体育赛事活动近 300 场次，参与人数 50 余万人次，拉动直接经济效益超 10 亿元。潍坊市举办国际风筝冲浪锦标赛、全国青年男子手球锦标赛、全国钓鱼锦标赛及网球、击剑、马术、古典式摔跤锦标赛等省级以上高端赛事 30 多项，培育坊子"FBA""高粱红了"马拉松、中国潍坊（峡山）国际乡野马拉松等 32 个赛事品牌。威海市在疫情中显担当，成功推出自主赛事品牌——2021 年中国威海 HOBIE 帆船公开赛。日照市助力"奥运争光计划"，所服务保障的帆船、赛艇、水球、橄榄球、网球等 8 支国家队，在东京奥运会取得了 9 金 3 银 2 铜的优异成绩。

4. 产业载体建设成效显著

联合成立胶东 5 市冰雪运动产业促进会，举办山东省冰雪体育旅游新场景资源线上推介会，推出 5 大场景共 10 条时尚体育冰雪旅游路线。加快推进省级以上产业载体建设，青岛市 2021 年共创建国家体育产业基地 4 个，其中示范基地 1 个，示范单位 2 个，示范项目 1 个，国信体育中心被评为山东省体育服务综合体（见表2）。潍坊市创建国家级体育产业示范单位 1 个、省级体育产业示范基地（单位、项目）3 家、省级体育服务综合体 1 家，认定命名市级体育示范基地（单位、项目）35 家。日照市城投集团出资成立日照体育发展集团，中加国际健康管理中心入选"2021 年山东省体育产业示范单位"，驻龙山自行车运动赛事营入选"2021年山东省体育产业示范项目"，安泰网球公园入选"2021年山东省体育服务综合体"。

表2　2021年度胶东经济圈山东省体育产业基地获评一览

获评名称	获评单位
示范基地	烟台市经济开发区
示范单位	青岛三柏硕健康科技股份有限公司
	青岛英派斯健康科技股份有限公司
	日照市中加国际健康管理中心
	威海豪仕达碳纤科技有限公司
	山东港荣体育文化有限公司
示范项目	日照市驻龙山自行车主题公园
	青岛市白沙湾足球基地
	潍坊市跆拳道培训项目
	威海市国际棒球赛
体育场馆型	青岛国信体育中心
	日照安泰网球公园
	威海荣成市奥林匹克中心
其他型	烟台招远黄金海自驾车运动营地

资料来源：课题组整理。

5. 落实体育消费试点工作

胶东经济圈积极落实体育消费试点工作，青岛市按照"财政补贴、平台支持、商家优惠、市场撬动"的方式，发放体育惠民消费券，超3万人领取、直接受益1000余万元，拉动消费6000万元。烟台市组织体育企业参与"山东省体育惠民消费季""体育惠民消费券"发放，核销政府券50.46万元、企业券60.23万元，直接拉动体育消费432.38万元，拉动比为1∶8.57，全省排名第2。威海市充分发动各有关单位参与，前两批累计发放50万元健身消费券，拉动427万元健身消费，消费券核销率高达99.6%，位列全省第1。日照市发放总额100万元体育惠民消费券，引导全市40余家体育场馆、健身俱乐部参与，带动体育消费1.3万人次，拉动消费近400万元（见表3）。

表 3　胶东经济圈体育消费试点工作成效

单位：万元

地市	发放消费券	拉动体育消费
青岛市	1000.00	6000.00
烟台市	110.69	432.38
潍坊市	50.00	500.00
威海市	93.75	678.00
日照市	100.00	400.00

注：数值均为约数。
资料来源：各市提供、课题组整理获得。

6. 产业发展基础日益坚实

青岛市加快体教、体卫融合发展，推动 35 个体育项目进校园，命名授牌 27 家体医融合试点（推广）单位。烟台市新建健身体育场地设施 222 处，新建冰球比赛馆，升级改造体育公园，先后完成烟台市帆船帆板训练基地和全民健身中心主体结构改造、长岛全民健身活动中心维修改造等多个大型工程。潍坊市全市各级体育协会达到 255 个，其中市级体育单项协会 44 个，全市社会体育指导员总数达到 2.4 万名、健身站点达到 6700 多个。

（二）存在问题

1. 集群带动效能较弱，品牌优势发挥受限

胶东经济圈体育产业基地、示范单位众多，但集聚效应、品牌效应较弱，示范引领作用有待激活，对带动产业转型升级和贯通产业链供应链作用不明显。体育企业集群结构和集聚机制有待创新，大中小微型企业生态型网络尚未形成，缺乏具有核心竞争力的体育企业及体育品牌。时尚体育城市联盟平台机制尚待完善，协同合作有待深化。

2. 体育供给存在短板，竞赛表演有待加强

体育产业链不完善，体育产品供给丰富性有待提升。体育项目产业空间分布不均衡，优势项目主要分布于沿海地域，项目规格及品质存在差距。大

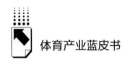

型赛事市场化运作程度仍有待提升，赛事文化内涵挖掘不深入，品牌赛事价值提升进入瓶颈期。民间赛事活力不足，社会资本注入积极性不够。

3. "体育+"拉动不强，融合发展有待加深

胶东经济圈体旅、体教、体医、文体、体科、体媒等多个产业融合发展不深入、不彻底，体育与其他产业融合发展总产出占体育产业总产出比重较少，各领域之间的优势互补效应未能充分体现。体育产业对乡村振兴、新旧动能转换、传承弘扬齐鲁优秀传统文化等重大战略的服务能力亟待提升。

4. 区域发展总体失衡，协同联动有待强化

胶东经济圈体育产业区域差距显著，产业体量整体呈现两极分化。青岛、烟台总规模均超过300亿元，威海、潍坊和日照体量相对较小，区域差距日益增大。体育产业区域关联度和互补性不足，缺少省内外区域联动协同机制，尚未形成以点带线、以线带面的产业联动效应。

5. 政策红利释放受阻，发展环境有待优化

胶东经济圈体育产业财政扶持资金不足，市级体育产业发展资金缺位，无法发挥产业扶优扶强和社会资金撬动作用。政策保障体系不完备，针对体育产业重点细分领域的政策扶持仍有欠缺，政策落地难度较大。县区级体育主管部门管理人员缺编，影响产业发展服务质量。针对高危险性体育项目的常态化监管和失信惩戒机制亟待完善，市场监管服务、标准化建设、统计信息服务等基础保障性工作都有待进一步加强。

（三）对策建议

1. 提升产业治理能力

第一，健全组织领导机制。充分发挥党总揽全局、协调各方的领导核心作用，构建管办分离、内外联动、各司其职、灵活高效的现代体育产业治理新模式。健全跨部门协同机制，科学高效落实重大规划、重大政策、重大平台、重大项目。胶东经济圈各市应将体育产业发展工作纳入国民经济和社会发展五年规划和年度计划，确保"十四五"时期体育产业发展目标如期完成。

第二，优化考核评价制度。构建体育产业高质量发展评估体系与评价机制，为胶东经济圈体育产业高质量发展提供科学遵循。健全体育产业统计调查指标体系和年度统计工作制度，深入开展体育重点行业监测，建立体育产业常态化统计监测机制，定期发布年度体育产业统计数据、研究报告和投资指南。常态化开展城乡居民体育消费调查，强化体育市场需求和消费趋势预测研判，建立胶东经济圈体育消费数据库，为精确引导胶东经济圈体育消费提供数据支撑。

2. 深化体育系统改革

第一，完善赛事管理服务机制。制定体育赛事活动办赛指南、参赛指引，明确举办基本条件、标准、规则和各相关主管部门的责任。建立跨部门的体育赛事活动综合服务机制或例会制度。开发体育赛事活动安全许可预受理系统，为赛事活动承办方申请许可提供便利。严格落实常态化疫情防控期间体育场地设施和体育赛事活动工作指引。

第二，推动公共资源开放利用。贯彻落实国务院有关工作要求，协同自然资源、水利、林业、空管等部门，综合考虑生态、防洪、供水安全等因素，有序推进可利用的海域、水域、空域、森林、草原等自然资源向体育赛事活动开放，分类制定允许开展的体育赛事活动目录，明确申请条件和程序。推动体育大数据资源的适度开放，实现大数据增值性、公益性创新应用。

3. 加强政策有效供给

第一，完善财政资金引导机制。加快设立胶东经济圈体育产业引导基金和各市体育产业基金，鼓励企业、社会资本单独或合作设立全民健身发展基金或体育产业发展基金，缓解各市体育企业、产业项目融资难题。综合运用中长期固定资产贷款、银团贷款、政府和社会资本合作等方式，支持体育场馆建设。充分发挥新旧动能转换基金作用，争取加大对体育产业发展扶持力度。支持符合条件的企业发行企业债券募集资金。

第二，加大产业政策创新力度。鼓励胶东经济圈各体育产业创新试验区、体育创新试点县利用先行先试权限，制定政府购买公共体育服务目录和标准，探索形成一批产业政策创新成果。鼓励各市完善部门协同机制，制定出台财政、税收、用地、金融、高新技术奖励等重点领域和关键环节的扶持政策。重点打通金融政策堵点，加快建立体育无形资产评估标准、完善评估制度，鼓励银行机构积极开展体育领域的知识产权质押融资业务，创新开发体育企业信贷产品和体育消费保险产品。

第三，严格落实既有产业政策。加大对体育产业新增建设用地的支持力度，鼓励探索利用集体建设用地、符合条件的"四荒"土地发展体育产业。体育场馆自用的房产和土地，可按规定享受有关房产税和城镇土地使用税优惠。鼓励通过谈判协商、参与市场化交易等方式，确定体育场馆及健身休闲设施使用电气热的价格。体育企业符合现行政策条件的，可享受研究开发费用税前加计扣除、小微企业财税优惠等政策。将体育产业政策落实情况纳入全国文明城市、全国卫生城市的迎检迎评工作中。

4. 优化产业发展环境

第一，加强体育市场监管。完善体育市场监管体制，提高体育市场监督管理法治化水平。加大对各市体育市场违法违规经营行为的打击力度，规范体育市场秩序。强化对竞赛表演、健身休闲等市场的引导以及高危险性体育项目的监管。加强各类体育活动安保服务管理，提高体育赛事和活动安保服务标准。

第二，优化市场营商环境。深入推进简政放权、放管结合、优化服务改革，稳步推动体育资源的公平、公正、公开流转。加大政府向社会力量购买公共体育服务的力度，激发体育市场活力。建立体育知识产权平台，强化对体育类专利、商标、版权等无形资产的开发和保护。广泛吸引社会资本进入体育领域，培育发展多形式、多层次的体育行业组织、体育俱乐部，整合行业资源。

5. 强化人才智力支撑

第一，加强人才培养引进。完善体育人才培养、引进、激励和保障制度。实施体育人才培养专项计划，支持体育部门、企业与学校联合建立体育产业教学、科研和培训基地，培养各类体育经营策划、运营管理、技能操作等专业应用型人才。建立健全柔性人才引进机制，进一步完善体育人事制度、薪酬制度、人才评价机制。支持大学生、退役运动员、教练员投身体育产业。发挥社会体育指导员队伍作用，引导群众掌握基本体育技能、参与体育健身服务。

第二，加强智库机构合作。鼓励各级主管部门、体育协会、体育企业与高校院所等智库机构开展多领域合作，成立胶东经济圈体育产业研究智库，开展专题研究、跟踪调查研究。建立智库研究与决策需求的协同互促关系，健全完善任务梯次接续、研究目标近中远衔接的工作机制，切实发挥智库机构在服务体育产业宏观决策、引领创新方向、创新理论方法中的重要作用。

二　2021年青岛市体育产业发展情况

2021年，青岛市体育局按照总局和省局的部署要求，始终坚持"以人民为中心"的工作理念，努力克服新冠肺炎疫情带来的不利影响，强化担当、主动作为，以开展国家体育消费试点为契机，积极培育体育消费新理念、新业态、新模式，体育产业工作取得积极成效，赢得良好社会反响。全年获评国家级奖励4项、省级奖励6项。青岛被知名体育平台（体育BANK）评为全国优秀体育产业发展城市。

（一）发展现状

1.产业实施路径逐步明晰，体育产业政策逐步完善

抓好顶层设计。青岛市印发了《青岛市人民政府办公厅关于促进全民健身和体育消费推动体育产业高质量发展的实施意见》，提出发展全民健身、激发体育消费潜能、促进体育产业提质增效等20条措施。编制形成《青岛市"十四五"体育产业发展规划》《时尚体育城市发展规划》，为青岛时尚体育城市建设和体育产业发展提供依据和参考。修订完善《青岛市高水平职业体育俱乐部扶持奖励办法》，为青岛市足球、篮球、羽毛球等高水平职业体育俱乐部提供坚实支撑，鼓励和引导俱乐部面向社会、走进校园

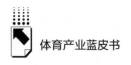
等开展大众普及活动,推进俱乐部自身建设并实现自我完善与发展。

2.落实体育消费试点工作,推进体育产业经济发展

深挖消费潜力。2020年全市居民体育消费总规模达到290.60亿元,创历史新高;人均体育消费2885.35元,占人均消费支出的9.5%,体育产业总产出为630.93亿元,较上年增长0.3%(见表4)。在此基础上,青岛市成立分管市领导牵头的工作专班。发放体育惠民消费券,采取"财政补贴、平台支持、商家优惠、市场撬动"的方式,超3万人领取、直接受益1000余万元,拉动消费6000万元。举办第二届青岛时尚体育节,5000多名参赛人员报名,观赛人数线上线下近200万人次,网络直播累计观看量超过378万人次。组织2021青岛时尚体育季,跨时3个月,举办时尚体育服装"线上"云展、时尚体育赛事活动10余项,有力拉动了体育消费。

表4　青岛市2020年体育消费情况

体育消费总规模 (亿元)	人均体育消费 (元)	占人均消费支出 比重(%)	体育产业总产出 (亿元)	较上年增长 (%)
290.60	2885.35	9.5	630.93	0.3

资料来源:青岛市体育局。

3.开拓体育产业发展新方向,发挥优质项目示范作用

搭建合作平台。2021年,共创建国家体育产业基地4个,其中示范基地1个、示范单位2个、示范项目1个,国信体育中心被评为山东省体育服务综合体。牵头成立胶东5市冰雪运动产业促进会,举办山东省冰雪体育旅游新场景资源线上推介会,推出5大场景共10条时尚体育冰雪旅游路线。组织召开市体育产业联合会换届选举大会,吸纳旅游、金融、法律、高校等领域知名企业参与,首批成员120余家;组织"青岛体育企业家上海行"AI生态沙龙,活动以"智慧体育　数字赋能"为主题,探索智慧体育、数字赋能和产业融合路径。创新发展体育资源交易平台,着力实现体育资源"能上尽上",全年为42项赛事活动提供一键报名服务,挂牌130条赛事活动产品,发布72条专业体育知识线上视频培训讲解,促进体育资源交易意向近1000万元。

4. 加快体育产业融合发展，推动重点项目建设落实

强化招引力度。深化体教融合发展，推进 35 个体育项目进校园；加快体卫融合发展，命名授牌 27 家体医融合试点（推广）单位，研发并推广青岛市全民健身"运动处方"推广手册；促进体育旅游发展，《中国体育旅游消费大数据报告（2021）》显示，青岛列 2021 年体育旅游热门境内城市排行榜第 3 名；奥帆中心获评国家体育旅游示范基地，并入选 2021 中国体育旅游十佳精品景区；青岛攀山阅海体育休闲游入选 2021 中国体育旅游精品线路。扶持体育金融发展，与浦发银行青岛分行研究推出支持体育产业发展 8 条措施，计划单列 100 亿元授信额度，与人保合作首创"体育 E 险"；鼓励体育科技发展，依托数字货币、5G 和虚拟现实产业，提出"数字货币+体育"1.0 版本初步方案。重点项目建设取得预期成效，亚洲杯专业足球场提前封顶，世界羽联青岛国际交流中心完成主体验收，英派斯体育产业园、雷神电竞产业园、中国足球学院青岛分院等项目稳步推进。加大招商引资力度，全年共走访重点企业和部门 60 余家，走访 200 余人次，其中赴外市走访 40 人次，招商项目储备 12 个。

5. 规范体育市场秩序，有序推进依法治体

规范体育市场管理。组织成立体育产业诚信联盟，成员单位超过 240 家体育产业经营实体，联盟内部规范统一合同文本；在体育局网站建立体育市场"曝光台""光荣榜"，及时对违规违纪涉体企业进行曝光，促进体育市场主体自我约束、诚信经营；制定《青岛市体育局 2021 年度普法工作计划》（青体办字〔2021〕27 号）和《青岛市体育局 2021 年普法责任清单》（青体办字〔2021〕28 号），定期研究体育法治宣传教育内容，推动普法工作深入展开；学法方面，制定《2021 年局长办公会议学法计划》，落实市普法办《关于组织人员网上学法考法工作的通知》（青普法办〔2021〕6 号）要求，组织机关全体工作人员通过"青岛干部网络学院"、"山东干部网络学院"及"山东执法监督"学法、考法、用法，不断提高干部职工的法治观念和业务能力；监管事项在"互联网+监管"系统的监管覆盖率、及时率、正确率均达到 100%，与省政务服务系统（权责清单事项）相关事项关联映射达到 100%。

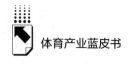

（二）存在问题

1. 体育产业规模有待扩容

青岛市体育产业发展"集群效应"和"叠加效能"尚未形成，体育产业规模化集约化程度不高，虽然体育产业增加值占 GDP 比重逐年提高，但与国际先进城市水平差距还较大，在国内也落后于北上广深等一线城市。

2. 体育产业结构有待优化

青岛市作为支柱产业的竞赛表演活动总产出占比较低，市场规模整体较小；体育制造业形成了以体育健身器材制造和体育服装鞋帽制造为主导的格局，但涉及可穿戴智能运动设备、虚拟现实运动设备等新兴体育领域的企业较少。

3. 工作落实措施缺乏创新

没有更好地运用平台思维推动工作，市场化运作水平低，体育赛事和体育设施市场化运作机制不完善，吸引社会资本投资办法还不多。

（三）优势与特色

1. 大力发展精品体育

开拓体育产业创新发展新方向，牵头成立胶东 5 市冰雪运动产业促进会。开展"金牌"教练进机关企业社区等线上线下活动，英派斯、全时等 6 家健身机构 60 余家门店与近 200 余家机关企事业单位合作，录制教学视频 12 个，近万人次参加，让广大机关企事业单位人员充分感受科学健身的魅力。举办第二届青岛时尚体育节，5000 多名参赛人员报名，线上线下观赛人数近 200 万人次，网络直播累计观看量超过 378 万人次，在国际新城建设中实现又一次突破。

2. 积极促进体育消费

根据国家体育总局要求，在征求各部门和区市意见基础上，进一步完善体育消费试点方案和工作内容，成立分管市领导牵头的工作专班，明确试点举措、试点目标、任务分工和完成时限，并进行责任分解，逐项抓好落实；

发放体育惠民消费券、举办时尚体育服装"线上"云展、时尚体育赛事活动 10 余项，拉动消费 6000 余万元，直接受益 1000 余万元。

3. 夯实以法治体

召开冬季冰雪运动项目安全管理和疫情防控工作部署会，着力提升体育执法队伍理论水平。在执法、用法方面，开展高危险性体育项目行政执法检查，采取"双随机、一公开""四不两直"等方式，联合海洋、市场监管、各区（市）体育主管部门及第三方专业机构，开展高危险体育项目经营场所检查 6 次；积极参加省驻点监管工作组，驻青监管 5 个月；共检查高危体育企业 150 余家，并及时出具整改通知单，要求限期完成整改。深度整合"互联网+监管"与"双随机、一公开"系统，有效实现"互联网+监管"系统、省政务服务系统及"双随机、一公开"系统事项"二网合一""三网关联"。

（四）下一步工作思路

1. 打造时尚体育城市名片

办好第二届时尚体育产业大会，积极探索时尚与体育产业深度融合的路径。举办时尚体育服装节、时尚体育季活动，打造青岛时尚体育 IP，引领时尚体育产业发展新风向。支持鼓励社会力量组建职业电竞战队；加强与腾讯、久事等知名企业交流合作，积极举办承办王者荣耀、F1 电竞、FIFA 足球世界等电竞赛事，创新推动电竞产业快速发展。

2. 做好产业政策宣传及兑现

修订完善《青岛市高水平职业体育俱乐部扶持奖励管理办法》，进一步落实近年来国家和本市出台的体育及相关产业发展系列政策，鼓励各区因地制宜出台有针对性的体育产业配套政策措施，形成市区相互支撑的政策体系。加强体育标准化建设，修订《青岛市游泳场所服务规范》，鼓励体育组织、企业参与制定各类地方标准，不断提高体育产品质量和水平。建立体育产业政策服务库，梳理汇集全市各领域适用体育企业的政策，为体育企业发展提供指导帮助。

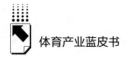

3. 搭建体育产业发展平台

鼓励体育实体和相关组织上云用数赋智，支持用工业互联网思维推动体育资源及 IP 交易平台建设，完善交易服务功能，畅通体育资源流通渠道，不断提高平台资源配置和聚散能力。完善计划单列市时尚体育城市战略联盟协作交流机制，以体育赛事、体育科技和人才的交流与合作为重点，加快实现城际资源共享、共同发展。做好国家、省体育产业基地以及省级体育服务综合体参评推荐工作，再创一批国家和省级体育产业示范基地（单位、项目）。

4. 完成国家体育消费试点城市任务

持续激发体育消费潜能，做好"你健身，我买单"体育惠民消费券发放，支持鼓励有条件的区市和企业组织"金牌"教练进机关、企业、社区活动。创新体育消费模式，加快推进体育产品和服务的数字化、网络化进程，积极培育体育领域定制、体验、智能、时尚和场景等消费新热点，全力推动体育消费机制创新、政策创新、模式创新和产品创新。做好体育消费调查和试点工作绩效评估，及时分析试点工作中的成效和不足，总结形成可复制、可推广的典型经验。

5. 优化体育产业结构

大力发展竞赛表演业，组织省级精品体育赛事参选，支持莱西市做好省体育赛事服务管理机制创新试点。积极发展健身休闲业，组织体育产业诚信经营商家评选，加快推动帆船、马术、冰雪、电竞、自行车等具有时尚消费引领特征的体育项目产业化发展。创新发展体育用品制造业，推动体育制造向体育智造转变，鼓励开发具有自主品牌和自主知识产权的新产品，打造名品、精品和拳头产品，支持鼓励雷神科技、迈金科技、三柏硕等本地体育企业上市。鼓励发展体育场馆服务业和体育教育培训服务业，做好星级体育健身俱乐部和 A 级体育技能培训机构评定等工作，引导和支持培训机构开发多样化的特色课程。

6. 推动产业深度融合发展

实施体育旅游精品示范工程，组织全市体育旅游线路、时尚体育打卡地的征集、宣传推广和评比活动，发展一批有影响力的体育旅游精品景区、精品线路和体育旅游目的地精品项目。发挥胶东5市冰雪促进会作用，促进区域体育旅游工作协同发展。搭建银企对接平台，鼓励金融机构加大涉体企业信贷投放力度和体育消费金融产品创新，打造"体育+金融"生态圈；发展"互联网+体育"，依托青岛工业仿真公共创新平台，探索打造"数字化体育产业仿真平台"，赋能体育产业高质量发展。

7. 规范体育市场依法运营

充分发挥光荣榜、曝光台、体育消费纠纷巡回法庭、体育产业诚信联盟等平台作用，持续优化体育消费环境。制定《青岛市体育局2022年"双随机、一公开"抽查计划》，联合省体育局、市场监管部门、海洋管理部门、各区市体育主管部门及第三方专业机构等赴一线联合执法，及时公示检查结果。

三 2021年烟台市体育产业发展情况

2021年，在山东省体育局和烟台市委、市政府的坚强领导下，烟台市体育局以习近平新时代中国特色社会主义思想和习近平总书记关于体育工作的重要论述为指导，坚决贯彻落实党的十九大和十九届历次中央全会精神，按照年初既定目标任务，统筹疫情防控和安全生产，在体育产业工作开展上全面发力，积极进取，主动作为，取得了较好的成绩。

（一）发展现状

1. 产业规模持续增长

近年来，烟台市体育产业发展总体保持上升趋势，产业规模持续扩大，产业增速明显。体育产业结构相对均衡，体育制造业和体育服务业发展均居全省前列。举办烟台市体育局招商会，与会企业共签订战略合作协议5份，超额完成招商引资任务，到位资金1.16亿元、合同资金4.94亿元。

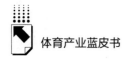

2. 政策保障日益完善

为开好头、起好步，烟台市高水准编制《烟台市体育产业"十四五"发展规划》，明确"十四五"期间努力把烟台打造成"蓝色海上、绿色户外、白色冰雪、金色沙滩、红色研学"产业共同发展的"多彩运动之都"。推动电子竞技产业发展，出台《烟台市关于推进电竞产业发展的实施意见》。加强体育领域信用体系建设，积极研究对标国内先进地市，出台《烟台市体育领域信用分级分类监管工作方案》和《烟台市体育领域行业信用评价办法》，建立烟台市体育领域信用监管名录库，签订体育领域信用承诺书。通过出台文件，规范工作，为体育产业健康发展提供政策保障。

3. 产业基础日益坚实

2021年，烟台市共完成投资5.18亿元，新建健身体育场地设施222处、冰球比赛馆1个。帆船帆板训练基地和全民健身中心主体结构改造、莱州湾足球训练基地建设、长岛全民健身活动中心维修改造等多个大型工程完工。长岛南海岸游艇码头整体基础设施已基本完成，其中南海岸游艇码头可容纳游艇202艘，新建防波堤总长430米，形成有效掩护港池面积8.72万平方米、陆域面积4.43万平方米。海阳连理岛休闲垂钓码头项目建设进展顺利，体育公园升级改造已经完成前期规划设计，为下一步开展全民健身、海上运动、体育旅游打下了良好基础。

4. 赛事经济发展壮大

烟台市先后举办第三届烟台迎新马拉松赛、"2021蓬莱八仙超级马拉松赛"、"奔跑吧！烟台"跑步行动、中国烟台第十五届"和谐杯"体育舞蹈公开赛、第十八届烟台武术节、2021年精英健美健身公开赛以及2021中国青年时尚海洋运动体育节等赛事活动。其中，"2021蓬莱八仙超级马拉松赛"举办期间带来的直接经效益达到201.24万元，对GDP的贡献为579.26万元，居民收入的增加额为263.43万元，创造税收收入49.53万元；"2021蓬莱八仙超级马拉松赛"的4669篇相关报道共产生媒体曝光价值6035.15万元。据不完全统计，2021年烟台市举办大中型体育赛事活动近300场次，参与人数50余万人次，拉动直接经济效益超10亿元。

5. 消费扩容提质升级

烟台市建设"烟台体育信息化服务平台",将健身器材、体育场馆、体育赛事、15分钟健身圈、体育产业等数据信息全部纳入系统。与中国光大银行(烟台分行)合作,打造第三方资金托管平台,推进线上付款、线下扫码进场。推动消费升级,由补贴体育企业向补贴群众体育消费转变。扎实推进山东省体育消费试点县区工作,组织健身机构共同发起"健康业达你我他,凝心聚力扬风采"健身惠民活动,面向社会发放近亿元健身消费券4万余张。组织体育企业参与"山东省体育惠民消费季""体育惠民消费券"发放,核销政府券50.46万元、企业券60.23万元,直接拉动体育消费432.38万元,拉动比为1:8.57,全省排名第2。通过改变消费形式,逐步拉动相关产业发展。

(二)存在问题

一是产业治理能力较弱。体育产业发展工作所依赖的经营管理人才和技术人才匮乏,企业管理者创新意识薄弱,导致企业创新发展进程缓慢。二是体育产品供给存在不足。现有体育相关重点项目空间分布不均衡,优势项目主要存在于沿海县区,体育产业链不够完善,优势项目带动作用不明显。三是产业政策亟须完善。有关体育产业扶持政策落地时缺乏监督,对产业发展绩效缺乏考评体系,赛事评估体系没有完全建立。

(三)优势与特点

1. 学校体育成效显著

发展体育特色学校,有效提高了学生专业运动技能和意识。烟台市首批"帆船帆板特色学校"烟台大学附属中学(小学部)、莱山区实验小学、第四实验小学,分批开展帆船运动技能实操进阶培训,惠及5600余人。福山区投入50万元率先开展"冰雪进校园活动",截至目前已经有1万余名小学生免费到冰场进行了冰上运动体验,7所中小学被评为国家级冰雪运动特色学校、8所学校组织了冰球队。

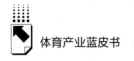

2. 部门联动推进发展

加强产业顶层设计，将体育产业纳入国民经济和社会发展规划。创新部门协同机制，联合文旅、海洋、商务、卫健、发改等部门建立协同工作机制，有效解决品牌赛事策划和产业政策落地等问题。体育部门结合资源优势，在发展运动康养、体育赛事等方面做足文章，引领相关产业规模化、链条式发展，成为经济发展新引擎。

3. 打造赛事激发活力

依托烟台市"海洋运动体育节"等品牌赛事活动，进一步烘托全市运动参与氛围，提高社会参与积极性。烟台市采取政府扶持一批、以赛养赛一批、品牌赛事带动一批、引进人才打造一批、企业社会力量支持一批的形式，培育开展第十八届"全国少儿足球邀请赛"（自主产权赛事）、2021 中国·烟台"山东港口烟台港杯"黄渤海帆船拉力赛等大型赛事。积极推进马拉松赛事评定认证工作。举办蓬莱八仙超级马拉松，被国际超级马拉松总会 IAU 认证为铜标赛事，成为山东省首个获得国际马拉松及公路跑协会（AIMS）超马赛道认证的权威赛事。

（四）下一步工作思路

烟台市体育局将贯彻落实《烟台市体育产业"十四五"发展规划》，继续发展蓝色海上运动、绿色户外运动、白色冰雪运动、金色沙滩运动、红色体育运动等产业。一是申请成立"烟台市体育产业发展服务中心"，增加编制 10 人，承担体育产业相关工作。二是举办相关赛事活动。筹办烟台马拉松 A 级联赛、"四神兽"越野赛、帆船拉力赛、健身健美精英赛、武术节、金沙滩国际运动文化节等相关赛事活动。三是按照《烟台市体育产业"十四五"发展规划》，增加体育产业活力，做好相关工作。四是建立体育产业企业统计名录库，做好体育产业统计工作。五是做好星级俱乐部评定、体育领域信用体系分级分类管理；持续推进体育产业基地、体育服务综合体、精品赛事、精品线路等评定工作。

四　2021年潍坊市体育产业发展情况

2021年，在潍坊市委、市政府的正确领导下，在山东省体育局的业务指导下，潍坊体育局大力优化营商环境，积极引导市场主体争先创优，多措并举促进体育消费，体育产业获得了较快发展。

（一）发展现状

1．"体育+"融合发展成果丰硕

深入推进体育与教育、健康、旅游等业态融合发展，大力推进"体育+"战略。打造"体教融合"先行先试"样板区"。会同教育等部门，积极推进体校与普通中小学合作，探索打造体教融合发展新模式。在中心城区33所学校全面展开体教融合工作，涉及训练项目20个，参与训练的适龄竞技体育人数2000余人。潍坊市"体教融合"典型案例作为青少年体育工作优秀成果两次被省局推荐上报国家体育总局，成功经验得到全省推广。探索打造"体卫融合"潍坊模式，成功举办潍坊市"体卫融合"工作推进现场会，总结推出35个项目为市级首批"体卫融合"试点项目，1个县市区为"体卫融合试点市"，6个项目被确定为省级"体卫融合"试点项目。完成国民体质监测4300余人，开展慢性病运动干预等活动20余次。"体旅融合"成效显著。打造了一批赛事观摩、节庆会展、休闲探险等特色体育旅游项目，全市100多家2A以上旅游景点，共拓展体育项目280余个，齐鲁酒地被授予国家级产业示范单位。"临朐县绿色康养体育休闲线路"被评为"十一"黄金周山东体育旅游精品线路。

2．精心打造高端品牌赛事

举办国际风筝冲浪锦标赛、全国青年男子手球锦标赛、全国钓鱼锦标赛及网球、击剑、马术、古典式摔跤锦标赛等省级以上高端赛事30多项。积极培训潍坊特色品牌，成功举办2021年潍坊市24项锦标赛，打造坊子"FBA""高粱红了"马拉松、中国潍坊（峡山）国际乡野马拉松等32个品

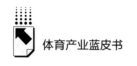

牌赛事。组织举办 2021 年全市中小学生体育联赛 10 个项目比赛,开展中小学生游泳普及和健康夏令营活动,参与总人数 1 万多人。依托昌乐福龙马业设立潍坊马术训练基地、山东省马术训练基地,并成功创建国家青少年训练中心。

3. 引导市场主体争先创优

出台《潍坊市市级体育产业发展资金管理办法(试行)》,为 16 家体育市场主体提供 64.5 万元的体育产业资金扶持。开展体育产业品牌创建,争创省级体育产业示范基地(单位、项目)3 家、省级体育服务综合体 1 家。认定命名市级体育示范基地(单位、项目)35 家。

4. 多措并举促进体育消费

举办潍坊市第二届全民消费节暨体育产业博览会,参加省冰雪体育旅游新场景资源线上推介会,促进体育消费。配合省第二届体育消费券活动,潍坊市共享受体育消费券补贴优惠 50 万余元,撬动和带动居民体育消费 500余万元,近万人次享受体育消费优惠。

5. 群众体育蓬勃开展

全民健身活动精彩纷呈。持续打造"全民动起来·潍坊更精彩""足球月"等全民健身品牌,参与人群 30 万人,线上参与人群突破 100 万人。全民健身设施日益完善。投入 6000 万元在全市建成一批体育公园、笼式球类场地、智能健身设施、室外阳光健身房、乡村振兴体育设施示范工程,为中心城区口袋公园、老旧小区配建全民健身设施,县市区每地建成 3~5 处规模不等的综合性健身场地,进一步提升"中心城区 10 分钟健身圈""县市区中心城区 15 分钟健身圈"的品质和内涵。全民健身组织体系健全。建立全民健身联席会议制度,协调推进全民健身运动开展。全市各级体育协会达到 255 个,其中市级体育单项协会 44 个。全市社会体育指导员总数达到 2.4 万名、健身站点达到 6700 多个。

6. 大力优化体育营商环境

按照"管行业必须管安全"的要求,认真抓好各项安全规定落实,先后 5 次下发加强疫情防控、安全生产、防溺水等通知。制定游泳馆、滑雪场、体育类公司的安全事项清单，开展安全检查等各类检查 51 次。牵头制定《2021 年度高危险性体育经营场所"双随机、一公开"联合检查工作方案》，协同市场监管、卫生健康、消防救援部门，对市属游泳馆进行联合执法。全面优化政务服务。将"互联网+监管"系统政务服务事项权责清单事项（省政务服务事项）与监管事项进行映射关联，组织录入监管数据 236 条，监管率 100%。通过"一网通办"实行网上下载、网上受理、网上提报，实行一次性告知单和办结回访。"招商引资"成效显著。社会力量投资兴业热情高涨，签约潍坊市体育运动学校体育职业技术人才教育基地（潍坊国际马术学院）、签约并立项智慧餐厅项目，两个项目总额 12.13 亿元。

（二）存在问题

一是区域发展不均衡。受经济发展水平影响，各县区对体育产业发展重视程度不同，导致体育产业发展缺乏持续稳定支持，限制了体育产业规模的扩大。二是产业治理能力差。缺乏体育产业管理人才，对人才的吸引程度不够，缺乏宏观引领和产业实践的创新能力。三是融合发展程度浅。潍坊市虽然体育产业业态齐全，但多个产业之间互动较少，缺乏产业融合发展意识，各领域间优势互补效用未能充分体现。

（三）下一步工作思路

1. 规范抓好日常工作

扎实抓好体育产业统计和体育场地专项调查。组织搞好全市体育场地专项调查和统计分析，准确掌握体育场地建设数量、整体面积、功能发挥等基本情况。做好全市体育产业统计调查，全面掌握体育市场主体的数量、经营状况，定期公布年度体育产业统计数据，为下一步制定完善发展政策、加强宏观调控、深入实施全民健身战略提供依据。

持续加强体育执法监管工作。按照"管行业必须管安全"要求，积极做好全市体育领域事中事后监管工作。继续深化开展"双随机、一公开"工作，对高危险性体育经营场所进行联合执法。按要求搞好法治政府建设，

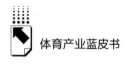

制定下发《2022年法治政府建设工作计划》《2022年普法工作计划》《市体育局2022年依法治市工作计划》等文件，并抓好贯彻落实。

推进体育消费惠民工程。继续开展发放体育消费券活动，增加享受主体的数量，扩大体育消费人群，积极宣传消费券的优惠政策、抢领方式、使用方法，为体育消费营造浓厚氛围，进一步激发体育市场活力。

2. 坚持重点上水平

进一步优化体育产业示范创建活动。争创一批省级以上体育产业示范基地（单位、项目）、体育服务综合体、体育旅游示范基地（精品旅游线路）等项目。强化市级体育产业示范创建，在项目名称设定和质量审核及数量把控上，进行认真梳理研究，充分发挥好示范单位的龙头带动作用。筹划组织第三届全民健身消费节暨体育产业博览会。借鉴前两届博览会经验，学习外地模式，创新思路办法。在特色、规模、方式、成效上求突破，办出潍坊模式。

3. 搞好创新并打造亮点

谋划实施首批市级精品体育赛事品牌评选活动。制定出台《潍坊市精品体育赛事评定办法》，精心选树打造一批市级体育赛事知名品牌，发挥好精品体育赛事引领、辐射、带动作用。大力推动"体育+"产业融合发展。进一步推动"体育+文化、旅游、康养"等业态融合发展，促进市场主体间资源整合和融通。继续评选认定体育旅游精品线路、市级体育旅游示范项目和示范基地。筹划成立"潍坊市运动康美联盟"（拟），助推体育市场主体与健康保健、康养、休闲等业态市场主体的融通和资源整合，积极探索推动"体育+"产业融合发展。

五　2021年威海市体育产业发展情况

2021年，威海市体育局在省体育局和省体育产业发展服务中心的指导下，按照市委、市政府部署安排，着力产业复兴、着力经济发展，比学赶超、创新创效，进一步加强调查研究、完善产业政策、做强竞赛表演、激活体育消费、加快产业融合，全市体育产业工作荣获 8 项省级荣誉，取得了显著成效。

（一）发展现状

1. 产业基础更加坚实

截至目前，全市体育产业市场主体达到 3695 家，规上企业达到 89 家，企业数量位居全省第 3 位。在省体育产业发展服务中心的支持下，推荐荣成市申报的"国家级体育产业示范基地"目前国家体育总局已经完成入选名单公示，中国威海 HOBIE 帆船赛获评中国体育旅游精品赛事，成功获评 1 个山东省体育产业示范单位、1 个山东省体育产业示范项目、1 个山东省体育服务综合体、3 个山东省体育文化创意与设计大赛奖、1 条"十一"黄金周体育旅游精品路线。

2. 品牌赛事显担当

坚决落实疫情常态化防控要求，严格执行"一赛四案"管理制度，成功推出自主赛事品牌——2021 年中国威海 HOBIE 帆船公开赛，进一步突出威海 HOBIE 帆船特色，该项赛事也是全国范围内首个由地级市主导推出的国家级 HOBIE 帆船赛事。同时，覆盖 174 个国家的 73 个国际电视频道以不同形式播放赛事新闻、剪辑、简讯等；成功举办 2021 年全国海钓锦标赛、"5·19"全国徒步联动日全国主会场活动等品牌赛事，指导举办乳山女子半程马拉松、临港国际棒垒球邀请赛等地方特色赛事，活跃竞赛表演市场，并通过赛事平台有力促进了对外宣传、推动城市国际化。"5·19"全国徒步联动日全国主会场活动享受了赛事消费券政策。

3. 持续推动产业融合

落实威海市委"一体化推动体育、旅游、会展、康养产业发展"决议，结合 2021 年中国威海国际渔具博览会举办了 2021 中国威海休闲钓鱼产业高峰论坛。主动融入全市重点工作，策划举办威海千里山海自驾旅游公路运动生活汇及 17 项配套活动。大力发展冰雪产业，开展全市冰雪产业调研，推动恒融时代冰雪新天地正式投入运营，推动"温泉+冰雪+高尔

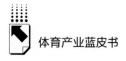
夫"等体育旅游路线建设。参与谋划胶东体育一体化发展，共同成立胶东5市冰雪产业促进会，配合举办2021"山东港口杯"仙境海岸半岛城市帆船拉力赛。

4. 用好体育消费券

充分利用山东省第二季体育消费券政策，积极发动各有关单位参与、指导合作单位多元化宣传推广，前两批健身消费券累计发放50万元健身消费券，拉动427万元健身消费，消费券核销率高达99.6%，位列全省第1；争取省体育产业发展服务中心支持，在中国威海国际渔具博览会期间开展第二届山东体育消费券体育用品零售业威海渔博会专项消费券发放活动，35家参与企业2天累计核销了43.75万元消费券，直接带动消费678万元。积极拓展冰雪运动领域消费季活动。

5. 治理体系更完善

编制出台《威海市体育产业十四五期间发展规划》，提出至2025年实现全市体育产业总产出达到500亿元的发展目标，指明了全市体育产业下一个五年发展路径和重点。深入市场调研，了解体育产业市场的痛点难点堵点、企业所期所盼，牵头起草了《关于发展海上休闲运动产业培育体验式旅游新业态的建议》《关于进一步推动冰雪运动发展的调研报告》2篇参阅件。参照外地发展经验，结合发展实际，起草《威海市人民政府关于促进体育产业高质量发展的意见》《威海市冰雪产业三年行动计划》。该意见和计划目前已经完成第一轮征求意见，正在开展政策性文件事前绩效评价工作，计划2022年正式出台。

（二）存在问题

一年来，威海市体育产业工作虽然取得一些成绩，但是也仍然存在市级体育产业经费不足、基层体育产业工作力量薄弱、体育服务业创新力度不足、因疫情影响品牌赛事国际化和市场化程度不高等制约因素和短板。

（三）下一步工作思路

1. 夯实人才基础

争取威海市人才工作领导小组支持，聘任多名全国知名专家担任威海市体育产业特聘专家、威海市文化领军人物，来威海从事专职体育产业理论研究与产业实践工作，进一步夯实全市体育产业智库和人才基础。

2. 搭建资金平台

积极应对新冠肺炎疫情常态化防控形势，满足体育企业对金融资本的迫切需求，积极搭建银企、银商合作平台，与威海农商银行共同设立体育产业授信资金，授信资金可实现的最低利率可达到1%左右，进一步扩宽体育相关企业资金渠道，深入挖掘体育产业对经济发展的拉动作用。

3. 做好体育统计

联合统计部门深入开展体育产业统计工作，详细深入摸清威海体育产业状况，针对统计情况出台体育产业政策，助力体育产业发展。

六　2021年日照市体育产业发展情况

2021年，在山东省体育局的支持指导下，日照市围绕打造现代化海滨体育名城发展目标，以开展国家体育消费试点为引领，多措并举促进体育消费增长，培育体育产业发展新动能，助推体育产业高质量发展。

（一）发展现状

1. 做好体育产业谋划引领

印发《日照市体育产业规划（2021—2025年）》《关于建设现代化海滨体育名城的意见》等政策文件，对"十四五"时期及至2035年的体育产业发展做出了系统谋划和战略部署，明确了体育产业发展的实施路径。从2022年开始，每年设立1000万元体育产业发展资金，支持体育产业发展。按照市政府《关于加快体育产业高质量发展的实施意见》文件精神，落实

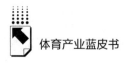

2020~2021年度社会力量办赛工作，投入奖励资金380万元激发社会企业发展产业的积极性、主动性。

2.打造城市重大体育赛事品牌

在做好疫情防控和赛事安全工作基础上，举办了第十四届全运会三人篮球、女子足球、男子水球资格赛、中国网球巡回赛、全国帆船锦标赛暨东京奥运会帆船项目备战大合练、日照马拉松、中国（日照）国民休闲水上运动会等20余项省级以上重大赛事活动。助力"奥运争光计划"，服务保障国家帆船、赛艇、水球、橄榄球、网球等8支国家队，在日照训练备战东京奥运会，取得了9金3银2铜的优异成绩。中国帆船协会、中国赛艇协会等6个单位向日照致感谢信。

3.深入推进体育旅游融合发展

持续打造体育旅游精品项目，体育旅游发展成果丰硕。日照市获评"2021中国体育旅游十佳目的地"，日照奥林匹克水上运动小镇获评"2021中国体育旅游精品景区"。"齐鲁风情5号路"五莲体育旅游精品线路、日照阳光海岸欢乐冰雪旅游线路、"健游莒国古城·鉴领千年文化"冰雪嘉年华体育旅游精品线路分别入选2021年山东省春节黄金周、"十一"黄金周体育旅游精品线路。"齐鲁风情5号路"五莲体育旅游精品线路、"健游莒国古城·鉴领千年文化"冰雪嘉年华体育旅游精品线路入选"冰雪主题2022年春节黄金周体育旅游精品线路"。

4.积极培育体育产业市场主体

日照市城投集团出资成立日照体育发展集团，是全省首家国有体育发展集团，山东英吉多体育科技有限公司健身康复设备研发制造项目9月份建成投产。积极创建省级以上体育产业示范项目，日照市中加国际健康管理中心入选"2021年山东省体育产业示范单位"，驻龙山自行车运动赛事营入选"2021年山东省体育产业示范项目"，安泰网球公园入选"2021年山东省体育服务综合体"。推进现代体育产业招商引资，全年招引到位资金9.38亿元。

5. 推进体育消费试点工作

印发《日照市推进国家体育消费试点工作实施方案》，成立了以市长为组长日照市推进国家体育消费试点工作领导小组，大力推进日照国家体育消费试点工作。开展日照市第二届体育惠民消费季活动，发放总额 100 万元消费券，全市 40 余家体育场馆、健身俱乐部参与，带动体育消费 1.3 万人次，拉动消费近 400 万元。配合省体育局发放省级体育惠民消费券，累计发放 38.5 万元，核销 36.8 万元，带动体育消费 1449 人次，拉动消费 313.2 万元。

（二）存在问题

日照体育产业发展虽然取得了一定的成绩，但产业发展还存在一些不足和短板，表现如下。一是体育制造龙头企业少，品牌竞争力不强。全市仅有中大体育、英吉多等少数企业规模较大，具有一定品牌价值，其他体育制造企业多以外销出口为主，品牌影响相对较弱；二是体育服务业发展质量不高，体育服务市场主体"小而散"问题突出，没有形成连锁大型体育健身服务企业；三是体育旅游业发展质量不高，总体发展模式较为粗放，经济效益转化周期较长。

（三）优势与特色

1. 体育旅游融合发展深入推进

持续打造提升省级以上体育旅游精品项目，完善体育旅游精品景区、线路等获奖标识系统和相关配套设施。指导体育旅游景区和线路植入更多体育赛事活动，提升景区、线路知名度和影响力，拉动体育旅游消费增长。支持日照奥林匹克水上运动小镇、五莲县山地户外基地申报创建 2022 年国家体育旅游示范基地，继续争创一批国家、省级体育旅游精品项目，提升日照"中国体育旅游十佳目的地"知名度。

2. 品牌体育赛事体系逐步完善

围绕"办赛精彩、参赛出彩、发展增彩"的目标，成功举办山东省第

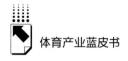

25 届运动会，依托省运会场馆，发展场馆经济、省运经济。支持安泰体育举办好日照"太阳城"网球公开赛，打造国内知名的自主 IP 网球赛事品牌。继续举办好中国（日照）国民休闲水上运动会、日照马拉松、中国网球巡回赛、中国体操节等重大赛事活动，大力发展水上运动、骑行、太极等户外运动，积极构建"发展三大球、做大水文章、打好户外牌、唱响特色戏"的赛事体系。

3. 市场主体综合实力稳步提升

推动体育用品制造企业转型升级，重点支持中大体育、英吉多体育科技等龙头企业发展壮大，推动智能化转型升级。推进全市体育健身俱乐部标准化建设，结合全省星级体育健身俱乐部创建工作，研究制定体育健身俱乐部规范健康发展的制度文件，争创一批省级体育健身俱乐部，打造一批市级体育健身俱乐部。支持有关企业争创省级以上体育产业示范单位（项目）、体育服务综合体。

（四）下一步工作思路

1. 继续推进国家体育消费试点工作

2022 年是日照开展国家体育消费试点的收尾之年，在 2020 年、2021 年试点工作的基础上，继续开展体育消费季活动，夯实体育消费载体，扩大体育市场主体，不断扩大全市体育消费人口基数，丰富体育产品和服务供给，推进体育消费政策创新、机制创新、产品创新和模式创新，总结提升好日照体育消费规模增长和体育消费结构升级经验，确保试点工作取得积极成效，争创国家体育消费示范城市。

2. 办好山东体育产业发展大会暨现代化海滨体育名城发展大会

合并举办日照市现代化海滨体育名城大会与山东省体育产业发展大会，加强会议谋划筹备，组织策划高水准的专家论坛、针对性强的体育名城论坛、新媒体论坛等配套活动，与省体育产业大会做好衔接配套，提升大会的规格和影响力，确保将会议举办成一届成功、圆满的大会。

3.开展体育产业统计工作

开展 2020 年度体育产业统计工作，抓好产业分类统计，摸清全市体育产业经济基数。开展 2021 年度居民体育消费调查统计工作，摸清全市体育消费数据，为体育消费试点工作验收提供数据支撑。全面统计 2022 年度全市体育企业单位数据，推动符合条件的体育企业单位纳入"规上"统计范围、进入统计库，摸清全市规上企业底数。

B.15
2021年鲁南经济圈体育产业一体化
发展报告

朱青莹　徐　方　宋时阳　赵学庆 等*

摘　要： 2021年，鲁南经济圈临沂市、济宁市、菏泽市以及枣庄市体育
产业规模稳步扩大、体育结构不断优化、体育产业发展环境显著
改善、"体育+"特色融合鲜明、全民健身工作扎实推进，高度
重视体育竞赛表演、大众体育活动、体育教育培训等领域高质量
发展，为"十四五"体育产业发展奠定良好开局。伴随鲁南经
济圈一体化进程的深入推进，4市将进一步优化顶层设计，夯实
产业发展基础，着重改善发展环境，大力推进融合发展，聚力推
进体育产业转型升级。

关键词： 鲁南经济圈　体育产业　竞赛表演　大众体育

一　2021年鲁南经济圈体育产业一体化发展情况

"十四五"开局之年，鲁南经济圈临沂、济宁、菏泽、枣庄4市围绕我
国体育强国建设目标、山东体育强省建设目标，稳扎稳打，制定了切实可行
的体育事业发展路线。围绕全民健身，4市按照疫情常态化防控要求，开展

---

* 朱青莹，山东大学体育学院副教授，硕士生导师，主要研究方向为体育产业；徐方，山东省
体育产业发展服务中心，主要研究方向为体育产业；宋时阳，山东大学体育学院2021级硕士
研究生，主要研究方向为体育产业；赵学庆，山东省体育产业发展服务中心，主要研究方向
为体育产业。鲁南经济圈各市体育局提供了各城市体育产业发展报告。

了大量健身休闲活动，保障居民娱乐休闲活动顺利安全开展；围绕"双减"政策实施，4市着力加强学校体育教师培训，积极开展校园体育活动，充分发挥体育育人作用，丰富学生课余文化生活；围绕体育产业经济发展，4市根据自身条件，创新开展体育产业引导治理，为体育产业高质量发展提供强有力的政策保障。

（一）发展现状

1.产业发展环境显著改善

鲁南经济圈4市高度重视体育产业顶层设计，先后出台《临沂市体育产业发展"十四五"规划》《关于常态化疫情防控下冰雪场所开放管理方案和菏泽市冰雪场所开放操作指南》等一系列产业规划和行动方案，引导县、市、区及相关部门推进体育产业相关工作。近年来，随着营商环境的不断改善，鲁南经济圈4市体育产业法人单位数量均有所增长。从数据来看，2020年临沂、济宁、枣庄、菏泽体育产业法人单位数分别为1649个、1584个、642个、926个（见表1），分别同比增长13.5%、6.5%、5.4%、7.2%。从各市数量在鲁南经济圈中的占比来看，临沂市法人单位数量增长快于其他3市；从全省占比来看，2020年鲁南经济圈4市法人单位数占全省17%，相较于2019年17.3%略有下降；2018~2020年，鲁南经济圈4市法人单位数量在全省占比有所波动，总体呈现先增后降的趋势（见表2、表3、表4）。

表1　2018~2020年鲁南经济圈4市体育产业法人单位数量

单位：个

地市	2018年	2019年	2020年
临沂市	712	1453	1649
济宁市	1035	1487	1584
枣庄市	365	609	642
菏泽市	436	864	926

资料来源：山东省体育局、山东省统计局。

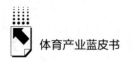
表 2　2018~2020 年鲁南经济圈 4 市体育产业法人单位数在鲁南经济圈占比

单位：%

地市	2018 年	2019 年	2020 年
临沂市	27.9	32.9	34.3
济宁市	40.6	33.7	33.0
枣庄市	14.3	13.8	13.4
菏泽市	17.1	19.6	19.3

资料来源：山东省体育局、山东省统计局。

表 3　2018~2020 年鲁南经济圈 4 市体育产业法人单位数在全省占比

单位：%

年份	2018 年	2019 年	2020 年
占比	15.30	17.30	17

资料来源：山东省体育局、山东省统计局。

表 4　2018~2020 年鲁南经济圈 4 市体育产业法人单位数在全省占比

单位：%

地市	2018 年	2019 年	2020 年
临沂市	4.3	5.7	5.8
济宁市	6.2	5.8	5.6
枣庄市	2.2	2.4	2.3
菏泽市	2.6	3.4	3.3

资料来源：山东省体育局、山东省统计局。

2. 体育产业规模稳步扩大

2021 年，鲁南经济圈 4 市体育产业发展势头强劲，各项工作取得显著成效。临沂市成功举办第二届山东体育用品博览会，吸引 392 家企业、1200余个品牌参展参会，展会签订意向订单 4 亿元，拉动贸易意向近 20 亿元，吸引外汇投资 3000 万美元。济宁市成功举办 2021 年曲阜马拉松、"谁是球王"等系列赛事，参与人数近 30000 人，通过云赛事等渠道观看人次超 800万人次，通过提升竞赛表演产业影响力有效带动体育消费市场。枣庄市大力培育特色品牌赛事，2021年大运河（枣庄）马拉松吸引超12000名马拉松爱好者参与其中，已发展成为国家银牌赛事、民俗特色赛事、自然生态特色赛事。2021年菏泽跻身为山东省沿黄9市体育产业联盟理事成员单位，大力开展体育消费券惠民活动，发放体育消费券37万元，带动消费总额累计287万元，有效提振了体育市场活力和消费积极性。

3. 体育产业结构不断优化

"十四五"开局之年，鲁南经济圈4市积极从体育竞赛、健身休闲、体育融合、体育培训等方面推进体育产业结构升级优化。2021年，4市大力发展竞赛表演业，组织举办各类体育竞赛20余次；积极发展健身休闲业，全民健身公共基础设施不断完善，菏泽市集中开展450个行政村健身工程的实地检查验收工作；创新发展体育用品制造业，临沂市依托山东体育用品博览会、中国体育用品城、临沂体育智能制造产业园、制球产业基地和体育用品制造出口基地提升体育制造能力；体育教育培训业健康持续增长。随着"双减"政策的落地，济宁市体育培训市场如雨后春笋般涌现，各县、市、区青少年体育培训机构相继出现，全市体育培训机构达90余家，体育教培市场结构不断优化。

4. "体育+"特色融合鲜明

2021年鲁南经济圈4市持续深化"体育+"融合发展，不仅带来直接的经济效益，对于旅游、餐饮、物流、电商、通信等行业亦产生显著拉动作用。临沂市依托沂蒙红色资源发展"体育+红色旅游"，联合旅游景区策划开展"红色之旅　沂蒙骑行"等特色赛事。枣庄市推进"体育+竞赛+旅游"深度融合，依托大运河半程马拉松赛、国际冬泳节、龙舟赛、河钓大赛等一批自主知识产权的大运河赛事品牌，探索形成"一日比赛，多日停留；一人参赛，多人旅游；单人竞赛，多人消费"的体育旅游消费模式。

5. 全民健身工作扎实推进

2021年，鲁南经济圈4市组织开展一系列丰富多彩的全民健身赛事活动。菏泽市围绕"全民健身月"、建党100周年等活动主题，有序开展县级以上全民健身赛事活动170余次，成功举办菏泽市第十一届全民健身运动会

271

羽毛球比赛等赛事活动。枣庄配合创建"国家健康城市",打造15分钟健身圈,促进全民健身和全民健康深度融合。2021年山亭区启动建设了全民健身中心,该项目总投资1.5亿元、占地17.7亩,建筑面积2万余平方米。济宁体育中心、微山县体育中心等场馆委托广州珠江体育文化发展有限公司实施市场化托管运营,在保证免费、低收费的基础上实现全年自营收入1335万元,成为济宁市拉动体育消费的重要载体。

(二)存在问题

总体来看,相对于省会经济圈和胶东经济圈,鲁南经济圈4市经济基础相对薄弱,体育产业起步较晚,在发展中存在许多制约因素。

一是整体规模小,市场发育不成熟。在政府积极引导下,鲁南经济圈体育产业规模虽然持续扩容,但由于长期以来受地缘区位、经济基础等条件限制,鲁南经济圈4市体育产业规模仍然较小,发展水平低,市场主体发育不健全,已成为制约鲁南经济圈4市体育产业高质量发展的桎梏。

二是产业结构不合理,服务业水平低。鲁南经济圈4市体育用品制造业比重较高,但体育装备、体育器材产品质量有待提升,体育产品销售渠道狭窄,产品创新研发动力不足。体育赛事运营、体育赛事转播、体育培训等体育服务业虽有所发展,但整体占比还是较小,导致体育产业结构不尽合理。

三是缺乏高素质、有经验的体育经营管理人才。鲁南经济圈4市因缺乏足够的人才吸引能力和人才培养基础,体育产业各领域专业技能人才、复合管理人才等在数量和质量上都存在较大的缺口,体育人才引进、落户等一系列配套政策亟待健全。

四是体育市场管理法治化、规范化程度亟待提高。当前鲁南经济圈4市体育市场治理能力有待提升,行业发展规范和市场治理体系亟待完善,健身培训服务机构侵害体育消费者合法权益现象时有发生,限制了体育市场培育和体育消费信心的提振。

（三）对策建议

1.完善顶层设计，优化发展环境

全面落实省局重大工作部署，加大体育社会组织、市场主体的扶持政策落实力度，引导各体育社团组织自我革新，将体育类小微企业退税政策落到实处。组织申报体育示范基地、示范单位、示范项目、补短板工程中央预算项目、体育旅游精品线路，加强体育类企业名录核实统计和体育场地常态化普查工作，推进星级体育俱乐部和 A 级体育技能培训机构评定工作，组织参加各类博览会及体育产业论坛。

2.推进融合发展，彰显地区特色

利用省级体育旅游示范基地创建契机，整合体育、文化、旅游、休闲、养生、农业、物流等资源，推动体育与医养健康、文化创意、教育培训等融合发展，重点推动运动体验、运动休闲度假、精品赛事观赏等体育旅游业态发展。支持临沂培育沂水彩虹谷、红石寨、蒙阴岱崮地貌、莒南茶溪川等体育旅游项目。支持菏泽开展"武术+"工作，擦亮菏泽"武术之乡"金字招牌，挖掘菏泽"武术之乡"文化富矿，弘扬传承传统武术文化精神。进一步探索体教融合机制。完善青少年体育工作协调机制，探索制定高水平退役运动员进校园承担教学、培训任务机制，选派优秀体育教师、教练员、运动员进农村中小学进行体育培训，提高农村中小学体育教学和课余训练水平。

3.重视基础工作，蓄力转型提质

做好各市体育事业统计、体育场地普查、体育产业统计等工作。加强对各市、县、区高危体育项目监管工作的指导和监督，鼓励各县区创新体育安全生产监管机制，建立健全高危体育项目联合监管机制。大力培育体育中介、体育传媒、运动康复、体育经纪、体育会展、策划咨询等新业态企业和社会组织。引导各市体育用品制造业提高智能化、数字化、绿色化发展水平，支持建设一批智能智造、创新力强的自主品牌。支持临沂进一步扩大体博会平台优势，创新展会服务模式，为打通区域体育产业链、供应链发挥更大作用。

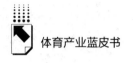

二 2021年临沂市体育产业发展情况

2021 年，临沂市根据相关文件要求，深入调研、统筹规划，结合各县区产业特色，研究制定了《临沂市体育产业发展"十四五"规划》，提出了建设体育产业特色城市和国际体育用品采购基地的发展目标，并结合规划制定了 2021 年全市体育产业工作要点，系统部署全年体育产业发展工作。

（一）发展现状

1. 集聚发展，实现产业布局再优化

2021 年，临沂市继续围绕"一会一城一园两基地"的产业体系提升体育制造销售业。一是推动体博会品牌影响力再上新台阶。在总结 2020 年首届体博会经验基础上，进一步明确第二届山东体博会的办会思路和主题定位，重点提升体博会拉动经济、促进消费的平台作用。第二届山东体博会参会专业采购商达 1.66 万人，其中包括俄罗斯、巴基斯坦、印度等 18 个国家37 家驻中国国际贸易采购商，现场人流达 4 万人次。吸引泰山、英派斯、舒华、红双喜、盛邦、连胜、吉诺尔、路克士、美国格林等 392 家国内知名企业积极参展参会，展示了市场上最前沿的高端智能化健身器材和新兴体育产品，代表了国内体育用品发展的领先水平。二是扩大体育专业市场规模。临沂市内中国体育用品城经营户发展到 350 多家、从业人员达 6500 人，年交易额超过 65 亿元，在国内专业市场影响力不断增加。三是提高优势产业链集聚能级。中国（临沂）体育用品智能制造产业园分三期建设体育器材研发、生产、销售现代化制造园区，一期 387 亩园区目前已经投入建设。在"中国制球看沂南"的品牌号召下，沂南县制球产业基地以众兴泽辉体育产业园为主体，完成了 1200 万个球用中胎项目厂房，形成了球胆、制皮、制球、销售的全链条。

2. 凸显优势，发挥体博会平台效应

第一，配套活动更加丰富实效。临沂市 2021 年体育产业博览会立足

"体博会+",推动"展览+论坛+观摩+赛事"精准对接,配套开展了14项活动。中国国际体育用品采购高峰论坛是国内首个国际体育用品采购高峰论坛;开展体育产业优质资源推介会促进了客商了解、投资临沂;第二届中国体育智能制造创新大赛吸引了19个省份291项作品参加;举办首届山东体育服饰原创设计大赛;山东省体育惠民消费季发放体博会专场消费券50万元,直接拉动销售额486万元;组织山东省体育产业联合会代表大会、全国体育电视媒体高峰论坛、山东省青少年体育发展高峰交流论坛、山东省第二届体育标准化培训以及"聚焦临沂体育产业"摄影作品展览、"庆华健身杯"2021年全民健身大奖赛、临沂瑜伽邀请赛、首届临沂散打搏击争霸赛等活动,涉及面广,内容丰富,与体博会形成良好互动,有效满足了参会主体不同需求。

第二,引领推动产业转型升级。临沂市体育产业博览会通过精准开展全国营销推广和采购商邀请活动,确保了采购商的数量和质量,帮助参展商拓展了新客户、开发了新市场。面对更高的市场要求,广大参展商在技术研发、产品创新、品牌培育方面持续发力,高品质、高附加值的产品不断涌现,在满足采购商需求的同时,也提升了临沂商品的品质和档次。此外,临沂市通过举办多场资源推介、采购对接会、订货会等活动,推动本土企业和品牌走向国内外舞台,促进了体育产业发展壮大。

3.示范引领,优势业态培育成效显著

2021年,临沂市成功创建了兰山区国家级体育产业示范基地、雪山彩虹谷国家级体育旅游示范基地2个国字号基地。雪山彩虹谷景区获"2021中国体育旅游精品景区",庆华健身有限公司恒大华府店获省级体育服务综合体。以茶山滑雪场—临沂观唐温泉度假村为主题的千年汤泉冰雪行获"2021年春节黄金周山东体育旅游精品线路"。2021年临沂市以开展省级基地创建工作为抓手,对已命名的省、市级产业项目加强评估管理,整改提升推进缓慢项目,培育命名了沂水县等9个市级体育产业示范基地(单位、项目)。本土体育用品制造企业品牌建设富有成效。吉诺尔自主研发生产的一体式智能液压篮球架通过国际篮联认证,山东连胜体育产业公司、山东英

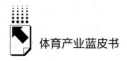

健特运动器材有限公司获中国体育智能制造创新大赛优秀奖,凯莱特在原有划船器单一产品的基础上,同美国格林体育器材合作,产品拓展至室内健身器材高端产品。连胜体育与国内外体育品牌深度合作,经营商品达8000余种。英健特、瑞建特等企业完成二代智能健身路径升级。路克士体育与中国足球协会及十余家省足球协会达成了合作关系,成为国内有较大影响力的足球装备制造商,体育制造销售业实现扩量提质。

4."体育+"融合,放大产业拉动效应

2021年,临沂市积极推动"体育+会展"融合发展,有效扩大内需,带动了经济增长,同时借助展会平台宣传展示了临沂投资环境,形成"以会促商、以会促投"的有利氛围。充分利用"山、水、林、红"特色,积极拓展"体育+旅游"模式,联合旅游景区策划开展了"美丽沂蒙"迷你马拉松、"红色之旅 沂蒙骑行"等特色赛事,推动沂水雪山彩虹谷由单一休闲旅游项目向运动休闲、文化旅游、康体养生特色小镇转变。依托蒙阴云蒙湖、岱崮自然地貌,打造集环湖自行车、环湖马拉松、水上运动、滑翔和民俗体育活动等于一体的体育特色旅游品牌,年拉动旅游收入增长5%以上。

5.培训赋能,夯实体育人才队伍支撑

体育产业人才匮乏一直是限制临沂体育产业发展的重要因素。为进一步提升政策理论水平、创新实战及管理能力,临沂市全年开展了多次专题培训。2021年6月11日在全市体育产业工作座谈会上,邀请临沂大学体育产业专家,国家、省、市体育产业示范基地(临沂)负责人参加会议,共同探讨了"十四五"时期体育产业的发展思路,临沂大学体育与健康学院博士、副教授王言群做了体育产业培训。7月26日,临沂市体育局牵头在浙江大学举办了为期5天的全市体育产业推动经济高质量发展专题培训班,市体育局部分县级干部、科室负责人和各县区体育主管部门主要负责人、重点企业负责人系统学习了习近平新时代中国特色社会主义思想、体育产业发展与规划、互联网+时代体育、体育系统干部综合素质培育、党建与业务深度融合等8门课程,其间到南湖革命纪念馆、上渚山奇幻谷小镇、莫干山体育休闲运动小镇等地进行多场现场教学。通过多次培训,参与人员增强了推动体育产业高质量发展的治理能力。

6.改革创新，做好体育产业创新试点工作

根据《关于开展体育产业创新试点工作的通知》（鲁体经字〔2020〕44号）和全省体育产业创新试点县调研座谈会会议精神，临沂市平邑县承担体育赛事管理服务试点，探索实施了体育赛事"一站式"服务机制，取得了阶段性成效。创新"组团式"服务模式，成立了由分管副县长任组长，体育部门主要负责人任副组长，公安、交警、卫健、市场监管、综合行政执法、交通运输、广播电视台、供电等部门分管负责人任成员的体育赛事"一站式"服务工作领导小组。赛事举办主体通过山东政务服务网即可实现"线下+线上"同步办理，变"让人跑"为"让数据跑"、"主体依次申请"为"政府部门协作"，最大限度方便申请主体，提高服务效率。2021年在平邑举办的山东省公路自行车冠军赛、临沂市街舞锦标赛、"红色之旅·沂蒙骑行"自行车分站赛、皮划艇、铁人三项等比赛，都通过系统实现了赛事保障服务。充分发挥了政府资源优势，实施体育赛事"一站式"服务机制，打通了赛事服务"最后一公里"，提高了社会力量办赛积极性、主动性，促进了赛事多样化、多元化发展。

（二）下一步工作思路

未来，临沂市体育产业工作将根据国办发〔2019〕43号、鲁政办发〔2021〕18号文等上级文件精神，聚焦国际体育用品采购基地的发展目标，持续发掘优质产业项目，培育品牌体育企业，推动体育制造业转型升级，扩大山东体博会品牌影响，深化体育产业与多行业的融合发展。

1.举办好第三届山东体育用品博览会

第三届体博会以建设"国际体育用品采购中心"为目标，以"提质扩量"为办展原则，发挥临沂市"市场+物流"优势，吸引精准采购商参加，为中小体育企业成长提供发展平台和贸易渠道。通过策划更加丰富的配套活动，提供更加优越的展会服务，持续塑造体博会品牌形象。运用线上线下"双核"办展模式，实现"展览+论坛+赛事"有效对接，打造永不落幕的

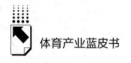

高水平、专业型体育用品展示交易平台，带动全市招商引资工作的开展。

2.继续以品牌创建引领产业项目发展

未来，临沂市将继续申报创建一批国家级、省级体育产业基地、体育旅游基地、体育旅游精品项目，评选命名一批市级体育产业基地（示范基地、示范单位、示范项目）。同时加强对已命名的省、市级产业项目进行评估管理，加大对推进缓慢项目的督促整改力度，提高体育产业项目落地运营水平。

3.推动体育用品制造业转型升级

根据省政办发〔2021〕18号文中对临沂的定位，加快推进体育用品智能制造产业园项目，高效招引一批体育研发、体育制造、体育仓储、体育销售、体育互联网头部企业，实现体育全产业链闭环，打造具有集聚效应和规模效应的智能体育制造业集群。通过建链、补链，壮大沂南县制球产业基地、郯城县体育用品制造出口基地，带动上下游产业发展。做大做强中国体育用品城，加快整合提升一批传统批发市场，培植一批现代体育商贸物流企业。

4.加强产业合作交流

积极组织企业参加中国体博会、中国体育文化·体育旅游、斯迈夫产业论坛等展会、论坛等活动，开拓企业家视野，扩大交流合作范围。利用体博会平台，促进本土企业与行业头部企业的学习互动、贸易往来。常态化调研参观国家级产业基地、知名体育企业、产业市场集散地，现场观摩学习发展经验。邀请国内外知名体育企业到临沂考察调研，推动招商引资工作。与高校、产业机构合作举办临沂市体育产业专题培训，为产业发展提供智力支持。

5.做好体育产业宣传工作

充分利用山东体博会展会及宣传、推介、配套活动资源，加强与各类媒体深度合作，广泛宣传推介临沂优良的体育产业营商环境。加强与山东电视台体育频道的交流合作，争取更多的媒体资源向临沂市倾斜，扩大全市体育产业影响力。

三　2021年济宁市体育产业发展情况

2021年，济宁市贯彻落实体育产业高质量发展的工作部署，在坚持体育事业公益性，加快发展体育事业的同时，体育产业发展工作也取得了显著成效。

（一）发展现状

1.体育健身市场发展迅速

随着社会经济发展和人民生活水平的不断提高，人们对体育运动重视度和体育消费积极性不断提高，推动了全市体育健身业迅速发展。仅邹城市现已有正规注册的体育类单项协会共有33家，体育类民办非企业单位25个，注册会员近5万人，经济相对落后的县市区如泗水县、鱼台县虽与经济发达县市区存在一定差距，但从济宁市整个体育健身市场来看，正朝着向好向上的方向发展。

2.体育竞赛表演蓬勃发展

积极探索打造品牌赛事，曲阜市2021年4月成功举办曲阜市马拉松赛，来自国家18个省市的4000余名选手参加了比赛，依托当地融媒体中心与"今日曲阜"App联合山东省平台和139家县级融媒体中心"一县一端"对比赛进行全程直播，观众收看量超过500万人次。自主打造的济宁市"谁是球王"乒乓球争霸赛、羽毛球擂台赛影响力逐步扩大，2021年采取手机直播方式对比赛进行了直播，观看人数近3万人。济宁市广场舞大赛共吸引3000个村、街道和317支队伍参赛，报名总人数超5000人，总参与人数超20000人，近300万人次通过网络直播观看了比赛。各类品牌赛事对全市体育市场起到积极的拉动作用。

3.体育制造业方兴未艾

2021年受新冠肺炎疫情影响，济宁市体育制造业受到一定影响，但全市体育制造企业总体保持赢利状态。如曲阜市两家球类制造企业年营业收入

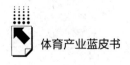

共计 7000 余万元，嘉祥县手套（滑雪手套）制造业占我国出口量的 80%、营业额超过 1.2 亿元，汶上县体育服装制造企业效益良好。体育制造业企业为当地经济发展起到积极的作用。

4. 体育培训业有序发展

随着"双减"政策的落地，济宁市体育培训市场如雨后春笋般涌现，各县、市、区青少年体育培训机构发展迅速，全市体育培训机构现有 90 余家，有力拉动了体育市场消费。

5. 体育融合发展进程加快

济宁市贯彻落实《山东省医养健康产业高质量发展突破行动计划》，积极探索"体育+康养"发展新模式，与全市相关卫生部门开展体医融合试点，开发具有消费引领性的健康运动项目，济宁市嘉祥县作为唯一县级单位参加省首届体医融合高峰会。

6. 提升体育产业人员素质

组织济宁全市体育产业相关人员参加了国家体育总局组织的《2021 年全国体育产业干部培训班》、《2021 年全国公共体育场馆管理服务暨信息化建设线上培训班》、省体育局《山东省人民政府办公厅关于促进全民健身和体育消费推动体育产业高质量发展的实施意见解读培训》，通过学习加深了对体育产业政策的理解。组织全市体育产业人员赴广州体育博览会观摩学习，调研考察广州珠江文体有限公司总部及分支机构体育场馆经营模式，取得良好的效果。

（二）下一步工作思路

第一，对济宁市体育产业情况进行摸底。由于受新冠肺炎疫情及国家部分政策影响，体育产业行业变数较多，特别是体育培训的方面变化较大，新增或经营倒闭的情况并存，计划 2022 年对济宁市体育产业行业进行摸底调查。

第二，继续举办健身休闲活动及比赛。发挥济宁市体育协会、俱乐部作用，积极办好第十二届全民健身运动会，通过品牌赛事进行招商，吸引更多企业参与体育赛事开发领域，引领体育培训市场健康发展。

第三，利用"双减"政策，加大青少年体育培训力度，积极举办乒乓球、篮球、羽毛球等培训项目，扩大社会指导员队伍和社会参与培训规模，提高体育培训规范化水平。

第四，完善顶层设计体系。按照《山东省人民政府办公厅关于促进全民健身和体育消费推动体育产业高质量发展的实施意见》，尽快出台《济宁市促进全民健身和体育消费推动体育产业高质量发展意见》，引导县、市、区及相关部门在体育产业方面开展工作。

第五，强化"资源共享，供需对接"。聚焦全市体育制造业优质产品，加大宣传推介工作力度，统筹国家、省级推介资源向济宁市相关企业、部门进行推荐，实现资源共享。

四　2021年菏泽市体育产业发展情况

2021年，在菏泽市委、市政府的正确领导下，菏泽市体育局坚持以人民为中心的发展思路，进一步创新发展思路、改进工作方式，全市竞技体育实力显著提升，全民健身公共服务体系不断完善，全民健身活动蓬勃开展，体育产业持续提质增效。体育人用实际行动，为菏泽市开创后来居上新局面贡献力量。

（一）发展现状

1. 竞技体育综合实力显著增强

第一，高水平赛事屡获佳绩。一是省级赛场上摘金夺银。组队参加武术套路、散打、皮划艇、赛艇等16个大项的2021年度省级锦标赛，荣获金牌42.5枚、银牌35枚、铜牌44枚。二是全国赛场捷报频传。菏泽市举重运动员在全国第十一届残运会暨第八届特奥会举重项目比赛中摘得2金2铜，其中崔哲打破了世界纪录，赢得了举重项目的首枚金牌。散打运动员孟令哲参加东京奥运会摔跤资格赛获得130公斤级铜牌。第十四届全国运动会中，

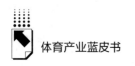

菏泽市共有 23 名运动员参加了赛艇等 10 个项目的比赛，荣获了 3 金、2 银、4 铜的优异成绩，参赛运动员人数、参赛项目、获得奖牌数均突破历史记录。

第二，承赛办赛经验提升。2021 年，菏泽市成功举办山东省青少年跆拳道精英赛、山东省攀岩锦标赛、山东省武术散打冠军赛等 4 项省级以上竞技体育赛事，在全国范围内提高了菏泽体育知名度，展示了菏泽"一都四乡"的城市风采。

第三，体教融合稳步推进。一是中小学生体育赛事精彩不断，联合教育局举办了菏泽市第三届中小学生五人制足球联赛、2021 年菏泽市中小学生游泳联赛暨游泳通信赛、全市中学生运动会，有效调动了全市中小学生参与体育运动积极性。二是校园体育竞技成绩突出，2021 年单县一中先后夺得了第十四届全国学生运动会排球比赛中学男子组季军、第九届全国体育传统项目学校联赛排球比赛高中组亚军。

第四，"武术+"选材成效显著。菏泽市创造性开展"武术+"工作，曹州武校足球队在全国比赛中勇夺季军，校藤球队在 2021 年全国锦标赛斩获 3 金 1 银 1 铜，8 名队员入选国家藤球队。宋江武校攀岩队伍在 2020 年省锦标赛荣获 11 块金牌，其校输送的滑雪运动员李方慧、赵庆林在全国最高水平滑雪比赛中勇夺冠军。2021 年上半年，菏泽市体育局积极促成北京体育大学与菏泽市人民政府签订战略合作框架协议，将共同建设国家级高水平竞技体育后备人才培养基地。

2. 全民健身公共服务体系不断完善

第一，持续加强全民健身场地设施建设。2021 年以来菏泽市集中对 2020 年 8 月招标的 7 县 4 区 450 个行政村健身工程的篮球场地硬化和健身器材进行了实地检查验收工作，目前审查合格场地硬化为 358 个，健身器材已安装 324 套。联合市发改委编制完成《菏泽市全民健身设施补短板五年行动计划》，明确工作目标，落实责任主体，分解好工作任务。落实非教学日向社会开放市区中小学体育场地的任务目标。对菏泽市 4 区 233 所中小学校进行实地调研，选定出学校体育场地设施与教学区相对独立，符合开放要求的 20 所学校名单，联合市教育局制定出台了《关于进一步推进城区公办中小学体育场地设施向社会开放的实施意见》，明确要求各区体育主管部门每年每校拨付不低于 2 万元的体育彩票公益金，作为安全保障、设施设备维护及办理场地责任保险等费用补贴。积极沟通对接，联合牡丹区、定陶区投入资金 150 万元对学校体育场地设施进行了改造。目前，菏泽市已完成 20 所学校全部对外开放。《菏泽市室外公共体育健身设施管理办法》经市政府第 105 次常务会议通过，并由市政府办公室正式印发，明确了体育主管部门、生产厂家等各方责任，对室外健身器材采购、安装、监管、维修与报废等方面进行明确规范。

第二，进一步完善全民健身志愿服务体系。2021 年菏泽市体育局积极开展新时代文明实践志愿服务专业队伍志愿者服务活动，当好群众健身的"服务员"。联合菏泽市委市直机关工委、市精神文明建设委员会办公室等部门在市直机关单位开展工间操推广普及活动，选派优秀社会体育指导员入驻 60 余个机关企事业单位进行健身气功八段锦、第九套广播体操免费教学活动，培训次数近 400 余次。联合市委市直机关工委举办网球爱好者初级班，由市体育局选派网球教练员进行免费授课活动，目前已培训 540 余人次。深化新时代文明体育志愿服务工作，在菏泽市单县、巨野、郓城、鄄城建立了 4 处基层全民健身志愿服务示范站点。

第三，开展丰富多彩全民健身赛事活动。2021 年，菏泽市体育局充分发挥全民健身运动会的示范引领带动作用，围绕"全民健身月"，建党 100 周年活动主题，市县联动开展多样全民健身赛事活动，成功举办菏泽市第十一届全民健身运动会羽毛球比赛等赛事活动，掀起全民健身热潮。在举行市级全民健身运动的同时，指导各县区开展县级全民健身运动会，2021 年全市各县区有序开展县级以全民健身赛事活动 170 余次。

第四，大众群体赛事成绩突出。巨野县及东明县代表队代表山东省出战第十四届全运会群众比赛，荣获农村乡镇组健身气功·易筋经二等奖、五禽戏三等奖。2021 年菏泽市共组织选派 8 支代表队 126 名运动员参加山东省第十一届全民健身运动会，获得团体一等奖 3 个，二等奖 4 个，三

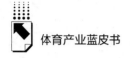
等奖 2 个，其中太极拳个人项目荣获 24 金、7 银、1 铜，团体总分第 1 名，传统武术人项目荣获 20 个一等奖、8 个二等奖、4 个三等奖，团体总分一等奖，在以上两个项目中，菏泽代表队均被授予"体育道德风尚奖"。另外，羽毛球和围棋项目取得了近年来菏泽选手参加省级赛事的最好成绩。

第五，体育协会服务能力进一步增强。一是加强社会组织队伍建设，成立了菏泽市奥林青少年体育俱乐部，指导菏泽市广场舞协会、菏泽市象棋协会、菏泽市围棋协会等社会组织换届。截至目前，菏泽市共有市级单项体育协会组织 66 个，市级俱乐部等民办非企业 64 个。2021 年，菏泽市体育局配合市行政审批局、民政局开展"僵尸型"社会组织专项整治活动，引导规范协会商会合法合理收费。二是加强体育赛事活动安全监管工作，对市级体育社团、俱乐部、培训机构等场所开展安全隐患排查工作。举办体育赛事活动安全管理培训班，引导体育行业从业人员树立赛事活动安全观。三是锻造"全国围棋之乡"国字号招牌。积极推进围棋运动发展，培育 3 所"全国围棋特色学校"，60 余家小学、幼儿园引进围棋教育课程，围棋培训机构达 26 家、教学网点 68 处，围棋人口近 10 万人。2021 年 5 月，淮海经济区围棋团体邀请赛开幕式暨全国围棋之乡（菏泽）授牌仪式在郓城水浒好汉城举行，中国围棋协会主席林建超为菏泽市颁发"全国围棋之乡"牌匾，为享有"牡丹之都""武术之乡"美名的菏泽再添一张亮丽城市名片。

第六，擦亮菏泽"武术之乡"金字招牌。一是打造和树立菏泽传统武术赛事品牌，组织举办了菏泽市第三届传统武术联赛、牡丹之都菏泽首届传统武术邀请赛、"花之都·武之魂"菏泽武术传承展示等比赛活动，共计 5000 余人次参与，掀起了菏泽市武术健身运动新高潮。二是弘扬传承传统武术文化精神，启动了"花都武韵"菏泽武术摄影大赛，共收到 125 人拍摄的 660 张武术作品，以摄影的艺术形式充分展示了菏泽"武术之乡"的风采魅力。三是深入挖掘菏泽"武术之乡"文化富矿，启动菏泽市武术志编纂筹备工作，起草了菏泽市武术志编纂工作实施方案。

3.扎实推进安全生产工作，体育产业稳步发展

第一，切实保障体育行业安全生产。先后制定下发《关于常态化疫情防控下冰雪场所开放管理方案和菏泽市冰雪场所开放操作指南》《全市体育行业安全生产隐患大排查大整治工作方案》《菏泽体育系统安全生产月活动实施方案》，多次对全市游泳、滑雪、健身培训场所进行了安全和疫情防控检查。配合省体育局安全生产驻点工作组完成对菏泽市高危经营单位的抽查工作，督促县区教体局对排查出的安全隐患进行逐项落实整改。

第二，体育产业稳步发展。2021年，菏泽市跻身为山东省沿黄9市体育产业联盟理事成员单位。圆满完成了省局"十四五"规划调研组对菏泽市体育产业调研任务，完成了国家体育总局对"郓城会盟"示范项目复核工作。自5月份开展体育消费券惠民活动以来，菏泽市累计发放体育消费券37万元，带动消费总额累计287万元，有效激发市场活力，促进体育消费。

第三，体育产业服务能力进一步增强。2021年菏泽完成并公示2020年法治政府建设报告和2020年度执法情况年报。制定开展2021年"双随机、一公开"工作计划。

（二）下一步工作思路

菏泽市将着力从竞技体育、群众体育、体育产业3个方向突破。

1.竞技体育方面

一是积极备战参赛。组织参加第二十五届山东省运动会预决赛各项目比赛。二是深化体教融合。与市教育局及各承办单位联合做好2022年菏泽市中小学生体育联赛的举办工作。并通过市级体育联赛的选拔，组队参加田径、篮球、足球、排球、乒乓球、游泳等6个项目的山东省中小学生体育联赛。三是积极承办2022年省级和全国级别的体育赛事。四是做好参加省运会运动员尤其是田径、自行车、摔跤等重点项目运动员反兴奋剂工作，认真及时填报运动员行踪信息等情况，确保菏泽市参加第二十五届省运会运动员无一例兴奋剂违规事件。五是支持曹州武校新校区（国家级竞技体育后备

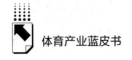

人才培训基地）建设工作，为项目建设提供全程服务。

2.群众体育方面

未来，菏泽市将提档升级市、县、乡、村四级群众身边的全民健身设施网，利用现代信息科技提升体育场地设施管理服务水平，推动室外健身器材更新换代和智能化体育设施建设。

第一，持续加强全民健身场地设施建设。按照《菏泽市全民健身场地设施建设发展群众体育的若干措施》，统筹规划公共体育设施的建设项目、建设内容和规划布局。按照《菏泽市室外公共健身设施管理办法》规范化管理公共健身设施。因地制宜扩大增量资源，建设便民利民的健身场地设施，推进全民健身条件和环境的改善。

第二，开展体育惠民工程。根据《菏泽市全民健身实施计划（2021—2025年）》，组织开展群众身边全民健身活动，继续弘扬"奉献、友爱、互助、进步"的志愿服务精神，持续做好新时代文明实践志愿服务和专业队伍志愿者服务活动。继续挖掘菏泽"武术之乡"潜力，宣传弘扬菏泽市武术精神，邀请《武林风》再次走进菏泽，以武会友，以武兴城，向全国宣传菏泽市源远流长的武术精神。打造菏泽市全民健身线上赛事活动，营造健身氛围，组织策划好"牡丹花会""全民健身月""8·8全民健身日"及市、县两级全民健身运动会等活动。认真组织菏泽市优势项目参加省级及以上群众体育赛事活动。

第三，加快群众体育组织队伍建设步伐。统筹发挥体育社会组织在全民健身工作中的作用，支持依托具备条件的单项体育协会、有专项技能的社会体育指导员，广泛开展运动技能培训，提升指导员技能素质水平，提高上岗比例。实行平台网络管理，督导各县（区）体育主管部门加强社会体育指导员培训任务的督导落实。不断完善健身活动、指导员培训、设施建设等信息平台建设。

第四，持续提升体育社会组织服务能力。加强体育社会组织的政治、制度、文化建设，进一步发展壮大各级体育社会组织，并针对市级体育社团、俱乐部、培训机构等场所安全使用情况开展定期监督检查工作。在做好疫情常态化防控工作的基础上，组织开展高质量的全民健身活动，继续推进象棋、健身气功、篮球、足球等联赛活动的开展，扎实推进山东省第十四届"百县篮球、千乡乒乓球、万人象棋"菏泽赛区市级预赛和山东省决赛参赛工作，组织开展纪念毛泽东同志为中华全国体育总会题词"发展体育运动 增强人民体质"70周年全民健身主题活动。积极开展老年体育工作，普及老年体育项目，促进老年人身心健康，组织好老年人体育比赛、展演、培训等活动，组织好2022年第五届全省老年人运动会运动员选拔和参赛相关工作。

3. 体育产业方面

一是积极争取上级体育产业政策扶持。在现有基础上，申报1~2个省级体育产业示范单位或项目，多方争取体育产业扶持资金。协调省体育局，推动东明县作为社会力量办体育试点县工作。二是持续打造品牌赛事活动，积极融入山东沿黄9市体育产业协作联盟，主动参与沿黄9市体育赛事，打造沿黄9市体育产业协同联动的"菏泽样板"。持续打造市级"武术+"精品体育项目，鼓励各县区培育优秀体育项目、扶持现有的示范品牌。三是创造更好的体育行业营商环境，及时调整权力事项清单，加强与市场监管等部门协调，规范菏泽市体育健身、体育培训业等市场运行。四是加强体育执法工作。落实"管行业必须管安全"要求，梳理体育行业安全监管清单，继续加强高危体育项目监管，通过联合执法、委托执法等方式加强体育执法，督导县区对经营高危体育项目进行普查。

五　2021年枣庄市体育产业发展情况

2021年枣庄市坚持以习近平新时代中国特色社会主义思想为指导，坚持共建共享"大体育"理念。不断完善公共体育服务体系，扎实推进全民健身国家战略。枣庄市体育局围绕市委、市政府"先把枣庄经济搞上去"的目标，积极引导发展体育产业新业态，不断丰富全民健身产品供给，显著提升了人民群众的获得感、幸福感。

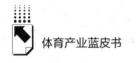

（一）发展现状

1. 政府职能加快转变，体育社会组织建设有力

2021 年，枣庄市按照"政社分开、权责明确、依法自治"的原则，建设"架构清晰、类型多样、服务多元、竞争有序"的现代体育社会组织网络，推广"1+2+N"模式，以体育总会为龙头，以老年体协和社会体育指导员协会为桥梁，培育社会体育骨干，成立覆盖城乡的健身站点，推动体育社会组织向社区、村居延伸。目前县级体育总会组织实现了全覆盖，80%的乡镇和街道建立了基层体育总会。成立市级单项体育协会和体育俱乐部 47 个。枣庄市老年体协体育专业委员会达到 15 个，涵盖近 50 项老年运动项目，打造了"需求与供给相匹配"的体育社会组织体系，打通了服务群众的"最后一公里"。推进政府职能转变，通过购买公共服务，引导体育社会组织承办赛事和业务培训，提高服务惠民、拉动消费的能力。

2. 全民健身承载能力迅速提升，供给侧改革成效显著

2021 年，结合"国家健康城市"创建工作，打造 15 分钟健身圈，全市环城健身绿道达 250.8 公里，健身步道 400 多公里、休闲驿站 18 处、休憩点 156 个，吸引大批企业沿线开展森林康养、森林人家等生态观光经营，带动森林体育旅游产品和业态蓬勃发展，成为乡村振兴的绿色样板大道，促进了全民健身和全民健康深度融合。目前全市人均体育场地面积超过 2.59 平方米，96%以上的行政村和所有省定、市定贫困村建设了农民体育健身工程，山亭区启动建设总投资 1.5 亿元、建筑面积 2 万余平方米的综合性、多功能全民健身中心，为开展全民健身运动、发展体育产业打下了深厚的基础。

3. 竞赛表演活动广泛开展，群众体育品牌多面开花

2021 年，枣庄市指导各部门各单位各行业举办综合运动会或单项赛事活动。依托十一届全民健身运动会和市直机关职工运动会，推广广播体操、工间操；2021 大运河（枣庄）马拉松报名人数达到 12000 人，有望申报认定成为国家金牌赛事；台儿庄创办的大运河半程马拉松赛、国际冬泳节、龙舟赛、河钓大赛等已形成了具有自主知识产权的中国大运河系列赛事品牌。2021 年，枣庄市竞赛表演和旅游的深度融合，创新探索"一日比赛，多日停留；一人参赛，多人旅游；单人竞赛，多人消费"的体育旅游消费模式，推动了旅游业转型升级。

4. 全民健身志愿服务进一步规范，科学健身指导再次加强

一直以来，枣庄市致力于持续推进各类体育场地向社会开放，公共体育场馆免费或低收费开放。2021 年，枣庄全市大型公共体育场馆、区域内的公共体育场地和设施确保每天开放不少于 5 小时，每周开放不少于 35 小时，全年开放不少于 330 天，公休日、法定节假日、学校寒暑假期间每天开放时间不少于 8 小时。2021 年，枣庄市体育局组织文明实践志愿者服务队进社区，大力开展社会体育指导员培训，指导员总数已达到 1.4 万余人，占总人口的 3.59‰，确保社区、行政村、贫困村至少有 1 名社会体育指导员。积极开展全民健身志愿服务，为居民开展体质监测、出具运动处方，提供科学健身指导，传播"运动是良医"的健身理念，引导扩大体育人口，培育消费人群。目前枣庄市体育人口达到 40.6%，国民体质合格率超过 92.88%。

5. 体育产业基地建设初见成效

自 2013 年至今，枣庄市先后成功申报梅花山省级自行车运动训练基地、山东润霖足球俱乐部 2 家省级体育产业示范单位，台儿庄区和山亭区 2 家省级体育产业示范基地。山东月亮湾湿地公园获得"2020 省级体育服务综合体"称号。台儿庄古城"体育+旅游"融合发展，体育产业收入占景区总收入的 10%，被评为"2019 中国体育旅游精品景区"。2021 年环岩马湖健身绿道、环翼云湖休闲线路被评为省级春节黄金周、"十一"黄金周精品体育旅游线路；天穹·新视界被命名为 2021 省级商业中心型体育服务综合体。

（二）下一步工作思路

下一步，枣庄市将依靠体育运动的全民普及，持续推进竞赛表演活动的开展。利用孙梦雅夺得皮划艇奥运金牌之机，在青少年中推广普及赛艇皮划艇运动，组建孙梦雅皮划艇俱乐部，打造水上运动中心，开发赛艇皮划艇运

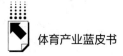
动产业。继续支持体育产业经营业户、大型体育场馆运营机构，积极开展公益培训，引导大众参与全民健身，打造品牌赛事，满足多层次、多样化的健身需求，兼顾社会效益、经济效益，合理引导消费。

未来，枣庄市体育局将结合实际，突出重点建设。充分利用现有资源，挖掘潜力，不断创新，形成多种类体育运动发展的集聚区。兼顾高端消费人群和低收入人群，合理配置资源，依据本地区自然条件和经济发展水平推广普及冰雪项目，宜冰则冰、宜雪则雪，室内外结合发展冰雪运动，带动更广泛人群参与全民健身、增加体验消费。

菏泽市将利用产业协调互动，推动产业融合发展。指导枣庄市各区（市）发挥各地区特色亮点，推动体育产业与教育、科研、旅游、休闲、健康、娱乐、食宿等相关产业互动融合，逐项整合全市产业资源，发挥辐射带动作用，丰富体育产业业态，创新发展手段，促进区域经济发展。

菏泽市体育局将找准发展方向，突出高质量发展，打造智能化体育制造业。做好云拓航空科技有限公司的竞技无人机生产项目的引导服务工作，依托台儿庄区通用航空机场及峄城云深处飞行小镇的航空运动产业资源优势，举办无人机培训、夏令营、比赛活动，带动高端体育制造业的发展。推动枣庄市文体中心智能化场馆建设，利用互联网技术强化场馆运营服务综合能力，为市民带来更优的运动体验。

附　　录

Appendices

B.16
山东省体育产业（2019~2020年）数据统计

根据 2020 年全省体育产业专项调查、体育产业剥离系数抽样调查和省统计局行业数据，经核算，2019 年山东省体育产业总产出（总规模）为 2771.15 亿元，从名义增长来看，比 2018 年增长了 12.3%（见附表1）。

附表1　2019 年山东省体育产业总产出和增加值

行业类别	总产出	
	总量(亿元)	占比(%)
山东省体育产业		
体育服务业	1508.72	54.44
体育管理活动	40.5	1.46
体育竞赛表演活动	10.73	0.39
体育健身休闲活动	145.59	5.25
体育场地和设施管理	50.81	1.83
体育经纪与代理、广告与会展、表演与设计服务	77.95	2.81

续表

行业类别	总产出	
	总量（亿元）	占比（%）
体育教育与培训	542.14	19.56
体育传媒与信息服务	31.55	1.14
体育用品及相关产品销售、出租与贸易代理	226.17	8.16
其他体育服务	383.29	13.83
体育用品及相关产品制造	1223.67	44.16
体育场地设施建设	38.76	1.40

注：若数据分项合计与总值不等，是数值修约误差所致。

根据山东省统计局行业数据和抽样调查数据初步核算，2020 年山东省体育产业总规模（总产出）为 2937.42 亿元，比 2019 年名义增长 6.0%，增加值为 1122.79 亿元，比 2019 年名义增长 4.1%。

从总产出情况来看，体育服务业的总产出最大，为 1491.63 亿元，占体育产业总产出比重为 50.8%；其次为体育用品及相关产品制造，总产出为 1403.10 亿元，占比为 47.8%；体育场地设施建设规模相对较小，总产出为 42.69 亿元，占比为 1.5%。

从增加值情况来看，体育服务业增加值 779.32 亿元，占体育产业增加值的 69.4%，比 2019 年下降 3.9 个百分点。体育用品及相关产品制造增加值为 334.92 亿元，占体育产业增加值的 29.8%，比 2019 年提高 3.8 个百分点。体育场地设施建设增加值为 8.55 亿元，占体育产业增加值的 0.8%，比 2019 年提高 0.1 个百分点（见附表 2）。

附表 2　2020 年山东省体育产业总产出和增加值

单位：亿元，%

行业类别	总产出			增加值		
	绝对值	占比	增速	绝对值	占比	增速
山东省体育产业	2937.42	100.0	6.0	1122.79	100.0	4.1
体育服务业	1491.63	50.8	-1.2	779.32	69.4	-1.4
体育管理活动	39.51	1.3	-2.4	17.86	1.6	-3.7

续表

行业类别	总产出			增加值		
	绝对值	占比	增速	绝对值	占比	增速
体育竞赛表演活动	10.07	0.3	-6.2	4.43	0.4	-9.5
体育健身休闲活动	132.21	4.5	-9.2	61.07	5.4	-11.4
体育场地和设施管理	43.12	1.5	-15.1	18.84	1.7	-13.6
体育经纪与代理、广告与会展、表演与设计服务	57.77	2.0	-25.9	21.72	1.9	-29.3
体育教育与培训	523.75	17.8	-3.4	268.46	23.9	-2.4
体育传媒与信息服务	38.37	1.3	21.6	17.04	1.5	19.3
体育用品及相关产品销售、出租与贸易代理	433.49	14.8	13.1	264.75	23.6	9.0
其他体育服务	213.34	7.2	-5.7	105.13	9.4	-7.1
体育用品及相关产品制造	1403.10	47.8	14.7	334.92	29.8	19.5
体育场地设施建设	42.69	1.5	10.1	8.55	0.8	10.7

注：若数据分项合计与总值不等，是数值修约误差所致。

B.17
山东省体育产业大事记（2021年）

2021年1月11日，山东省门球运动活动基地落户文登，基地揭牌仪式在威海文登汤泊温泉举行。这标志着汤泊温泉跻身全省首批门球基地行列，成为全市唯一获评省级门球运动活动基地的单位。山东省老年人体育协会副主席、山东省门球运动协会顾问李长顺与威海市门球协会负责人共同为基地揭牌。

2021年1月12日，山东省水上运动管理中心在日照万平口训练基地组织开展线上办公流程培训。本次培训旨在帮助干部职工尽快掌握线上办公软件的各项功能和操作流程，简化内部日常工作的管理流程，推进智能化办公，提高职工的工作效率。中心全体干部职工参加学习，外训教职工通过观看钉钉直播方式参与学习。

2021年1月16日，山东省体育惠民——冰雪季活动启动仪式在莱芜雪野滑雪场举办。"冰雪季"体育惠民活动由山东省体育局主办，中国银联山东分公司作为发券平台方，联合各地市滑雪场馆共同完成。优惠面值分为满80减40，满100减50，满200减100，满300减150元，用户在指定的商户（参与本次活动场馆）使用云闪付App进行支付即可享受优惠。

2021年1月25日，为进一步做好山东省反兴奋剂工作，按照反兴奋剂教育工作"全覆盖、全周期、常态化、制度化"要求，山东省体育局下发了《关于加强冬训期间反兴奋剂教育的通知》，对全省各训练单位反兴奋剂教育工作提出明确要求，确保拿干净的金牌。通知要求，省各运动项目管理中心目前在训、试训和集训运动员或注册交流到山东的运动员以及全体辅助人员都要参加反兴奋剂的相关教育和拓展活动。

2021年1月27日，"山东省冰雪体育旅游新场景资源推介会暨胶东五市冰雪运动产业促进会成立仪式"于线上开幕。推介会以"冰雪齐鲁、魅力胶东"为主题，以充分挖掘省内冰雪运动资源、推动全省冰雪时尚体育纵深发展、推介山东冰雪运动产业新场景为主要内容，并邀请山东省体育局副局长王延奎，青岛、烟台、潍坊、威海、日照、济南、枣庄等城市有关领导和企业代表出席，分享冰雪体育旅游新场景资源，共同谱写胶东五市冰雪体育产业高质量发展新篇章。

2021年1月29日，青岛市体育事业发展中心（青岛市帆船运动管理中心）正式挂牌成立。青岛市体育局党组书记、局长车景华与青岛市体育事业发展中心（青岛市帆船运动管理中心）组建工作领导小组组长张敏共同揭牌。

2021年2月3日，日照市召开"百校学生体质提升工程"部署会议。"百校学生体质提升工程"是日照市2021年度15件为民办实事项目之一。项目以政府购买服务的方式，通过开展社会力量进校园体育服务、组建校园特色体育项目运动队，整合驻日照高校、体育社会组织等优质体育教练人才资源，在全市100所中小学校率先开展社会力量进校园，组建具有一定水平的学校运动队，逐步形成"人人有项目、校校有队伍、周周有比赛"的青少年体质提升体系。

2021年2月8日，烟台市体育事务综合服务中心正式挂牌，烟台市体育局局长郑俊杰、二级调研员林治涛共同揭牌。烟台市体育事务综合服务中心主要职责是做好全市科学健身指导、群众体育和竞技体育科研服务、烟台高新技术产业开发区体育服务等任务，负责协调全市老年人体育活动和体育社会组织等工作，对于推动该市竞技体育和群众体育高质量发展具有十分重要的意义。

2021年2月11日，威海市体育局推出了春节健身大礼包。为让威海市民及留威过年外来人员过一个更具动感活力的春节假期，在落实错峰限流要求确保安全的前提下，威海市体育场、市体育馆、市网球场、市网球馆、市乒羽健身中心（乒乓球、羽毛球场地）、市全民健身中心等公共体育场馆连续7天全部免费向社会开放。

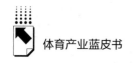
2021 年 2 月 25 日，日照体育旅游市场火爆，"齐鲁风情 5 号路"五莲体育旅游精品线路、日照阳光海岸欢乐冰雪旅游线路，以冰雪运动为载体，将健步、骑行、登山等体育运动融入景区特色鲜明，成功入选山东省体育局与山东省文化和旅游厅联合发布的"2021 年春节黄金周山东体育旅游精品线路"。

2021 年 3 月 3 日，山东省自行车运动协会在省体育中心体育场为参与重"走"长征路活动的 4 位骑行勇士壮行。作为"山东省首届自行车城市联赛"系列活动之一，此次活动吸引了百余位骑友现场参与，同时预热即将开启的山东省首届自行车城市联赛。

2021 年 3 月 12 日，2021 全省体育社会组织工作会议召开。会议总结回顾"十三五"时期山东省体育社会组织工作，分析当前面临的形势，安排部署下一步工作任务，动员全省体育社会组织工作者在新起点上奋力开创山东省体育社会组织工作新局面，为现代化体育强省建设贡献力量。

2021 年 3 月 17 日，山东省"体医融合"试点项目线上答辩会议在济南召开。会议旨在贯彻落实《"健康中国 2030"规划纲要》《体育强国建设纲要》《山东省医养健康产业发展规划》等文件精神，推进全民健身与全民健康深度融合发展，提高全民健康水平，助力健康山东建设。

2021 年 3 月 19 日，山东省体育局研究部署《问政山东》曝光问题整改工作，会议强调要以此次问政为契机，认真查摆，全面检视全省体育系统存在的问题和不足、查找各级体育部门存在的短板和弱项，在立行立改中理顺各方面关系，进一步细化实化相关管理办法，因地制宜有针对性完善相关管理措施，坚持"当下改"与"长久立"相结合，真正形成长效机制，全面提升全省体育系统的管理服务水平。

2021 年 3 月 24 日，由山东省体育局主办的 2021 年"云走齐鲁"线上万人健步走活动启动仪式在山东省体育中心举行，该赛事是"献礼建党 100 周年"系列赛事之一，共吸引 2940 支队伍、411637 人参加，参赛规模是 2020 年的近 3 倍。

2021 年 3 月 27 日，2021 年第九届中国济南冬季畅游泉水国际公开赛在济南大明湖风景区举行。山东省人大常委会副主任王随莲出席活动，并与省体育局副局长张柄臣为大赛会徽揭幕，济南市体育局局长孔杰致开幕辞，国际冬泳联合会主席玛瑞亚主席发表线上视频致辞。省外及俄罗斯、英国、芬兰、拉脱维亚等国家冬泳选手以网络在线方式参加比赛。

2021年4月6日，2021年山东省棋类运动协会国际象棋工作会议在济南召开，全省各地市国际象棋协会的负责人出席了工作会议。会议指出，山东省国际象棋发展一直走在全国前列，普及人数、办赛质量及大赛表现都很突出。

2021年4月10日，"2020~2021'中国足球发展基金会杯'中国城市少儿足球联赛（济南赛区）暨2021年济南市青少年梯队比赛"在济南历城区体育中心开幕。此次比赛于4月启动、8月闭幕，持续时间4个月，参赛运动员总数超过万人。

2021年4月11日，2021济南超级越野挑战赛在奥体中心开幕，山东省体育局局长李政、济南市体育局局长孔杰、济南市政府副秘书长张蓉等出席开幕式并为比赛启笛开跑，来自全国各地的1300多名越野爱好者参与其中。

2021年4月15日，山东省沿黄9市体育产业协作联盟成立大会在济南举行，大会主题为"共建携河发展新平台，集聚协作发展新动能"。济南、淄博、东营、济宁、泰安、德州、聊城、滨州、菏泽沿黄9市体育局共同签署联盟协议书，联盟成员将共同促进体育产业联动发展，加强体育资源共享、信息互通和项目合作；强化体育产业平台建设，打造沿黄9市体育人才培训基地，定期发布沿黄9市体育产业发展报告；完善赛事活动协同机制，共同申办、承办重大国际性体育赛事。

2021年4月16日，2021全省体育产业工作会议在济南雪野召开。会议深入学习贯彻党的十九届五中全会精神，以推动全省体育产业高质量发展为主题，认真总结2020年全省体育产业发展工作，研究谋划"十四五"任务举措，部署2021年重点工作。

2021年4月17日，山东沿黄9市铁人三项公开赛在济南莱芜区雪野湖风景区举行，该赛事是"献礼建党100周年"精心打造的沿黄9市系列特

色体育赛事之一，也是山东沿黄9市体育产业协作联盟正式成立后的第一个赛事，有助于更好地推动沿黄9市体育赛事经济、体育旅游经济提质升级，推动体育产业高质量发展。

2021年4月29日，国家体育总局下发关于命名、认定2020年国家体育产业基地的通知。山东省滨州市惠民县、临沂市兰山区、青岛市城阳区、山东一诺威聚氨酯股份有限公司、鲁普耐特集团有限公司、齐鲁酒地文化发展股份有限公司、莱州中华武校武术创意表演7个单位、项目晋升体育产业"国字号"，数量位居全国前列。

2021年5月3日，山东职业围棋"十八岁成人礼"暨日照山海大象围棋队新赛季出征仪式在日照大象国际举行。省体育局局长李政出席仪式并为棋队颁发"山东体育突出贡献奖"奖牌，日照市市长李在武向棋队授予"旗开得胜"旌旗。

2021年5月9日，2021山东省社区运动会（试点）暨青岛市第十一届全民健身运动会"洁神杯"社区运动会在城阳区开幕。本次社区运动会在青岛市的200个社区举办，预计将带动超过百万市民参与健身活动。

2021年5月10日，国家体育总局副局长李建明一行来日照调研体育工作期间，授予日照市"抗疫情保备战突出贡献奖"。2020年以来，日照市积极落实国家体育总局抗疫情、保备战要求，在疫情防控严峻形势下，顶着外防输入的巨大压力，勇于担当、周密部署，圆满完成了国家皮划赛艇队由国外转场日照备战东京奥运会封闭训练保障，还承接了水球、橄榄球等多支国家队驻日照训练备战，举办了系列重大赛事。

2021年5月11日，山东省退役优秀运动员转型培训暨退役仪式在淄博举办。本次活动由山东省体育局、中华全国体育基金会主办，淄博市体育局、山东省体育人才服务中心、山东省体育基金会承办。

2021年5月11日，威海市举办体育产业银企对接会。本次会议由威海市体育局联合威海农商银行共同举办，旨在进一步畅通银企沟通渠道，用好用活威海市体育产业授信资金，各区（市）体育主管部门及市辖区40余位体育企业代表参会。

2021 年 5 月 30 日，2021 第二届山东省体育消费季暨体育消费券发放活动启动仪式在济南市奥体中心举行。本届体育消费季以"智惠体育、健康生活"为主题，旨在引导群众参与体育运动、培育体育消费意识、提升体育行业服务水平，实现拉动体育消费和促进区域经济增长的目标。

2021 年 6 月 3 日，首届山东省体医融合高峰论坛在济南开幕。论坛旨在全面贯彻落实《"健康中国 2030"规划纲要》和《体育强国建设纲要》精神，加快推进体医融合工作开展，交流体医融合先进经验和前沿成果，探索建立体医融合"山东样板"，为深入实施健康中国和全民健身国家战略、助力新旧动能转换重大工程、进一步加快体育强省和健康山东建设贡献力量，本届论坛的召开标志着山东省体医融合工作进入了新的阶段。

2021 年 6 月 9 日，山东省"冠军摇篮"资助项目启动仪式暨退役优秀运动员志愿服务活动在莒县第二中学成功举行。本次活动由山东省体育局、中华全国体育基金会、山东省体育基金会主办，山东省体育人才服务中心、日照市体育局、莒县人民政府承办，目的是支持县级体校青少年业余训练工作，改善训练条件，培养青少年体育后备人才。

2021 年 6 月 11 日，中国自行车运动协会与泰山瑞豹在济南举行战略合作签约仪式。本次战略合作协议的签署，标志着泰山瑞豹正式成为中国国家队公路自行车、场地自行车两个项目的器材赞助商和器材供应商。

2021 年 6 月 18 日，山东省体育局、省文明办在济南联合启动"体育志愿·文明实践"山东省全民健身志愿服务活动，此次活动将推动《志愿服务条例》和《山东省全民健身条例》的贯彻落实，引导和帮助更多群众参与到全民健身运动中来，提升群众健康水平，促进社会文明进步。

2021 年 6 月 24 日，全国田径锦标赛暨十四运资格赛男子 4×200 米接力预赛中，乔臻、解玉强、张耀荣、任学松组成的山东队以 1 分 21 秒 66 的成绩打破亚洲纪录。

2021 年 7 月 6 日，山东省户外赛事活动安全管理培训暨安全宣导员培训班在济南举行，省体育总会秘书处处长孙照亮出席开班仪式并讲话。作为本年度我省举办的首期户外赛事活动安全管理培训班，旨在有效防范和坚决

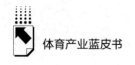

遏制体育赛事活动安全事故发生，确保全省体育赛事活动特别是户外赛事活动安全顺利进行。

2021年7月12日，山东省体育局、省工信厅联合印发《关于举办首届山东体育服饰原创设计大赛的通知》《关于举办第二届中国体育智能制造创新大赛的通知》。两项大赛旨在提升全省体育科技创新能力，挖掘和培育具有自主知识产权的体育智能制造创新产品，搭建成果交流、展示交易的科创平台。

2021年7月23日，第32届奥林匹克运动会在东京新国立竞技场开幕。此次奥运会山东省共49名运动员入选，参加17个大项、50个小项的比赛，创山东奥运参赛项数历史新高。

2021年7月24日，东京奥运会女子重剑个人决赛中，山东省名将孙一文通过加时决一剑战胜罗马尼亚名将波佩斯库，勇夺金牌。此枚金牌是山东健儿东京奥运会的首金、山东击剑项目的奥运首金，为山东军团的奥运征程取得了开门红。

2021年7月27日，山东省政府批准印发《山东省全民健身实施计划（2021—2025年）》（以下简称《计划》），对构建更高水平全民健身公共服务体系做出部署安排。《计划》按照山东体育产业"十四五"规划目标，指出到2025年全省全民健身公共服务体系达到更高水平，体育健身成为更多人的生活方式。城乡居民体质进一步提高，经常参加体育锻炼人数占全省总人口42%以上，城乡居民国民体质测定合格率高于全国平均水平。

2021年8月8日，山东省委、省政府向中国体育代表团致贺电。贺电指出："在举世瞩目的第32届奥林匹克运动会上，我国体育健儿自信沉着，奋勇拼搏，展现了精湛运动技术和良好精神风貌，诠释了奥林匹克精神和中华体育精神，中国体育代表团成绩位居金牌榜和奖牌榜前列，谱写了我国竞技体育新的篇章，为祖国和人民赢得了荣誉。我们谨向中国体育代表团表示热烈祝贺！"

2021年8月17日，烟台市体育局召开向烟台奥运健儿学习动员大会。在举世瞩目的第32届奥运会上，烟台市11名参赛健儿不畏强手、顽强拼搏，获得3金1铜并打破1项世界纪录，实现了历史性突破。烟台奥运健儿在赛场上所展现出的使命在肩、奋斗有我的精神风貌，极大增强了全市人民的自豪感和凝聚力。

2021年8月20日，青岛西海岸新区所辖全部23个街镇被省老体协命名为"全省老年太极拳之乡"。该荣誉是继2020年1月获得中国老年体协公布的首批"全国老年太极拳之乡"荣誉称号后，全区实现的太极创乡满堂红。

2021年8月31日，第十四届全国运动会山东省代表团成立大会在济南举行。山东省共有956名运动员在33个大项、46个分项、325个小项上获得了决赛资格，参赛人数、项数创历史新高。在群众体育项目方面，山东省将参加全部19个大项的群体项目预决赛。

2021年9月10日，山东省体育局发布印发《山东省"十四五"体育产业发展规划》（以下简称《规划》）的通知，《规划》指出"十四五"是我省全面贯彻落实习近平新时代中国特色社会主义思想，加快新旧动能转换的关键五年。《规划》是为统筹推动我省体育产业高质量发展，加快体育强省建设，按照省委、省政府总体要求，根据《山东省国民经济和社会发展第十四个五年规划和2035年远景目标纲要》《山东省"十四五"体育发展规划》而制定。

2021年9月26日，第二届山东体育用品博览会在临沂国际博览中心开幕。国家体育总局体育器材装备中心副主任王平，国家体育总局体育文化中心副主任黄金，中国商业联合会会长姜明，山东省体育局党组成员、副局长栾风岩等领导出席大会，开幕式由临沂市人民政府副市长张玉兰主持。

2021年9月26日，由山东省体育局、临沂市人民政府联合主办的山东省体育产业优质资源推介会暨临沂市体育资源招商引资推介会在临沂举行。此次大会是第二届山东体育用品博览会的重要组成部分。山东省体育局党组成员、副局长栾风岩、山东省体育产业发展服务中心主任翟培建、临沂市体育局党组书记局长刘艳芬、山东省工业和信息化厅轻工纺织产业处四级调研员纪建富等有关领导出席活动。

2021年9月26日，山东夺得全运会四连冠。956名齐鲁健儿逐鹿三秦，

饮马长安，经过 12 天激烈竞争，夺得 58 金、55 银、47 铜共 160 枚奖牌，蝉联全运金牌、奖牌第 1，成就四连冠。此外，山东省还获得体育道德风尚奖，取得运动成绩和精神文明双丰收，再次铸就山东体育新辉煌。

2021 年 9 月 30 日，2021 第二届山东省体育消费夜经济盛典暨第二届山东省体育消费券发放活动（第二阶段）启动。本次活动由山东省体育局主办、省体育产业发展服务中心承办、海看网络科技（山东）股份有限公司等协办，山东省体育局一级巡视员王延奎出席仪式并讲话。

2021 年 10 月 16 日，"中国体育彩票"山东省第十一届全民健身运动会在泰安天地广场正式启幕。副省长孙继业宣布运动会开幕，省体育局局长李政致开幕词，泰安市委副书记、市长张涛致欢迎词。山东省全民健身运动会自 2011 年创办以来已连续举办十届，省、市、县三级层层举办，每年参与群众达到 500 万人，成为山东省群众体育的龙头赛事。

2021 年 10 月 19 日，山东省参加东京奥运会、第十四届全运会总结表彰大会在济南举行。山东省运动健儿在东京奥运会上获得 7 枚金牌，居全国第 1 位，为中国代表团创造佳绩做出了突出贡献；在第十四届全运会上获得 58 枚金牌、160 枚奖牌，勇夺金牌、奖牌"四连冠"，为山东省赢得了巨大荣誉。

2021 年 10 月 26 日，山东省体育场馆协会"金森林之约"2021 年工作年会在青岛召开。来自全省体育场馆协会会员单位代表共聚一堂，围绕推动体育场馆、体育产业深度融合，继续聚焦高质量发展，为我省经济社会发展贡献体育力量谋划新的篇章。

2021 年 10 月 27 日，北京 2022 年冬奥会雪蜡车交付仪式在国家体育总局举行，"山东造"中国重汽智能雪蜡车正式服务国家队备战参赛北京冬奥会。值此北京冬奥会开幕倒计时 100 天之际，国家体育总局局长、党组书记苟仲文，山东省委副书记、省人民政府省长周乃翔，国家体育总局副局长李颖川，山东省人民政府副省长、北京 2022 年冬奥会雪蜡车联合攻关项目指挥部总指挥凌文等出席交付仪式。

2021 年 11 月 1 日，省体育局发布《山东省"十四五"体育发展规划》

（以下简称《规划》）。《规划》结合山东省"十四五"体育发展面临的新形势、新任务、新要求，明确了"十四五"体育发展的总体要求、主要任务、重点工程、实施保障等，旨在统筹推进"十四五"时期山东省体育事业发展，加快体育强省建设。

2021年11月6日，"社区主动健康——减脂干预项目暨'树立主动健康意识，养成良好生活习惯'系列科学健身科普大讲堂"试点活动正式启动。本次活动由山东省体育科学研究中心联合淄博鸿巢医院举办，旨在扎实推进"我为群众办实事"主题实践活动，积极倡导主动健康理念，传播健康生活方式，推动体卫融合相关政策落地实施。

2021年11月10日，济南市体育局发布《2020年济南城乡居民体育消费调查报告》。本次调查由济南市体育局委托智体（山东）体育赛事评估有限公司开展，是为全面、准确、系统地掌握济南市城乡居民体育消费情况，了解城乡居民的体育消费偏好、消费结构、消费习惯、消费方式等需求的新变化、新动态。

2021年11月17日，山东省体育人才服务中心向山东拳心拳意体育传媒有限公司授予"山东省退役优秀运动员创业扶持单位"荣誉牌匾。此次授牌体现了山东省体育局高度重视退役运动员创业就业问题。

2021年11月19日，山东省全民健身工作联席会议机制召开会议，审议通过了《〈山东省全民健身实施计划（2021—2025年）〉部门分工方案》。

2021年11月26日，2021中国体育文化博览会·中国体育旅游博览会在广州保利世贸博览馆开幕，山东体育展厅全方位展示山东体育在各个领域特别是体育文化、体育旅游等方面的发展成果，荣获"优秀组织奖"。省体育局副局长栾风岩观摩展厅。

2021年11月27日，《山东省儿童青少年体能等级标准及测试方法》业务培训研讨班在济南召开。本次研讨班由山东省体育及体育用品标准化技术委员会主办，山东省体能康复协会承办，旨在贯彻落实国家体育总局、教育部《关于深化体教融合促进青少年健康发展的意见》精神，建立健全儿童青少年体育教育发展体系，研究制定青少年体能等级标准及测试方法。

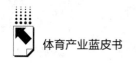

2021 年 11 月 28 日，2021 年全国初级教练员岗位培训考试山东考点在线监考工作在省体育训练中心机房圆满完成。本次全国初级教练员岗位培训考试由国家体育总局科教司主办，国家体育总局人力资源开发中心联合山东省体育人才服务中心等单位组织实施。

2021 年 12 月 3 日，山东省体育局第一届运动防护师培训班在千佛山宾馆举行开班仪式。省体育局副局长张柄臣出席开班仪式并讲话，省运动康复研究中心主任王权、副主任包信通参加仪式。

2021 年 12 月 5 日，2021 年山东省社区运动会（试点）滨州市首届社区运动会在滨州市体育馆举行。该届运动会以促进运动日常化、生活化为导向，以群众喜闻乐见、易于参与的大众项目为主，采用线上与线下相结合的竞赛方式进行。

2021 年 12 月 7 日，山东省"奥运全运冠军公益行"志愿服务活动在济南市历下区立德学校启动。本次活动由山东省体育局联合山东省教育厅面向全省小学组织开展，旨在大力弘扬中华体育精神，积极践行"我为群众办实事"要求，下一步将陆续在全省 160 所小学全面铺开。

2021 年 12 月 8 日，2021 首届山东体育服饰博览会暨山东省体育服饰专项消费券发放活动在济南启动。本届博览会线下展为期 5 天，地点设在济南嘉华购物广场，同期举办专项消费券发放活动，旨在带给消费者优质的体育服饰产品，助推山东体育服饰产业繁荣发展。

2021 年 12 月 9 日，山东省体育局印发《山东省省级体育类民办非企业单位管理办法（试行）》。该办法共 8 章、32 条，旨在切实加强对省级体育类民办非企业单位管理，推动其规范健康高质量发展。

2021 年 12 月 10 日，山东省政府发布《关于加快推进新时代社会主义现代化体育强省建设的实施意见》，规划了 2035 年建成体育强省的"时间表"和"路线图"。实施意见明确到 2035 年人均体育场地面积达到 3.5 平方米，经常参加体育锻炼人数比例达到 48%，竞技体育成绩位居全国前列，体育产业成为国民经济支柱性产业，在全民健身、争光争先、服务大局、可持续发展以及治理效能上走在全国前列。

2021年12月17日，山东省小球运动联合会主办的首届小球运动体育产业交流大会在德州举行。山东省体育局副局长栾风岩、省体育产业发展服务中心主任翟培建、省体育总会秘书处二级调研员赵海、省小球运动联合会会长修振涛出席会议，山东玲珑轮胎、山东中烟工业等十余家企业代表及400余名会员参会。会上，省小球运动联合会授予孔维克、杨晓刚、陈伦海、张庆三等4人"文化大使"称号，授予张涛"首席康复指导专家"称号。

2021年12月20日，山东省人民政府发布《关于加快推进新时代社会主义现代化体育强省建设的实施意见》（以下简称《意见》）。《意见》认真贯彻中央关于体育强国建设决策部署，充分发挥体育在新时代社会主义现代化强省建设中的重要作用，旨在统筹推进全省全民健身、竞技体育、体育产业发展，加快推进新时代社会主义现代化体育强省建设。

2021年12月20日，山东省政府新闻办举行新闻发布会，解读《山东省人民政府关于加快推进新时代社会主义现代化体育强省建设的实施意见》（以下简称《实施意见》）。省体育局党组书记、局长李政，副局长张柄臣，局办公室主任尹继兴、省体育产业发展服务中心主任翟培建发布会上解读《实施意见》并回答记者提问。省委宣传部新闻二处处长丁绍敏主持发布会。

2021年12月25日，山东省第五届冬季全民健身运动会短道速滑比赛在泰山冰雪文体中心开赛，拉开了我省"迎冬奥"系列冰雪赛事活动的序幕。全省各地将以"圆梦冬奥，同享未来"为主题，组织举办冬季全民健身运动会、"冰雪嘉年华"等110多项群众性冰雪赛事活动，进一步推动我省冰雪运动普及开展，为喜迎北京冬奥会营造浓厚社会氛围。

2021年12月26日，山东省"迎冬奥"冬季越野长跑交流展示大赛在济南市莱芜区雪野湖鸣枪开赛。本次大赛由山东省体育局主办，山东省田径运动协会、济南市体育局、济南市莱芜区人民政府承办，山东省体育局党组成员、副局长乔云萍出席活动。来自全省的300余名参赛选手展开一场速度与激情的角逐，用跑步的方式传递冬奥梦想，发扬冬奥精神，感受冬奥激

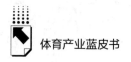

情，积极做冰雪运动的倡导者、宣传者。

2021年12月26日，在2021赛季中超联赛第19轮比赛中，山东泰山足球队以2：0取胜对手，提前3轮夺得中超联赛冠军，成就"五星泰山"。这是泰山足球队时隔11年后再夺联赛冠军，也是泰山队历史上第5次夺得中国足球顶级联赛冠军。

2021年12月31日，2021山东十大体育新闻发布：山东体育健儿参加东京奥运创历史最好成绩；山东体育代表团在第十四届全运会上实现金牌数、奖牌数"四连冠"；山东省政府对加快建设体育强省做出部署；"十四五"《全民健身实施计划》《体育发展规划》相继出台；山东泰山足球队时隔11年再夺中超联赛冠军；山东成功研发国内首台完整自主知识产权冬奥会雪蜡车；体育产业高质量发展迈出新步伐；体育融合发展取得新进展；"迎冬奥"冰雪运动蓬勃开展；"奥运全运冠军公益行"广受好评。

皮 书

智库成果出版与传播平台

❋ 皮书定义 ❋

皮书是对中国与世界发展状况和热点问题进行年度监测，以专业的角度、专家的视野和实证研究方法，针对某一领域或区域现状与发展态势展开分析和预测，具备前沿性、原创性、实证性、连续性、时效性等特点的公开出版物，由一系列权威研究报告组成。

❋ 皮书作者 ❋

皮书系列报告作者以国内外一流研究机构、知名高校等重点智库的研究人员为主，多为相关领域一流专家学者，他们的观点代表了当下学界对中国与世界的现实和未来最高水平的解读与分析。截至 2021 年底，皮书研创机构逾千家，报告作者累计超过 10 万人。

❋ 皮书荣誉 ❋

皮书作为中国社会科学院基础理论研究与应用对策研究融合发展的代表性成果，不仅是哲学社会科学工作者服务中国特色社会主义现代化建设的重要成果，更是助力中国特色新型智库建设、构建中国特色哲学社会科学"三大体系"的重要平台。皮书系列先后被列入"十二五""十三五""十四五"时期国家重点出版物出版专项规划项目；2013~2022 年，重点皮书列入中国社会科学院国家哲学社会科学创新工程项目。

皮书网

（网址：www.pishu.cn）

发布皮书研创资讯，传播皮书精彩内容
引领皮书出版潮流，打造皮书服务平台

栏目设置

◆ 关于皮书
何谓皮书、皮书分类、皮书大事记、
皮书荣誉、皮书出版第一人、皮书编辑部

◆ 最新资讯
通知公告、新闻动态、媒体聚焦、
网站专题、视频直播、下载专区

◆ 皮书研创
皮书规范、皮书选题、皮书出版、
皮书研究、研创团队

◆ 皮书评奖评价
指标体系、皮书评价、皮书评奖

◆ 皮书研究院理事会
理事会章程、理事单位、个人理事、高级
研究员、理事会秘书处、入会指南

所获荣誉

◆ 2008 年、2011 年、2014 年，皮书网均
在全国新闻出版业网站荣誉评选中获得
"最具商业价值网站"称号；
◆ 2012 年，获得"出版业网站百强"称号。

网库合一

2014 年，皮书网与皮书数据库端口合
一，实现资源共享，搭建智库成果融合创
新平台。

皮书网

"皮书说"
微信公众号

皮书微博

权威报告·连续出版·独家资源

皮书数据库
ANNUAL REPORT(YEARBOOK)
DATABASE

分析解读当下中国发展变迁的高端智库平台

所获荣誉

- 2020年，入选全国新闻出版深度融合发展创新案例
- 2019年，入选国家新闻出版署数字出版精品遴选推荐计划
- 2016年，入选"十三五"国家重点电子出版物出版规划骨干工程
- 2013年，荣获"中国出版政府奖·网络出版物奖"提名奖
- 连续多年荣获中国数字出版博览会"数字出版·优秀品牌"奖

皮书数据库

"社科数托邦"
微信公众号

成为会员

　　登录网址www.pishu.com.cn访问皮书数据库网站或下载皮书数据库APP，通过手机号码验证或邮箱验证即可成为皮书数据库会员。

会员福利

- 已注册用户购书后可免费获赠100元皮书数据库充值卡。刮开充值卡涂层获取充值密码，登录并进入"会员中心"—"在线充值"—"充值卡充值"，充值成功即可购买和查看数据库内容。
- 会员福利最终解释权归社会科学文献出版社所有。

数据库服务热线：400-008-6695
数据库服务QQ：2475522410
数据库服务邮箱：database@ssap.cn
图书销售热线：010-59367070/7028
图书服务QQ：1265056568
图书服务邮箱：duzhe@ssap.cn

社会科学文献出版社 皮书系列
SOCIAL SCIENCES ACADEMIC PRESS (CHINA)
卡号：795885567838
密码：

基本子库
SUB DATABASE

中国社会发展数据库（下设 12 个专题子库）

紧扣人口、政治、外交、法律、教育、医疗卫生、资源环境等 12 个社会发展领域的前沿和热点，全面整合专业著作、智库报告、学术资讯、调研数据等类型资源，帮助用户追踪中国社会发展动态、研究社会发展战略与政策、了解社会热点问题、分析社会发展趋势。

中国经济发展数据库（下设 12 专题子库）

内容涵盖宏观经济、产业经济、工业经济、农业经济、财政金融、房地产经济、城市经济、商业贸易等 12 个重点经济领域，为把握经济运行态势、洞察经济发展规律、研判经济发展趋势、进行经济调控决策提供参考和依据。

中国行业发展数据库（下设 17 个专题子库）

以中国国民经济行业分类为依据，覆盖金融业、旅游业、交通运输业、能源矿产业、制造业等 100 多个行业，跟踪分析国民经济相关行业市场运行状况和政策导向，汇集行业发展前沿资讯，为投资、从业及各种经济决策提供理论支撑和实践指导。

中国区域发展数据库（下设 4 个专题子库）

对中国特定区域内的经济、社会、文化等领域现状与发展情况进行深度分析和预测，涉及省级行政区、城市群、城市、农村等不同维度，研究层级至县及县以下行政区，为学者研究地方经济社会宏观态势、经验模式、发展案例提供支撑，为地方政府决策提供参考。

中国文化传媒数据库（下设 18 个专题子库）

内容覆盖文化产业、新闻传播、电影娱乐、文学艺术、群众文化、图书情报等 18 个重点研究领域，聚焦文化传媒领域发展前沿、热点话题、行业实践，服务用户的教学科研、文化投资、企业规划等需要。

世界经济与国际关系数据库（下设 6 个专题子库）

整合世界经济、国际政治、世界文化与科技、全球性问题、国际组织与国际法、区域研究 6 大领域研究成果，对世界经济形势、国际形势进行连续性深度分析，对年度热点问题进行专题解读，为研判全球发展趋势提供事实和数据支持。

法律声明

"皮书系列"（含蓝皮书、绿皮书、黄皮书）之品牌由社会科学文献出版社最早使用并持续至今，现已被中国图书行业所熟知。"皮书系列"的相关商标已在国家商标管理部门商标局注册，包括但不限于 LOGO（　）、皮书、Pishu、经济蓝皮书、社会蓝皮书等。"皮书系列"图书的注册商标专用权及封面设计、版式设计的著作权均为社会科学文献出版社所有。未经社会科学文献出版社书面授权许可，任何使用与"皮书系列"图书注册商标、封面设计、版式设计相同或者近似的文字、图形或其组合的行为均系侵权行为。

经作者授权，本书的专有出版权及信息网络传播权等为社会科学文献出版社享有。未经社会科学文献出版社书面授权许可，任何就本书内容的复制、发行或以数字形式进行网络传播的行为均系侵权行为。

社会科学文献出版社将通过法律途径追究上述侵权行为的法律责任，维护自身合法权益。

欢迎社会各界人士对侵犯社会科学文献出版社上述权利的侵权行为进行举报。电话：010-59367121，电子邮箱：fawubu@ssap.cn。

社会科学文献出版社